대한제국기 충청지역 근대교육운동

대한제국기 충청지역 근대교육운동

초판 1쇄 발행   2016년 12월 31일

지은이 ｜ 김형목
펴낸이 ｜ 윤관백
펴낸곳 ｜ 도서출판선인

등록 ｜ 제5－77호(1998.11.4)
주소 ｜ 서울시 마포구 마포대로 4다길 4 곳마루 B/D 1층
전화 ｜ 02)718－6252 / 6257   팩스 ｜ 02)718－6253
E-mail ｜ sunin72@chol.com
Homepage ｜ www.suninbook.com

정가   14,000원
ISBN   979-11-6068-031-7 93910

대한제국기 충청지역 근대교육운동

김형목

충청지역은 전통적인 가치관이 강한 지역적인 특성을 지닌다. 이는 외래 문물 수용에 대해 소극적인 입장을 견지하는 요인이었다. 그런데 19세기 말과 20세기 초에 이르러 상황은 급변하는 계기를 맞았다. 제국주의 열강은 한반도 지배를 둘러싸고 각축전을 전개했다. 한반도에서 발발한 청일전쟁이나 러일전쟁을 목격하면서 국제정세에 대한 인식은 많은 변화를 초래할 수밖에 없었다. 명분이 아니라 힘에 의한 동아시아 지배질서가 새롭게 구축되고 있었기 때문이다.

동아시아의 '영원한 강자'로서 군림하던 청나라는 야만적인 일본에 의하여 완패를 당하였다. '종이호랑이'에 불과한 청나라 실상을 직접적으로 보았다. 더욱이 러일전쟁도 제국주의로 발돋움하는 일제의 위력을 유감없이 보여준 충격 그 자체였다. '정의와 자유'를 내세우는 열강은 자국 이익을 챙기기에 여념이 없는 냉엄한 상황을 맞았다. 명분도 중요하지만 국력은 곧 힘에 의한 무력임을 직접 절감하는 순간이었다.

만국공법에 의한 국제적인 정의는 제국주의 열강의 이해관계에 따라 좌지우지되었다. 생존을 위한 약소국 몸부림은 허공에 외치는 대답 없는 메

아리에 불과하였다. 러일전쟁에서 승기를 잡은 일제는 침략에 대한 고비를 멈추지 않았다. 시정개선(施政改善)을 구실로 내정간섭도 서슴지 않았다. 이는 사실상 식민지화를 위한 '정지작업' 일환으로 추진되었다. 지배층은 별다른 대응책을 제시하기는커녕 오히려 침략세력에 편승하는 '한심한' 작태를 드러내었다. 을사늑약 체결과정에서 보여준 굴욕적인 자세는 당시 상황을 분명하게 보여준다.

반면 재야세력과 지식인 등은 변화에 부응하려는 대응책을 강구하는데 혼신을 기울였다. 민지계발을 위한 계몽단체가 출현하는 등 많은 변화가 수반되어 나갔다. 이와 더불어 이질적인 문물에 대한 인식도 점차 변화하는 분위기 속에서 수용되고 있었다. 선교사업 일환으로 전개되는 근대교육 시행은 일상사 변화와 더불어 가치관을 일신시키는 요인이었다. 이는 근대교육운동을 추동시키는 에너지원이나 마찬가지였다. 충청지역 계몽론자들은 새로운 상황을 타개하기 위한 본격적인 활동에 나섰다.

이 책은 강제병합 이전 충청인의 근대교육 시행을 위한 커다란 울림을 조명하는 데 중점을 두었다. 변화를 모색하는 방안은 주민들 현실인식 심화를 위한 방향으로 추진되었다. 사회적인 책무를 일깨우려는 노력은 결국 광범위한 근대교육 시행에 초점을 두었다. 개인적인 실력양성과 더불어 민족의식이나 국가정신 고취를 위한 일환임은 두말할 필요조차 없다. 누구를 위한 조그마한 디딤돌이 되려는 노력은 눈물겨운 정경을 연출할 정도로 열성적이었다. 그래서 아름답고 숭고한 여정이 아닐까 하는 생각을 지울 수 없다.

주지하듯이 근대교육운동은 사립학교설립운동과 야학운동을 중심으로 전개되었다. 공교육기관에 의한 근대교육은 부국강병을 위한 시무책 일환으로 추진되는 계기를 맞았으나 지배층 의도와 달리 사실상 '개점휴업'인 상황이었다. 절대적으로 부족한 교육 관련 예산은 교육법령 정비와 계획에만 그친 실상을 상징적으로 보여준다. 그런 만큼 각지에 설립된 공립소학교는 별다른 주목을 받지 못하였다. 근대교육 전반에 대한 홍보는 거의 이루어지지 않았을 뿐만 아니라 인식마저도 저급한 수준에 불과하였다. 더욱이 시행상에 나타난 무수한 난제를 극복하려는 역동적인 모습도 거의 찾아지지 않는다. 지배층은 좌초된 난파선을 구할 계획이나 의지가 너무나 빈약하였다.

한편 국망이라는 위기의식이 고조되는 가운데 활로 모색은 오로지 선각자 몫이었다. 이들은 전·현직 관료, 언론인·법률가·교사·학생 등 지식인, 상공업자 등 자산가, 목사·선교사·전도사·승려 등 종교인으로 다양한 계층이었다. 우선적인 목표는 민지계발을 통한 자주적인 근대국가 수립으로 귀결되었다. 결국 사립학교설립운동과 야학운동이 근대교육운동의 가장 중심적인 영역으로 자리매김하는 이유도 여기에서 찾아진다. 이를 지원하거나 후원하는 민회·민의소를 비롯한 교육회 등 많은 계몽단체 조직·운영은 이러한 변화와 맞물려 진행되었다.

대한제국기 충청도에서 전개된 근대교육운동은 이러한 단초를 제공한다. 비록 경기도나 서북지역에 비하여 상대적으로 미흡하였다. 하지만 변화에 부응하려는 눈물겨운 상황은 나름대로 역사적인 의미를 부여할 수 있는 사실임에 틀림없다. 지역사나 지역학에 대한 관심은 이와 같은 미시사적인 관점에서 과거사를 재조명하려는 의도에서 출발하고자 한다. 아직 지역학 연구가 미진한 현실에서 이를 제대로 규명할 수 없음을 스스로 인정한다. 그렇다고 마냥 기다릴 수만은 없다. 향후 연구의 진척을 위한 조그마한 디딤돌로 활용되기를 바라는 심정이다. 미진한 부분은 차후에 연구 진척과 더불어 점차 보완하리라 각오한다.

여기에 수록된 글은 이미 논문으로 발표되었다. 상당히 오래 전에 발표되었기에 현재적인 관점에서 본다면 보완해야 할 부분이 적지 않다. 더욱이 일정한 계획에 따라 글을 작성하지 않았음으로 부분적으로 중복되는 겨우도 더러 있다. 그럼에도 최소한 원문을 살리고 향후 보다 많은 사례연구를 통하여 수정·보완하고자 한다. 개략적이나마 대한제국기 충청지역 근대교육운동을 정리하는 데 1차적인 의미를 두었음을 밝혀둔다.

지역사 연구는 진정한 지방자치 사회를 위한 든든한 밑거름이다. "역사의 주인공은 바로 나다"라는 어느 선생님의 경구에 귀를 기울여야 한다. 방관자는 결코 역사무대의 주인공이 될 수 없다는 평범한 의미를 되씹어야 할 때이다. 2017년 한국사회가 이러한 패러다임으로 전환되는 기점이 되기를 간절하게 바란다. 지금 대한민국은 110년 전 침몰하는 '대한제국 난파선'과 너무나 유사하다. 국정을 이끄는 군상들을 보노라면 한숨만 절로 나올 뿐이다. 상식이 통하는 현실이 하루 속히 이루어지기를 바라는 간절한 염원은 오늘날 한국인들 소망이다.

마지막으로 글을 정리하는 데 도움을 너무나 많이 받았다. 한국독립운동사연구소 김나아·임동현 연구원 등에게 감사를 드린다. 바쁜 와중에도 난삽한 문장을 꼼꼼하게 읽어주는 열정은 필자에게 커다란 울림으로 다가오는 자극제이자 청량제나 마찬가지였다. 인간은 더불어 살아갈 때 자신의 존재감을 실감한다는 평범한 사실을 다시금 느끼는 요즈음이다. 가정사에 무심한 필자를 이해하는 아내·자식을 비롯한 친지들과 항상 도움을 주시는 모든 분들에게 고마움을 전한다. 특히 도서출판 선인 윤관백 사장님과 편집진 일동의 노고에 그저 감사할 뿐이다.

2017년 새해에는 국민적인 여망을 실현할 수 있는 새로운 대한민국호 탄생을 기대하면서.

흑성산 자락에서
2016년 12월

차례

제1부

충청도의 근대교육과 계몽운동

제1장

충북지방의 사립학교설립운동

1. 머리말

을사늑약 이후 근대교육은 새로운 전환기를 맞았다. 식민지화에 대한 위기의식은 자강·계몽단체 활동을 활성화시키는 계기였다. 각종 단체는 국권회복을 표방하는 가운데 사립학교설립운동에 치중하였다. '한일합방' 직전까지 설립된 6,000여 사립학교는 이러한 배경에서 비롯되었다.[1] 이리하여 지역에 따라 교육기관수는 많은 편차를 보이지만, 근대교육은 이전보다 확산·보급될 수 있었다.

이 분야 연구는 근대교육사·민족운동사 측면에서 상당히 진척되었다. 자강단체 활동상과 운동가에 관한 연구와 더불어 교육이념, 운동주체의 성격 등은 개괄적으로 밝혀졌다.[2] 하지만 지역별 연구는 부분적으로 진척되

---

1) 국사편찬위원회,『한국독립운동사』1, 탐구당, 1965, 359쪽 ; 김형목,「사립흥화학교(1898~1911)의 근대교육사상 위치」,『백산학보』50, 백산학회, 1998, 289~290쪽.
2) 김상기,「한말 사립학교의 설립이념과 신교육 구국운동」,『청계사학』1, 한국정신문화연구원, 1984 ; 김정해,「1895~1910 사립학교의 설립과 운영」,『역사교육논집』11, 경북대, 1987 ; 변승웅,「한말 사립학교 설립동향과 애국계몽운동」,『국사관논총』18, 국사편찬위원회, 1990 ; 최기영,「한말 서울 소재 사립학교의 운영규모에 관한 일고찰」,『한국학보』70, 일지사, 1993 ; 권대웅,「한말 경북지방의 사

었을 뿐이다. 충북지방도 이러한 현상에서 크게 벗어나지 않았다. 기존 연
구는 사립학교 실태조차 파악하지 못할 정도로 취약한 수준이다.[3]

충청도는 서울·경기·황해·평안도 등지에 비해 근대교육은 상당히 부
진하였다. 이는 주민들의 현실인식과 전통 등 사회적인 배경과 무관하지
않다. 충북은 대한제국기 의병전쟁 중심지였고, 의병들은 대체로 근대교육
에 부정적인 입장이었다.[4] 그런 만큼 계몽운동은 전반적으로 부진할 수밖
에 없었다. 식민지화에 대한 위기의식은 이를 점차 극복하는 계기로 작용
하였다. 특히 개신유학자나 '개명한' 지방관은 사립학교설립운동을 추진하

립학교와 그 성격」, 『국사관논총』 58, 국사편찬위원회, 1994 ; 윤완, 『조선통감부
시기 민립사학의 교육구국활동에 관한 연구』, 단국대박사학위논문, 1997.

3) 청주지편찬위원회, 『청주지』, 청주시, 1961 ; 충청북도지편찬위원회, 「충북의 신교
육 발달상황」 『충청북도지』, 충청북도, 1975 ; 독립운동사편찬위원회, 「민족교육의
전개와 항일투쟁」, 『독립운동사-문화투쟁사-』 8, 동간행위원회, 1976 ; 김영우, 「한
말의 사립학교에 관한 연구(I)·(II)」, 『교육연구』 1·3, 공주사범대학, 1984·1986.
이후 발간된 시지·군지·도사·시사 등 향토사도 이러한 인식·경향에서 크게
벗어나지 않았다. 한국근·현대교육사를 개괄적으로 정리하는 등 지역적인 특성
등은 거의 밝히지 못하였다. 지방자치제 시행과 더불어 향토사 연구는 양적인 발
전을 거듭하고 있다. 하지만 방법론·인식론은 크게 진전되지 않았고, 이는 근본
적인 취지를 무색케 하는 등 많은 부작용을 초래하였다(주혁, 「지방사료 수집·
정리 필요성과 지역별 현황」, 『근·현대 지방자료 수집의 체계와 방향(발표문)』,
국사편찬위원회, 2002 참조).

4) 김기승, 「대한협회 안동지회」, 『안동사학』 4, 안동대, 1999 ; 김희곤, 『안동의 독립
운동사』, 안동시, 1999, 115~119쪽 ; 권대웅, 「한말 한주학파의 계몽운동」, 『대동
문화연구』 38, 성균관대 대동문화연구소, 2001.
柳寅植·李相龍 등은 대한협회 안동지회와 김창숙 등은 성주지회 설립·운영을
주도하는 등 시세 변화에 부응하였다. 이와 달리 의병은 안동 협동학교 교사인
金基秀·安商德을 살해하는 등 적대적인 태도를 보였다(김희곤, 「안동 협동학교
의 독립운동」, 『우송조동걸선생정년기념논총』 II, 나남, 1998). 용인보통학교 생
도살해사건과 양근 용문학교 방해사건 등은 이러한 인식을 분명하게 보여준다.
단양 의병들도 공립보통학교 교원 吳宽相을 살해하였다(『大韓每日申報』 1907년
11월 13일 잡보 「敎員砲殺」 참조). 반면 함북 경성지회 지회원은 의병진의 임원
이거나 후원자였다(박민영, 「1908년 경성의병의 편성과 대한협회 경성지회」, 『한
국근현대사연구』 4, 한국근현대사연구회, 1996 ; 박민영, 『大韓帝國期 의병연구』,
한울, 1999에 재수록). 의병 모두가 근대교육을 포함한 계몽운동에 적대적인 입
장은 아니었다. 다만 여기서는 전체적인 경향성을 언급하고자 할 따름이다.

는 주요한 세력이었다.[5] 이들은 기호흥학회 지회 조직을 주도하는 등 근대
교육 보급에 앞장섰다. 이 글은 한말 충북지방 사립학교설립운동 실상 파
악에 중점을 두었다.

배경은 근대교육에 대한 인식변화와 교육열 고조라는 측면에서 살펴보
았다. 도내에 조직된 계몽단체 지회는 이를 주도하였다. 심지어 淨土敎・제
국실업회・동아개진교육회・일진회 지회 등 친일단체조차도 교육활동에
동참하는 상황이었다. 이는 사립학교설립운동의 '이중적인' 이념・성격 등
을 보여주는 대목이다.[6] 설립취지서에 나타난 바와 달리, 대부분 사립학교
는 문화운동과 무관하지 않았다. 곧 "사립학교설립운동=국권회복"보다는
시세 변화에 따른 능력배양을 위한 실력양성이 우선적인 과제였다.

---

5) 정순목, 「유림(儒林)과 개화교육의식의 각성」, 『전통문화와 서양문화』, 성균관대출
판부, 1985 ; 김정해, 「1895~1910 사립학교설립과 운영」, 『역사교육논집』 11, 경북대,
1987, 139쪽 ; 최경숙, 「한말 유생층의 신교육참여」, 『오세창교수화갑기념한국근・
현대사논총』, 동기념사업회, 1995, 195~199쪽 ; 최경숙, 「한말 경북지역의 애국계몽
운동」, 『일제의 한국침략과 영남지방의 반일운동』, 한국근현대사연구회, 1995,
109~123쪽 ; 권대웅, 「한말 한주학파의 계몽운동」, 『대동문화연구』 38, 398~414쪽.
6) 김형목, 『1910년 전후 야학운동의 실태와 기능』, 중앙대박사학위논문, 2001, 7~8쪽.
대다수 연구자들은 사립학교설립운동을 '교육구국운동' 일환으로 규정하였다. 외
형상 취지서나 설립이념은 이를 분명하게 보여준다. 1920년대 실력양성운동도
이러한 이념에서 크게 벗어나지 않았다. 그런데 교육운동 주체는 전・현직 관료
나 교사・실업가 등이 다수를 차지한다. 楊山學校・五山學校・協同學校 등과 관
련된 인물을 제외한 이들의 국권회복을 도모한 활동상은 선명하게 나타나지 않
는다. 교육운동의 주요 세력인 지방관 중에는 학교 설립을 구실로 불법행위를 서
슴지 않았다. 일시에 설립된 많은 사립학교는 1~2년만에 재정난으로 폐교되는 상
황이었다. 더욱이 야학・강습소・개량서당・사립학교 등은 민중교육기관이었지
만 바로 민족교육기관은 아니었다(박찬승, 『한국근대정치사상사연구』, 역사비평
사, 1992, 260쪽). 곧 사립학교 설립 자체는 '교육구국운동'과 직결되지 않았다. 오
히려 기득권 유지나 자신들의 본질 호도를 위한 방편인 경우도 적지 않았다. 일
진회・노동야학회・동아개진교육회 등의 교육활동은 이러한 실상을 그대로 보여
준다. 일진회도 '한일합방' 직전까지 100여 개교를 설립하는 등 근대교육 시행에
노력하였다(『매일신보』 1910년 9월 28일 「會校附設」 ; 김형목, 「자강운동기 한성
부민회의 의무교육 시행과 성격」, 『중앙사론』 9, 중앙사학연구회, 1998, 76쪽). 이
들에게 교육은 문명사회를 달성하는 수단이었을 뿐이다.

이어 사립학교 설립 현황 등을 파악하였다. 수용 학생은 대부분 40~80명이었다. 교과목은 국한문·산술·습자·역사·일어 등 공립보통학교와 유사하였으며, 일부는 부분적으로 축소·시행하는 경우도 있었다. 향교 내 설립된 명륜학교는 명칭과 달리 전통교육에 치중하면서 산술·역사·지리 등을 추가하는 정도였다. 일어만을 전문으로 가르치는 학교도 비교적 '원만하게' 운영되었다.

마지막으로 설립자·후원자·교사 등의 성격과 이념 등을 규명하였다. 운영주체는 지방관리·교사·실업가 등 이른바 유지였다. 이는 적극적인 항일보다 합법적인 문화·교육운동에 투신하는 요인이었다. 그런 만큼 독립전쟁론자들과 갈등이 증폭되기에 이르렀다. 사립학교설립운동은 3·1운동 이후 문화운동으로 계승되어 '저항과 순응' 속에서 민족해방운동을 견지하는 기반이었다.

2. 근대교육에 대한 인식변화

1890년대 중반 이후 설립된 사립학교는 부국강병을 위한 시무책 일환이었다. 점차 야학도 근대교육기관의 한 영역으로 운영되는 등 교육적인 수혜의 저변을 넓혔다. 더불어 근대교육에 대한 인식도 확산되어 나갔다. 협성회·만민공동회는 이를 주도하는 중심 단체였다.[7] 토론회·강연회 주제는 대부분 교육과 관련되었다. 『협성회보』·『믹일신문』·『독립신문』·『황성신문』 등은 근대교육 보급을 적극 지원하고 나섰다. 남원·증산·안동·금성·남양 등지에 사립학교가 설립되는 등 근대교육은 점차 보급되었다.[8]

---

7) 김동면, 「협성회의 사상적 연구」, 『사학지』 15, 단국대, 1981 ; 정영희, 「협성회 연구」, 『논문집』 9, 인천대, 1985.

8) 김형목, 「사립흥화학교(1898~1911)의 근대교육사상 위치」, 『백산학보』 50, 백산학회, 1999, 295쪽 ; 정영희, 「사립흥화학교에 관한 연구」, 『실학사상연구』 13, 무악

민족이나 민족주의 강조는 이러한 배경과 무관하지 않았다.

일찍이 박은식은 민중교육론 일환으로 學區에 의한 의무교육을 주창하였다. 빈민 자제나 노동자·농민을 위한 야학 권장도 이러한 인식에서 비롯되었다.[9] 그러나 보수지배체제 강화와 더불어 근대교육은 '침체기'에 직면하였다. 이들은 근대적인 교육법령 정비에만 관심을 기울였다. 즉 법령정비와 달리 실행에는 매우 소극적인 입장이었다. 1904년 국왕의 흥학을 위한 조직은 이러한 상황을 타개하려는 의도였다.[10]

을사늑약 이후 다양한 의무교육론은 개진되었다. 근대교육을 받은 새로운 지식인층 형성은 이를 가능케 하는 요인이었다. 사회진화론에 입각한 이들의 현실인식은 경쟁사회를 '만고불변'의 원리로서 인식하였다. 그런데 군·면을 단위로 시행된 의무교육은 학구를 기준으로 삼았다. 강화도·김해·해주·의령·평양·포천·안악 등지의 의무교육은 지방자치제 일환이었다.[11] 활동가들은 지방자치의 최우선 선결 조건을 민지계발로 보았다. 이들에게 근대교육은 지방자치제 실현을 위한 기반이자 지름길이었다. 특히 향회·민의소·농회 등과 계몽단체 지회는 이를 주도하였다.[12]

충청지방 근대교육운동도 이와 비슷한 상황이었다. 다만 지역적인 특성을 반영하듯, 시기가 조금 늦었을 뿐이다. 사립학교 설립주체는 전·현직 지방관리나 교사·개신유학자 등이었다. 운영비 대부분은 기부금·의연금 등으로 마련되었다. 일부지역은 주민의 생활정도에 따라 차등 부과하는 '의

실학회, 1999, 114~115쪽.

9) 박은식전서편찬위원회, 『박은식전서』 중, 단국대출판부, 1975, 23쪽 ; 신용하, 『박은식의 사회사상연구』, 서울대출판부, 1982, 70~74쪽.

10) 『고종실록』 권44, 1904년 5월 23일.

11) 이상찬, 「1906~1910년의 지방행정제도의 변화와 지방자치논의」, 『한국학보』 42, 일지사, 1986, 77~78쪽 ; 김형목, 「자강운동기 한성부민회의 의무교육 시행과 성격」, 『중앙사론』 9, 87~90쪽.

12) 김형목, 「한말 해서지방 야학운동의 실태와 운영주체」, 『백산학보』 61, 백산학회, 2001, 220쪽.

무교육비'였다. 관내 노동자 전원은 피교육생으로 수용되었다.[13] 충주군수
金在殷은 각 면장을 소집하여 근대교육의 중요성을 설파하였다.

> …(상략)… 國家芨業之狀과 大民困瘁之事는 不可枚論이오. 當此時代變
> 遷하야 民智를 開發하고 國權을 維持케하랴면 在於教育一事이니 各面에
> 設學校 募聰俊하야 新學問 新書籍을 熱心敎授하야 使蒙昧之民으로 漸次
> 覺悟하야 至於文明之域케하라 하얏더라.[14]

유생들은 시세 변화와 더불어 근대교육의 필요성을 점차 인식하기 시작
하였다.[15] 특히 1905년 사립학교 설립의 확산에 따라 분위기는 조성되고
있었다. 이는 성리학적 분위기나 영향력이 비교적 미약한 서북지방에서 남
부지방으로 파급되어 나갔다. 유생들은 향교를 근대교육기관으로 전환하는
한편 부속 전답 등을 학교운영비 재원으로 충당하였다. 각지의 명륜학교는
향교를 기반으로 설립한 대표적인 경우이다.

문중을 단위로 하는 이른바 '문중학교'도 설립되었다. 신규식·신채호 등
은 문중자제의 근대교육을 위한 학교를 세웠다.[16] 진천군 초평면 一峙里
朱貞煥 등도 同族父老會를 조직하는 등 계몽운동에 앞장섰다. 이들은 매월
1회씩 모임을 개최하여 문중 자제들에게 농업·과학 등 긴요한 학문을 가
르쳤다.[17] 이는 사숙·의숙 등에서 근대학문을 가르치는 계기로 작용하였
다. 이른바 개량서당은 이러한 분위기와 맞물려 운영되기에 이르렀다.

---

13) 『大韓每日申報』 1909년 12월 2일 학계 「忠郡有校」.
14) 『황성신문』 1906년 5월 15일 잡보 「忠倅美擧」.
15) 노영택, 『일제하 민중교육운동사』, 탐구당, 1979, 285~293쪽 ; 김종석, 「한말 영남
  유학자들의 신학 수용 자세」, 『한말 영남 유학계의 동향』, 영남대, 1998.
16) 『황성신문』 1908년 5월 13일 잡보 「開明花樹」, 5월 14일 논설 「高靈申氏의 學契
  影響」, 5월 15일 잡보 「靈川學契」, 5월 24일 잡보 「興學勸告」 ; 임춘수, 「신규식
  신채호 등의 산동문중 개화사례」, 『윤병석교수화갑기념 한국근현대사논총』, 동
  간행위원회, 1990.
17) 『大韓每日申報』 1909년 6월 18일 잡보 「朱門勸喩」.

기생도 직접 사립학교를 설립하는 등 근대교육운동에 동참하였다. 진천
군 광혜원에 거주하는 翠蘭 등은 여자교육회를 조직한 후 부설로 여학교를
세웠다. 이들 중 일부는 국채보상회를 조직·활동했다.[18] 이는 사회적인 존
재로서 여성에 대한 인식 변화를 초래하는 요인 중 하나였다. 충청도의 공
주·제천·회인 등지에 운영된 여학교는 이러한 분위기와 무관하지 않았
다. 이후 이들은 교육운동은 물론 3·1운동 등 민족해방운동에 적극적으로
가담하였다. 각지에 기생들을 중심으로 설립한 강습소·야학 등은 이들의
현실인식을 보여준다는 점에서 의미하는 바가 크다.[19]

심지어 친일단체조차도 근대교육에 동참하는 상황이었다. 동아개진교육
회를 계승한 제국실업회는 이러한 사실을 보여준다.[20] 제국실업회 충북지
회도 상권보호 등을 구실로 조직되었다. 부대사업인 회원들 자제교육은 학
교 설립·운영으로 이어졌다. 지회장은 공금을 횡령하는 등 교육을 핑계로
협잡질을 일삼았다.[21] 일진회 옥천지회장 廉秉玉과 부회장 李炳泰도 군
수·유지 등과 仁明學校에 대한 지원에 나섰다. 이들은 특히 일어과 설립을
주도하는 등 일본어 보급에 많은 관심을 보였다.[22]

한편 1908년 5월부터 충남 서산지회를 시작으로 충청도에 기호흥학회 지

---

18) 『大韓每日申報』1907년 3월 31일 잡보 「蘭妓熱心」; 『황성신문』1907년 4월 29일
    잡보 「婦人愛國誠」; 박용옥, 『한국근대여성운동사연구』, 한국정신문화연구원,
    1984, 209쪽.
19) 서울·진주·경주·대구·평양 등지의 기생들은 스스로 야학을 설립·운영하였
    다. 고아원·학교 등에 대한 후원도 아끼지 않았다. 1914년 1월 28일부터 『매일
    신보』에 연재된 90여 명 名妓 중 천석꾼에 달하는 재산가와 일본 유학을 한 인물
    도 있었다. 비록 사회적인 멸시를 받았지만, 이들의 경제적인 기반은 다른 직업
    여성에 비해 결코 열악하지 않았다. 이들은 '모순된' 현실을 개혁하거나 강고한
    인습으로부터 탈피하지 못하는 한계성은 갖는다. 그런 만큼 기생들의 민족해방
    운동 동참을 동정적이거나 미담 정도로 인식한 기존 연구는 반드시 재고되어야
    한다.
20) 조재곤, 『한국 근대사회와 보부상』, 혜안, 2001, 274~275쪽.
21) 『大韓每日申報』1909년 5월 28일 잡보 「李氏落科」.
22) 『大韓每日申報』1906년 8월 3일 잡보 「仁校卒業式」.

회가 조직되었다. 본회는 공함을 통하여 취지를 전달하는 한편 학교 설립
을 적극적으로 권장하고 나섰다.[23] 즉 "각군에 소재한 향교는 '一鄕首善之
地'로서 이곳에 마땅히 학교를 설립하여야 한다. 과거 인재를 배양하고 문
명을 啓導하는 중심지는 바로 향교였다. 향교에 부속된 재산만으로도 곧바
로 학교를 설립할 수 있다. 각 군수는 모름지기 학교 설립을 통하여 인재를
양성하는 등 공직자로서 책무를 다하라" 등이었다. 이는 흥학을 도모하려
는 강력한 의지 표현이었다.[24] 흥학은 지방관의 주요한 책무로서 인식되는
동시에 시급한 현안으로 부각되는 계기를 맞았다.

1909년 12월 현재 설립인가된 기호흥학회 지회는 19개소였다. 충남 8개
소, 경기 7개소, 충북 4개소 등 충남에 가장 많이 설립되었다.[25] 충북지방에
인가된 지회는 충주·청주·제천·영동 등이었다. 사립학교설립운동 진전
은 이러한 배경 속에서 가능하였다. 지회원들은 학교 설립·운영자이거나
후원자·교사 등으로 활동하는 열성을 발휘했다.[26] 이들 대부분은 바로 근
대교육운동의 주체나 다름없었다.

그런데 기호흥학회를 제외한 다른 학회 지회는 전혀 조직되지 않았다.
충북지방의 자강운동 부진은 이러한 배경과 무관하지 않음을 보여준다. 지
역별 분위기는 일반적인 양상과 다르게 나타났다. 이는 각 지역적인 특성
을 반영하는 점에서 의미하는 바가 크다. 고조된 교육열은 제천군 博明學
校 설립 상황을 통하여 엿볼 수 있다.

---

23) 편집부, 『기호흥학월보』 1, 48쪽 ; 『기호흥학회월보』 2, 56쪽 ; 『大韓每日申報』
   1908년 4월 9일 잡보 「畿湖興學會에서 畿湖人士에게 發送흔 全文이 如左ㅎ니」 ;
   『황성신문』 1908년 4월 7일 잡보 「興學會勸諭; 畿湖興學會에셔 一般人士에게 勸
   諭홈이 如左ㅎ니」.
24) 洪正裕, 「興學講究, 轉學의 病」, 『기호흥학회월보』 10, 2~3쪽.
25) 김형목, 「기호흥학회 충남지방 지회 활동과 성격」, 『중앙사론』 15, 한국중앙사학
   회, 2001, 41~42쪽.
26) 김형목, 「한말 충청도 야학운동의 주체와 이념」, 『한국독립운동사연구』 18, 51~53쪽.

···(상략)··· 余는 本來 病身으로 아모 것도 不知ᄒᆞᆫ 一個 豚犬不若ᄒᆞᆫ 스
람이나 近日에 邑內에셔 學校를 設立ᄒᆞ고 人才를 養成ᄒᆞ야 後日國家에
有用ᄒᆞᆫ 材料를 供ᄒᆞᆯ 모음을 聞ᄒᆞ고 我心에 大段歡喜ᄒᆞ야 卽地에 赴校受
業코ᄌᆞᄒᆞᄂᆞᆫ 意思가 有ᄒᆞᄂᆞ 一個身體不具者로 十年工夫ᄒᆞᄂᆞᆫ 것보다ᄂᆞᆫ 兩
班子弟나 有才ᄒᆞᆫ 兒童의 一年工夫ᄒᆞᄂᆞᆫ 것이 遠勝ᄒᆞ기에. ···(하략)···27)

　사회적인 멸시 · 천대를 받던 불구자도 사립학교 설립에 의연금을 기꺼
이 제공하였다. 冶匠과 백정도 은사금을 설립기금으로 기부하는 분위기였
다.28) 이는 교육에 대한 당시인의 인식을 그대로 보여준다.

　이와 더불어 야학운동도 진전되는 분위기였다. 점원이나 노동자를 위한
'야학과'나 '야학교'의 운영으로 교육수혜자가 확대되었다. 즉 자신의 의지
여하에 따라 종래 특권층의 전유물인 교육수혜는 민중층에게 가능할 수 있
었다. 가정부인들은 문맹 굴레로부터 벗어나는 계기였다.29) 물론 이는 극
히 제한된 지역에서 나타나는 특성이다. 한글에 대한 관심과 한글연구는
이러한 상황과 맞물려 진전되었다.30)

　「사립학교령」 이후 야학은 점차 근대교육기관으로 확고한 영역을 차지
하기에 이르렀다.31) 야학은 1913년까지 법령에 의한 통제를 전혀 받지 않
았기 때문이다. 물론 일제는 이러한 양상을 이용하는 등 식민교육정책을
지속적으로 추진하였다. 제천 · 충주 · 직산 · 옥천 등지에 설립된 수십 개의
노동야학 · 국문야학은 이를 반증한다.32) 여기에서 수학한 학령아동과 노동

---

27) 『황성신문』 1909년 5월 9일 잡보 「긔발演說」.
28) 『황성신문』 1909년 5월 4일 잡보 「兩氏其人」, 5월 7일 잡보 「簿校成立狀況」.
29) 『만세보』 1906년 10월 12일 논설 「女子敎育會의 知識程度」 ; 김형목, 「한말 · 1910
　　년대 여자야학의 성격」, 『중앙사론』 14, 한국중앙사학회, 2000, 47~49쪽.
30) 『大韓每日申報』 1908년 1월 26일 논설 「國文學校의 日增」 ; 『대한매일신보』 1908
　　년 1월 29일 론설 「국문학교의 증가」.
31) 김형목, 「한말 충청도 야학운동의 주체와 이념」, 『한국독립운동사연구』 18, 45~
　　48쪽.
32) 『황성신문』 1909년 5월 6일 잡보 「堤川勞動學」 ; 『大韓每日申報』 1909년 4월 28일
　　잡보 「沃郡東明」.

자는 수백 명이었다.

교육단체 조직에 부응한 호서인들 활동도 활발하였다. 윤병섭·최병창 등은 취지서를 공포하는 등 분발을 촉구하고 나섰다.[33] 국권회복을 위한 첩경으로 근대교육 보급을 우선적인 과제로서 제시하였다. 재경유학생들로 조직된 호서학생친목회는 귀향활동의 일환으로 교육운동에 동참하고 나섰다.[34] 이들은 고향에 설립된 학교·강습소·야학의 명예교사로 활동하거나 직접 교육기관을 설립·운영하였다. 이는 주민들에게 근대교육의 중요성을 인식시키는 계기였다.

한편 「산림령」 시행은 측량기사에 대한 수요를 일시에 급증시켰다.[35] 당시 전국 각지에는 측량강습소나 학교 부설로 측량속성과가 속속 설치·운영되었다. 보성학교 부설인 측량과도 역시 이러한 상황과 맞물려 시작되었다. 특히 문중을 단위로 운영된 학교는 부설로 측량과를 운영하는 경우가 많았다.[36]

비록 규모나 숫적인 열세는 있었지만, 충북지방 교육운동은 진전을 거듭하였다. 1909년 10월말 현재 교육기관은 이를 반증한다. 서당 686개소에 재학생 4,916명, 공사립보통학교 102개교에 재학생 5,472명 등이었다.[37] 교원은 총 330명이었다. 숫적으로 서당은 절대 다수를 차지하지만, 수용인원은 미미한 수준이었다. 이는 전통교육에 대한 당시인의 교육관을 그대로 반증하는 부분이다. 일부 서당은 한국사나 지리 등을 가르치는 개량서당도 있었다. 반면 사립학교는 5,500여 명에 달하는 학령아동을 수용하는 등 근대교육기관으로서 확고한 위치를 차지하였다.

---

33) 『대한매일신보』 1907년 7월 14일 잡보 「湖西學會趣旨書」, 7월 19일 잡보 「賀湖西興學會又」.
34) 『대한매일신보』 1910년 5월 26일 학계 「호서학회소문」.
35) 『황성신문』 1908년 6월 11일 논설 「林業科의 必要」, 6월 13일 잡보 「林業法의 註解」.
36) 『대한매일신보』 1908년 10월 8일 잡보 「김씨종중설교」.
37) 『大韓每日申報』 1909년 11월 13일 학계 「書堂何多」.

3. 사립학교 설립현황

을사늑약 이전까지 사립학교 설립에 의한 근대교육은 전반적으로 부진한 형편이었다. 1901년 청주군 유생 신흥우 등은 향교 내에 학교를 설립하였다. 그는 운영비 조달은 물론 스스로 학생들을 모집하고 가르쳤다. 학부는 그를 교원으로 임명하는 동시에 인재양성 정진을 하달하였다.[38] 그럼에도 이후 사립학교 설립에 의한 근대교육은 별다른 진전을 이룰 수 없었다.

반면 일본어 보급에 중점을 둔 '일어학교'는 오히려 성행하였다. 1904년 청주군 金原培는 자담으로 일어학교를 세웠다. 松下彦熊을 교사로 연빙하자, 40여 명 학도는 일시에 호응하였다.[39] 이듬해 李周瓊·朴海淑은 진천군 鬭川市에 '일어학교'를 설립한 후 山本登을 교사로 초빙하였다. 인근 거주자 중 입학지원자가 다수에 달할 정도로 성황이었다.[40] 옥천군 정토교회장인 洪承弼도 사립학교를 설립한 후, 관아 건물을 교실로 사용할 수 있도록 요청하고 나섰다. 군수 黃演秀는 이러한 요구에 대한 수용 여부를 상급기관에 의뢰하였다.[41] 이 학교는 정토교 포교와 함께 일어를 중점적으로 가르치는 '일어학교'였다.

이러한 분위기는 유지신사들을 자극시켰다. 식민지화에 대한 위기의식으로 1905년 옥천읍내 유지들은 進明學校를 설립하였다. 전관찰사·군수 등은 의연금을 기부하는 등 재정적인 기반 확충에 노력을 아끼지 않았다. 당시 교직원은 교장 閔衡植, 총감 黃演秀, 감독 宋準憲, 교감 朴乭陽, 교사 全聖旭·李鍾洙 등이었다.[42] 충북지역 6개군 교육총감을 맡은 전성욱은 이곳 학교 운영 상황을 조사하여 『만세보』에 게재하는 등 근대교육을 확산하

---

38) 『황성신문』 1901년 5월 9일 잡보 「敍任及 辭令」.
39) 『황성신문』 1904년 5월 10일 잡보 「私立日校」.
40) 『황성신문』 1905년 8월 24일 잡보 「鎭川日校」.
41) 『황성신문』 1905년 8월 1일 잡보 「沃倅報告」.
42) 『황성신문』 1905년 8월 18~21일 광고.

고자 노력하였다. 국한문·독서·작문·습자·일어·산술·지지·역사·법률·체조 등은 주요 교과목으로 편성되었다. 진명학교는 1908년 여학생 1명을 수료시키는 등 여성교육을 병행하였다.[43] 같은 해 彰明學校는 전참봉 金奎興 등 유지신사 의연금으로 설립되었다. 교과과정은 보통과와 전문과로 편성되었다. 전문과는 교육열 고조에 부응하여 관내에 설립되는 사립학교에 유능한 교원을 양성 공급하기 위함이었다. 교장 민형식, 일어교사 堤廣吉과 명예교사 柳在雨·李在淵·成周鳳 등은 운영비를 직접 조달하는 등 노력을 아끼지 않았다.[44] 60여 명에 달하는 출석생은 고조된 향학열을 어느 정도 보여준다. 재정 부족으로 폐교에 직면하자 교사 홍승로·유재우 등은 유지신사에게 호소하는 등 의연금 모금에 나섰다. 주민들 적극적인 참여는 학생들 향학열을 자극시키는 기폭제였다.[45]

괴산군수 민영은도 속성과와 보통과로 구성된 始安學校를 설립하는 등 근대교육 보급에 노력을 기울였다. 입학년령은 속성과 20세 이상과 보통과 8세 이상인 자로 제한하였다. 나이를 하한선만 규정한 이유는 청소년들에게 보다 많은 수학 기회를 부여하기 위함이었다. 출석 학생만 90여 명에 달할 정도로 성황인 까닭은 이와 무관하지 않았다.[46] 학교장은 설립자인 군수가 겸임하였다. 전참서 洪範植·우영명과 전군수 민치완·송순명 등은 의연금 갹출을 아끼지 않았다. 서울거주 鄭永澤은 찬성장으로 활동하는 등 근대교육 확산에 크게 이바지하였다.[47] 이는 외부 세계와 정보 교류를 확대하는 동시에 소통에 의한 대동단결을 도모하는 밑거름이었다.

43) 『大韓每日申報』1908년 4월 1일 잡보 「處子演說」.
44) 『황성신문』1906년 7월 12일 잡보 「彰校近況」;『만세보』1906년 8월 24일 잡보 「藥左六郡各處學校 第一回視察事項」;『大韓每日申報』1906년 7월 13일 「彰明試驗」.
45) 『大韓每日申報』1906년 6월 28일 잡보 「彰明校況」.
46) 『황성신문』1905년 9월 4일 잡보 「槐郡設校」.
47) 『황성신문』1905년 9월 23일 광고 「槐山郡守 閔泳殷氏가 私立始安學校를 設ᄒ얏ᄂᄃᆡ 其補助金이 如左ᄒ니」.

회인군 輔明學校는 1906년 3월 9일 황태자의 하사금으로 개학했다. 개교
당시 임원진은 교장 閔健植, 교감 林漢俊, 교사 黃潤東·李鍾濬 등이었다.
재학생은 30여 명으로 운영비는 군청에서 지원하였다. 이보다 1개월 이전
에 개학한 時明學校는 교장 尹孝定, 총무 金重鉉, 교사 김진수·양재정·김
창수·유근 등이 재직하고 있었다. 운영비는 유지들 의연금으로 충당되었
다. 이러한 분위기는 근대교육에 대한 주민들 관심을 고조시켰다. 시명학
교 부속으로 운영된 국문학교는 이를 그대로 반증한다. 이 학교는 근로 청
소년을 위한 주경야독인 야학이었다. 교장 宋一泳, 교사는 시명학교 임원진
은 김진수·김중현 등이 명예교사로서 자원하였다.48)

음성군 감미면 玄谷 유지들은 通明學校를 설립하였다. 교장 李弼榮은 자
신의 가옥을 기부하는 한편 학령아동에게 입학을 권유하고 나섰다. 또 한
문교사 韓東旭과 일어교사 李圭鐵을 연빙하는 등 교육내실화에 노력을 아
끼지 않았다.49) 일시에 40여 명이나 호응하는 등 교세는 발전하는 계기를
맞았다.

청산군 근대교육을 견인한 新明學校는 1906년 4월 12일 개교했다. 교장
은 군수인 宋熙完, 교감은 趙萬夏, 교사 金敎興 등이었다. 운영비는 군청에서
지원하는 등 지방관에 의한 근대교육이 발흥하는 계기를 맞았다. 관내에
설립된 7개 지교는 이러한 사실을 그대로 보여준다. 개교 초기 237명에 달
할 정도의 학생수는 근대교육에 대한 열의를 짐작할 수 있는 대목이다.50)

진천군 文明學校는 군수 李鐸應의 주도로 설립되었다. 주민들은 각자의
생활정도에 따라 의연금을 갹출하는 등 지원을 아끼지 않았다.51) 그러나
설립된 지 3년 만에 재정난에 직면하면서 폐교의 위기상황에 맞닥뜨렸다.

48) 『만세보』 1906년 8월 25일 잡보 「藥左六郡各處學校 第一回視察事項」.
49) 『황성신문』 1909년 5월 12일 잡보 「陰郡通明校」.
50) 『만세보』 1906년 8월 26일 잡보 「藥左六郡各處學校 第一回視察事項」.
51) 『황성신문』 1906년 6월 1일 잡보 「鎭川文校」, 6월 3일 광고 「鎭川郡 文明學校 義
捐氏名及 金額」.

이에 군수 朴初陽과 군주사 金玉鉉은 지속적인 운영 방침을 세웠다. 가을 개교식에 서울 거주 朴勝鳳·李觀稙 등의 참석은 주민들에게 교육의 중요성을 일깨우는 계기로 작용하였다.[52]

개신교의 신자들도 이에 동참하였다. 괴산군 白斗鎬 등은 기독교학교를 설립·운영하는 등 근대교육 보급에 노력을 기울였다. 그는 학생들에게 단발을 권유하는 한편 모자 30여 개를 기증하였다.[53] 괴산에 거주하는 18세 청년 金貞煥은 문명개화와 외교의 중요성을 역설하는 등 탁견을 개진할 정도였다. 논리는 시골 지식인으로서 상상을 초월하는 국제관계에 관한 사실이었다.[54] 이는 충북 관내 자강론들로 하여금 사립학교설립운동을 통한 근대교육 보급에 박차를 가하는 중요한 계기였다.

청안군수 金鐸應도 의무교육 일환으로 重明學校를 세웠다. 전임군수 黃祐燦도 結稅를 부과하는 등 '의무교육비' 시행으로 면장들과 긴장관계를 조성하기에 이르렀다.[55] 그는 학령아동을 입학시키지 않는 학부형에게 벌금 50전씩을 부과할 정도로 강력한 의지를 나타내었다. 교장 閔明植과 학감 李相泰의 열성으로 출석생도는 100여 명에 달하는 성황을 이루었다.[56]

영동군 金永範·鄭淳宇·金殷洙 등은 실업장려를 목적으로 實業契를 조직했다. 이들은 일찍이 국채보상운동을 전개하는 등 계몽활동에 종사하였다. 개간사업·식림사업·양식사업 등도 추진하여 큰 성과를 거두었다.[57] 1906년 4월 30일 개학한 德明學校는 이곳 근대교육에 대한 영동 주민들 관심을 받았다. 교장은 군수인 徐晦輔가 맡았으며, 교감 장숙과 교사 李南夏·

---

52) 『황성신문』1909년 9월 21일 잡보「文校將進」; 『大韓每日申報』1909년 10월 1일 학계「文校將興」.
53) 『大韓每日申報』1909년 6월 10일 잡보「敎信團體」.
54) 『황성신문』1908년 5월 23일 기서「槐山居 金貞煥 年十八, 國家進步와 國交에 關係」.
55) 『大韓每日申報』1909년 8월 21일 잡보「民惜可念」.
56) 『황성신문』1910년 6월 5일 잡보「李氏熱心」, 6월 9일 잡보「淸倅治聲」.
57) 『大韓每日申報』1909년 10월 7일 잡보「實業實施」; 『황성신문』1909년 10월 7일 잡보「好契組織」.

朴昌浩 등이었다. 특히 일본 헌병군의인 宋永作平은 명예교사로서 열의를
다하였다. 관내에 지교도 8개소나 설립되는 등 향학열 고조로 귀결되었다.
재학생은 350여 명에 달할 정도로 대단한 분위기였다.[58] 유림들은 이들의
활동을 지원하는 등 시세 변화에 부응함으로 새로움에 대한 관심을 기울이
는 계기를 마련하였다. 이후 기호흥학회 영동지회 조직은 이들에 의해 주
도될 수 있었다. 이들은 朝陽學校・私立指定學校 설립과 강연회를 개최하
는 등 주민계몽에 노력을 기울였다.[59] 한편 영동군 조양학교는 군수 林淵
相의 방해책동을 받았다. 설립자들은 이를 학부에 보고하는 등 지속적인
교육을 위한 대책을 강구하였다.[60]

청주군 외일하면장 박봉래도 교육활동에 적극적이었다. 그는 관내 가가
호호를 방문하여 학령아동의 입학을 권유하는 등 노력을 아끼지 않았다.
또한 빈민자제를 위한 사립학교를 설립하는 등 헌신적인 활동을 펼쳤다.[61]
보성중학교 교직원과 학생들은 장기적인 교육 발전을 지원하는 교우회를
조직하였다. 취지서 주요 내용은 다음과 같다.

> …(상략)… 今日校友로써 限ᄒ고 暇日로써 會흠을 報答의 義務가 急務
> 흠이로다. 立會의 名義를 守ᄒ야 寸效를 得흔즉 書生의 受嘲를 免흘가ᄒ
> ᄂ 바라. 學業의 完成은 學校가 鞏固흠에 在ᄒ고 友道의 輔益은 此會回
> 가 發達흠에 在흘리로다. …(중략)… 大흡다 學問이여 重흡다 智識이여.
> 存亡生死를 招ᄒ고 逆善惡忠을 擇ᄒᄂ 바라. 內로써 學問을 刻하며 苦하
> 야 文明의 精神과 骨子를 立ᄒ고 外로써 智識을 廣하며 換ᄒ야 國家의
> 砥柱와 基礎를 固케흠이 吾輩의 責任이라. 四海의 人을 友ᄒ며 會흠이
> 此會로써 始흘지라. 心을 同ᄒ며 力을 戮ᄒ야 勉ᄒ며 進흘지어다.[62]

58)『만세보』1906년 8월 26일 잡보「藥左六郡各處學校 第一回視察事項」.
59)『황성신문』1909년 12월 3일 잡보「勸獎委員派送」, 12월 8일 잡보「永郡喜信」;
  『大韓每日申報』1910년 2월 12일 잡보「朝陽經試」.
60)『황성신문』1909년 12월 24일 잡보「何沮學校」.
61)『대한매일신보』1910년 6월 29일 학계보「박씨설교」.
62)『만세보』1907년 1월 17일 잡보「淸郡校友會」.

지식 보급·발달은 이 단체가 지향하는 바였다. 이는 국가 지주와 기초를 공고히 하는 기초 과정이었다. 임원은 회장 1인, 부회장 1인, 부장 각 1인, 각부 위원 2인, 회계원 2인, 각부 위원보 각 4인 등이었다. 부서는 문예·무예·위생·서무로 구성되었다. 교우회는 회원간 친목 도모는 물론 관내 의무교육을 실시하기 위한 방안까지 모색하였다. 교직에 종사하는 모든 이에게 개방된 회원자격은 이를 반증한다.[63] 이는 지방에서 조직된 최초 학우회라는 점에서 중요한 의미를 지닌다. 교우회는 중등교육은 물론 고등교육에 의한 인재 양성에 적극적인 관심과 후원을 아끼지 않았다. 일본유학생단지동맹에 대한 동정금 모금활동은 이를 반증한다.

> 嗚呼痛哉. 二十一人 同胞學生이여. 忠君愛國지誠으로 離親棄墓ㅎ고 留學遠邦타가 經濟窘乏에 難遂素志ㅎ야 血心決議ㅎ고 斷指同盟ㅎ니 像想其當場景況 則髮衝비裂에 血淚沾검이라. 若 我二千萬同胞 知其二拾一人 烈士之血性 則莫석萬금지財하고 부送慈善지금하야 使遂本志케하면 國家幸甚 同胞幸甚.
> 清州郡 普成中學校校友會
> 發起人 鄭永澤 리章魯 任謙宰 鄭泰殷
> 但 義捐금 領收所는 京城 鍾路 皇城新聞社內.[64]

주민들의 자발적인 참여를 유도하기 위한 긴급광고는 교우회 임원진의 근대교육에 대한 관심도를 그대로 보여준다. 군수 尹泰興도 근대교육 보급에 대단히 적극적이었다. 그는 각 면장과 이장 등을 소집하여 학령아동을 조사하여 보성학교로 입학을 권유하였다. 학령아동 중 경비곤란으로 입학이 불가능한 경우에는 마을에서 이를 공동부담케 했다. 인재양성을 위한 그의 노력은 '의무교육' 시행을 위한 기반을 구축하는 등 인식변화를 수반하는 계기였다.[65]

---

63) 『만세보』1907년 1월 17-18일 잡보 「淸郡校友會」.
64) 『大韓每日申報』1907년 1월 23일~2월 1일 광고 「긴급광고」.
65) 『大韓每日申報』1907년 12월 25일 잡보 「淸守獎學」.

문의군 서일도면 덕지리 등지 유지들도 화영학교를 설립하였다. 이 학교는 군수 오영전과 교장 오영옥을 비롯한 임직원의 헌신적인 노력이 있었다.[66] 수백 명에 달하는 졸업생을 배출하는 등 근대교육 보급에 이바지하였다. 당시 상황을 다음과 같다.

> …(상략)… 청년주데를 교육ㅎ는뒤 몃 히동안에 학도가 수빅여명이라. 본군슈 오영뎐씨와 교장 오영옥씨와 일어교수 최용규씨와 한문교수 오틔균씨의 열심으로 학교가 흥왕ㅎ여 호즁에 뎨일 진췌지망이 잇다고 그도 인민의 칭송이 쟈쟈하다더라.[67]

사립학교에 의한 근대교육이 확산되는 가운데 여학교 설립도 병행되었다. 제천군 모산 沈相起의 부인은 이러한 계획을 추진한 중심인물이었다.[68] 진천군 광혜원에 거주하는 翠蘭 등은 여자교육회를 조직한 후 부설로 여학교를 직접 세웠다. 교육내실화를 위하여 교사를 초빙하는 등 노력을 아끼지 않았다. 또한 국채보상운동에도 동료들과 적극적으로 동참하는 등 열성적이었다.[69]

물론 사립학교설립운동은 순조롭게 진행되지 않았다. 진천군 鄭雲穆李時榮 등은 음성군 소재 書院畓을 자본으로 학교 설립을 도모하였다. 유림들은 전국에 通文을 발송하는 등 이를 극력 저지하기에 이르렀다. 발기인들은 학부에 청원하는 등 계획대로 추진시켰다.[70] 의병전쟁의 격화와 사회불안에 따른 경제난도 사립학교설립운동을 저지시키는 요인이었다. 일부 의병들은 학교나 교사·학생 등에 대한 공격을 서슴지 않았다. 더욱이 일제의 경제적인 침략에 따른 생존권 위협은 자제교육을 부차적인 문제로서 인식하지 않

---

66) 『대한매일신보』1910년 6월 16일 학계보 「화영학교진췌」.
67) 『대한매일신보』1910년 6월 9일 학계보 「화영교흥황」.
68) 『황성신문』1909년 5월 9일 잡보 「閨門一變」.
69) 『大韓每日申報』1907년 3월 31일 잡보 「蘭妓熱心」.
70) 『황성신문』1909년 5월 5일 잡보 「設校反對」.

을 수 없었다.[71] 당시 설립된 사립학교를 정리하면 다음 〈표 1〉과 같다.

〈표 1〉 한말 충북지방의 사립학교일람표[72]

설립년도	학교명	장소	설립·운영자	학생수	출전
1905	사립학교	옥천	洪承弼:정토교군회장		황1905.8.1
	진명학교	옥천	閔衡植:교장 宋準憲:감독 全聖旭·李鍾洙:교사		황1905.8.18-21,1909.2.13 大1908.4.1
	일어학교	진천 閭川	李周瓊·朴海淑 등 山本登:교사	다수	황1905.8.24
	시안학교	괴산	閔泳殷:군수	속성·소학과 8·90	황1905.9.4,9.23 大1907.5.8,5.19,1908.1.21
	청호학교; 충북보성중학교	청주	閔泳殷:군수 등 鄭永澤:학교장	고등보통· 소학과; 중학교과정	大1906.1.30,1.31,1907.1.20- 2.1,5.2,12.25,1908.4.29 황1906.4.27,9.5,11.12 대1908.11.22
	광동학교; 인명학교	옥천 校洞	金命洙:전관찰사 全聖旭:교사	일어과 30	황1906.3.29,8.3,10.20 大1906.6.14,7.7,1907.3.24 1908.4.15,7.7 만1906.8.24,12.5
	창명학교	옥천	金奎興:전참봉 閔衡植:교장 柳在雨·洪承老·李在淵 成周鳳·堤廣吉:교사	보통·전문과 60	황1906.6.28,7.12 大1906.7.13,1907.2.27,3.7 1908.6.28,7.13;만1906.8.24 12.15,1907.2.24,3.6,3.15,12.15

---

71) 『만세보』1906년 9월 16일 논설 「農産」, 10월 14일 논설 「借款風說」, 10월 16일
   논설 「敎育費」, 10월 21일 논설 「農形」, 10월 27일 논설 「經濟界」, 12월 8일 논설
   「民情」, 1907년 4월 27일 논설 「窮極則通」.
72) 〈표 1〉의 大는 『大韓每日申報(국한문혼용판)』, 대는 『대한매일신보(한글판)』, 황
   은 『황성신문』, 만은 『만세보』, 제는 『제국신문』, 『기호』는 『기호흥학회월보』 등
   을 각각 의미한다. 그런데 『충청북도지』는 37개교, 김영우(앞글)은 38개교(6개교
   중복)로 각각 파악하였다. 〈표 1〉과 비교하면, 상당수 사립학교가 누락됨을 알
   수 있다. 특히 사립학교 부설인 강습소·야학 등은 거의 파악하지 못하였다. 김
   형목은 한말 충청도 야학운동을 규명하는 가운데 충북지역 야학운동 주체와 설
   립이념 등을 밝혔다(김형목, 「한말 충청도 야학운동의 주체와 이념」, 『한국독립
   운동사연구』 18 참조). 향후에는 군단위로 진행된 '면립학교'나 '군립학교' 등 사
   실상 의무교육 일환으로 전개된 사실과 근대교육사에서 차지하는 위상 등도 규
   명되어야할 부분이다.

	창명학교	제천		법어,일어 법률,이학 역사,지지 산술	대1906.12.25:황1907.1.21 大1906.8.7,8.30(취지서) 1.24,12.25,1907.1.21-22
	보인학교	보인	洪祐純:군수 등		황1906.3.29,3.30
	보흥학교	제천	具哲鉉,李鍾秀, 김상기 김응섭,이명하,이용철 정제원	법영한일어 산술,역사 지지,체조	大1906.3.13;황1906.4.10
	상산학교	진천	李相稷:학교장		황1906.4.17
	돈명학교	충주	孫海鵬:교감 金在殷:교장 尹邦鉉:부교장 崔昌鳳·朴興烈:교사		황1906.4.28.,4.30,5.15,8.20 12.29,1907.2.4,7.12 大1906.6.22.,8.16,1907.2.1 7.16,1908.5.24.,6.10,6.24 6.28,9.22,1909.3.30 대1909.3.30
1906	익명학교	단양	朴初陽:군수 柳基浩:군주사(교사)	50	황1906.5.10.,10.17,10.3.16 大1906.10.10,1908.5.18
	광명학교	진천	유지제씨	보통과, 심상과	황1906.6.1:大1906.7.21 1908.7.21
	문명학교	진천	李鐸應:군수 李相稷·崔章玉:교사		황1906.6.1,6.3,1909.9.21 大1906.6.28,9.18,12.1 1908.5.31,9.17,9.17,11.29 1909.1.27,6.24,10.1,11.17 대1909.6.25.:『기호』3-43 『기호』8-66,『기호』12-45
	덕명학교	영동 남정리	張錫五		황1906.11.16
	홍명학교	영춘 향장청	유지제씨		황1906.7.3,7.18,7.31 大1906.7.3,1908.7.3
	사립학교; 흥융학교	음성	유지제씨	30	황1906.7.10:대1907.7.19
	대아학교	회인	유지제씨,閔秉羲:교장	1907재개교	大1907.6.2
	진명학교	회인	禹珽淳 등 閔健植:교장 黃潤東·李鍾濬:교사 林漢俊:교감	30/1909 재개교	황1906.7.13.,1909.6.10,8.29 1910.1.15,6.7:大1909.3.24 만1906.7.13,8.25:『기호』 9-43.

시명학교	회인	유지제씨,尹孝定:교장金重鉉:총무, 김진수·梁在政·김창수·柳瑾:교사	33		만1906.8.25
국문학교	회인시명학교부설	宋一泳:교장김진수·김중현:교장	보통과/21		만1906.8.25
보명학교	괴산	李應運·이정구:교사李載晩·金周鉉:찬무원			大1907.3.17,10.16,1908.7.31황1908.7.31,10.4.21:대19087.31,1910.4.23:만1907.3.17『기호』8
진명여학교	옥천				제1906.3.31
천명학교	황간	유지제씨,李元和(군수):교장,윤진구:교사,金雲權:찬성장	보통과/30		만1906.8.26
신명학교	청산	유지제씨,송희완(군수):교장,조만하:교감,김교흥:교사	6개지교/237		만1906.8.26
永明학교	옥천	黃演秀(군수):교장,陸祚永·金奎煥·李冕夏·柳基豊:교사	20/면립		만1906.8.24
日明학교	옥천	황연수(군수):교장,宋憲哲:교사,宮坂直一郞(순사):찬성원	20/면립		만1906.8.24
보성중학교	청주	閔泳殷:군수등鄭永澤:학교장	교원양성		大1906.1.30,1.31,1907.1.20-21,5.2,12.25,1908.4.29황1906.4.27,9.5,11.12대1908.11.22:만1907.17-18
1907	광한학교	진천 광혜원	尹炳虎:전참봉		황1907.3.11大1907.3.21,4.7,4.9
	여학교	진천	翠蘭:기생		大1907.3.31
	흥릉학교	음죽	李聖雨·朴彰河:발기인金永基·黃기영:교사		황1907.4.2.大1907.7.29,7.30
	양명학교	보은	유지제씨		大1907.9.8

사립학교; 노동동명학교	옥천 이남면 평산리	朴文欽·朴政鎭·曹昌烈 朴權浩	86	大1907.12.7,1909.4.28 대1907.12.7	
사립학교	제천	具哲鉉·李命夏·金相琦		大1908.3.2,3.13	
노동야학	괴산 보명학교내	이응운:교사	40	대1908.1.26	
종중학교	문의	신씨문중		大1908.7.14	
문중학교	청주 산동	신씨문중,申泰休:관찰사		대1908.6.5,6.11	
개진학교	진천 장호원	이담래·윤태동	60	대1908.5.21	
명륜학교	괴산 향교내	유지제씨		大·대1908.7.31:황1908.7.31	
측량학교	충주	이학기·이용구		대1908.10.3	
호흥보창학교; 호흥학교	충주 가흥면 가흥리	安恒淳·朴景烈·丁奎賢	80	大1908.10.30,1909.10.16 1910.4.10,4.14,4.20:황1909 11.18,1910.4.8,4.9,4.24 4.29,5.12,7.13:대1908.10.29 1910.4.9,5.1	
보흥학교	음성 금목면	유지제씨	100	황1908.11.18	
죽남학교	음죽 하율면			황1908.10.31	
사립학교	진천 이곡면 노곡	申必均·申宰均	다수	大·대1908.11.21	
측량학교	청주 보성중학교	閔泳殷:교장	100	大1908.11.22	
중명학교	청안	李鐸應:군수,閔明植:교 장,李相泰:교감,金昌順: 일어교사	60;100	황1908.12.19,1909.10.6 1910.5.23,6.5,6.9	
명신학교	충주 엄정면 내창리	김재홍·이상엽		대1908.12.18	
노동야학	황간공립 보통학교내	여규혁:교사	50	대1909.1.27	
연흥학교	청주 강서면	유지제씨		大1909.2.2	
보성학교;잠업학교	청주	曹秉黙:교사		大1909.2.11:대1909.2.11 1910.5.13	
로동학교 관내7개소	옥천	申鉉九:군수		황1909.2.13	
사립학교	진천	朴初陽:군수		大1909.2.14	

(연도 열: 1908)

	국문야학교	괴산 남중면 전법리	趙宗鎬·金相翼·金演羲		황1909.2.27:大1909.3.5,4.2 대1909.3.4:『기호』9
	계산학교	영동	유지제씨	졸업생 30	황1909.4.18,1910.2.13
	덕신학교	충주 서면 덕촌	유지제씨,吳宗泳:교사		大1909.4.27
	연명학교	연풍	曹斗煥:군수,慶光國:교장,任俊鎬·中村鈴五郎;교사	50	황1910.5.8,5.10:大1910.5.10
1909	노동학교	제천 탑내촌	李鍾華,鄭奎奭·李光雨;교사		大1909.4.4
	노동동명학교지교	옥천 이남면 적령리	유지제씨	양지교;49	大1909.4.28
	〃	옥천 이남 소도리	〃	〃	大1909.4.28
	명신학교	청주 산외이면 지천동	金厚坤:강사		大1909.4.30,1910.4.16 대1910.4.21
	노동학교 관내26처	제천	유지제씨		황1909.5.6
	박명학교	제천	具哲鉉·李鍾震·黃學秀 金振泰·李用觀:교사 박명학회		황1909.5.7,5.9,8.6,8.10 大1909.8.8:『기호』12-47~48
	제천여학교	제천 모산	沈相起 부인		황1909.5.9
	신명학교지교	청주 산외이면 지천동	金厚坤:교사		황1909.4.9,5.11
	통명학교	음성 감미면 현곡	李弼榮:교장 韓東旭·李圭鐵:교사	40	황1909.5.12
	보흥의숙	충주 주유면 유촌	趙英九·李容魯·趙京惑	40	大1909.5.26:『기호』11
	격치의숙	충주 가흥면 능암리	金春培·한원교		大1909.6.1
	야학과	괴산	申桑(商)雨·柳愚(?)根		황1909.6.8

기독교학교 돈신학교	괴산	白斗鎬	단발	大1909.6.11:『기호』11-50
노동야학교	진천	朴初陽:군수	60	大1909.11.17
노동야학교	충주 목계	유지제씨	100	大1909.12.2:황1909.11.28
조양학교	영동 양내면	이원석·이상구(기호흥 학회)		황1909.12.8,12.10,12.24 大1910.2.12;대1907.10.18 1910.2.2
구룡의숙	청풍 북면 구룡리	김진한:숙장,김진흥: 부숙장,박용림:숙감 박영헌:학감		황1910.1.7:『근인(김진한)』
광흥강습소	영동 양남면 광평리	유지제씨	다수 동맹단발	황1910.1.12
사립학교	영동	기호흥학회 영동지회		황1909.12.12
노동학교	충주 호흥학교내	호흥학교	80	大1910.1.19 황1910.4.8
회인여자학교	회인	이소사:교사		황1910.3.2
명륜학교	청주	李章珪 등	50	大1910.4.10
법률전문강습소	청주 보성학교내	이조원:재판소서기 박윤양·남보원:번역관		대1909.3.19
지정사립보통학교	영동	유지제씨	110	大1910.5.6
흥명학교	제천 서면 평동	閔泳復:교장,崔永奭:학 감,韓國東:교감,李相翼: 총무,尹寬鉉:회계,韓翊 東:교사	100	大1909.3.16,1910.4.21 대1910.4.23:황1910.6.15 『기호』9-42
평동학교	제천	유지제씨		황1909.11.18
신명의숙	옥천	洪承老(군주사)	직원과퇴리	황1909.4.8
봉명학교	음죽	유지제씨		大1909.5.27:『기호』11
사립학교	청주	실업가 등		황1910.1.14
신명학교	청주 산외이 지동	오창식·신응후·김후곤		황1909.4.9

1910	일어전문과	회인 진명학교내	진명학교,加藤末次郞: 보은군우체취급소장	다수	황1910.1.15
	노동학교	청주	李商雨:진위대군인	80	황1910.3.24 大1910.3.25;대1910.5.24
	청오학교	청주 북면 오근리	金仁性·李明世·金榮植 李根盛·金奎一	100	大1910.4.10
	통명학교	충주 목계	吉野藤藏:교사		大1910.6.16
	청흥학교	청주 산내하 삼산리	吳鎔鉉·吳永奭·吳翰植 吳彰植·吳廷植	50	황1910.8.17
년대 미상	보명학교	진천			매1911.2.18
	장통학교	음죽			매1911.3.3

〈표 1〉은 당시 충북지역의 모든 사립학교를 망라하지 않았다. 개량서당을 비롯한 근대교육기관으로 전환된 의숙·사숙 중 상당수 누락되었기 때문이다.[73] 〈표 1〉에 나타난 학교는 당시 비교적 잘 '알려진' 교육기관이라고 생각된다. 현상적인 특징은 다음과 같이 정리할 수 있다.

첫째로 지역적인 편차를 보인다. 청주·충주·제천·옥천·괴산·영동 등지의 사립학교 설립은 '비교적' 활발하였다. 야학운동도 이러한 상황과 맞물려 진전되었다.[74] 근대교육기관으로서 국문야학·노동야학은 이를 반증한다. 설립·운영 주체는 대부분 지방관·실업가 등이었다.

둘째로 일본인에 의한 근대교육 보급이 확산되었다. 이는 일본어 보급을 확산시키는 요인이었다.[75] 일진회를 비롯한 제국실업회·정토교 지회 등 친일단체나 일본인 관리·실업가 등은 교육활동을 통하여 우호적인 관계를 유지하였다. 궁극적인 의도는 친일세력 육성이었다. '일본어만능시대'는

---

73) 『大韓每日申報』 1906년 7월 6일 잡보 「鎭川郡紳士의 寄書」.
74) 김형목, 「한말 충청도 야학운동의 주체와 이념」, 『한국독립운동사연구』 18, 37~44쪽.
75) 윤건차(심성보 외 역), 『한국근대교육의 사상과 운동』, 청사, 1987, 299~305쪽 ; 김형목, 「기호흥학회 충남지방 지회 활동과 성격」, 『중앙사론』 15, 50~51쪽.

친일세력 발호·식민지화와 더불어 급속하게 확산되어 나갔다.[76] 위기의식과 달리 문명화에 대한 기대감은 이러한 분위기를 조장하고 말았다. 일어학교는 도내 각처에서 '중추적인' 교육기관으로 발전을 거듭하였다.

셋째로 여성교육이 매우 부진하였다. 이는 강원도·함경도를 비롯한 下三道의 공통된 현상이었다. 보수적인 지역적 특성은 여자교육에서 확연하게 엿볼 수 있다. 여성단체 조직이나 활동 부진도 이와 무관하지 않다. 일부는 여자가 근대교육을 받으면, 문명에 편승하여 사치풍조를 조장하거나 교만해진다고 보았다.[77] 강고한 남존여비 의식은 여자교육을 가로막는 커다란 장애물이었다. 이는 기독교인들에 의하여 점차 해소되는 계기를 맞았다. 1920년대 전반기 여성야학은 대부분 기독교와 관련된 단체·인물들에 의하여 이루어진 사실은 당시와 상반된 분위기를 보여준다.

넷째로 교사 양성을 위한 사범학교·사범강습소·사범과 설립이 전무할 정도로 미비하였다. 괴산 시안학교, 청주 청호학교(이후 보성중학교로 발전), 옥천 창명학교가 고등과·속성과·전문과 등을 통하여 교사를 양성하는 정도였다. 이는 바로 사립학교설립운동의 부진을 초래하는 요인 중 하나였다. 의무교육을 시행한 지방은 '의무교육' 일환으로 교사양성을 주도하는 등 근대교육 보급에 크게 이바지하였다.[78] 각 학회의 사범교육 중시는 이러한 상황을 극복하려는 의도에서 비롯되었다.

다섯째로 전통교육기관을 근대교육기관으로 전환시킨 경우가 드물었다. 이는 향교·서원·서당 등의 경제적인 기반을 활용하지 않았고, 전용하는 경우에도 갈등을 일으켰다. 특히 개량서당에 관한 사료는 거의 전무한 실정이다. 일부 명륜학교만이 전통교육과 근대교육을 병행하는 정도였다.

---

76) 김형목,『1910년 전후 야학운동의 실태와 기능』, 141~149쪽.
77)『大韓每日申報』1909년 11월 17일 논설「女子敎育에 對ᄒᆞ 一論」;『대한매일신보』1909년 11월 17일 론셜「녀ᄌ교육에 대한 의론」.
78) 김형목,「자강운동기 한성부민회의 의무교육 시행과 성격」,『중앙사론』9, 88~89쪽.

마지막으로 기독교 등 종교기관이나 단체의 사립학교설립운동은 미비하였다. 이는 교인들의 교육운동에 대한 미온적인 태도나 인식을 의미하지 않는다. '지방유지'로 일컬어지는 대다수는 개신교인이었기 때문이다. 다만 현상적인 부분에서 이를 언급할 따름이다.

한편 교과목은 공립보통학교와 유사하였다. 다만 지역적인 사정에 따라 교과목은 약간 축소되었다. 이는 교사진 구성, 교육기간 단축, 교재구입의 난제 등 여러 요인에서 비롯되었다. 특히 능력에 걸맞는 교사 영입은 커다란 문제였다. 대한협회·기호흥학회 등 각 학회의 교사소개소 운영은 당시 상황을 반증한다.

4. 설립주체와 성격

설립·운영주체는 전·현직 관리와 유지 등이었다. 이들은 지방사회에서 영향력을 미치는 인물로서, 사실상 여론을 주도하는 계층으로 막강한 영향력을 발휘하였다. 사립학교를 설립하거나 후원자로서 역할 자임은 사회적인 존재감을 각인시켰다. 이들 중 주요 인물을 살펴보면 다음과 같다.

민형식은 閔泳徽 양자로 입적하였다. 1891년 병과에 급제한 후 진주·평안도관찰사를 역임하고, 이어 일본을 시찰한 후 1904년 법부협판에 임용되었다. 吳基鎬·羅寅永 등이 을사오적암살계획을 세우자, 1만 4천냥을 희사하는 등 지원을 아끼지 않았다. 이어 『朝陽報』발간 자금을 지원하는 한편 신민회에도 가담하였다.[79) 기호흥학회 회원으로 가입한 후 총무를 역임하는 등 계몽운동에 노력을 기울였다.[80) 1905년 옥천군수 재직시 宋準憲·金聖旭 등과 함께 진명학교를 세웠다. 이어 창명학교를 설립하는 등 관내 근

79) 최영희, 「한말 관인의 경력일반」, 『사학연구』 21, 한국사학회, 1969.
80) 편집부, 「회중기사, 본회임원명부」, 『기호흥학회월보』 4, 49쪽.

대교육 보급을 주도하였다.[81] 그는 교장으로 취임하는 한편 운영비를 부담
하는 등 근대교육 보급에 앞장섰다. 특히 창명학교 내 전문과 운영은 사립
학교 수요에 부응하려는 의도였다. 한때 그는 금전거래 등과 관련하여 구
속되는 등 곤욕을 치루기도 하였다.[82]

신현구는 1867년 10월 5일 서울 북부 재동에서 태어났다. 그는 일찍이 관
계에 진출하여 임시면화재배소 기수를 거쳐 옥천군수로 승진되었다.[83] 군
수 재직시 농사개량과 민지계발을 위한 방안은 노동야학 설립·후원으로
이어졌다. 이곳 출신 해외유학생의 재정적인 지원을 위한 留業所는 그와
유지들이 조직한 단체였다.[84] 관내 향학열은 이러한 분위기 속에서 확산되
었다. 그는 7개의 노동학교를 설립하는 등 주민들의 기대에 부응하였다.[85]

박초양은 1873년 서울에서 태어났다. 家塾에서 한학을 수학한 후 관계에
진출하여 단양·진천·회인군수 등 외관직을 두루 역임하였다.[86] 그는 단
양군수 재직시 일진회원들의 불법행위를 엄단하는 등 생활안정에 노력을
기울였다. 진천군수 재직시에는 주민들을 회집하여 근대교육의 중요성을
일깨우는 한편 사립학교·노동야학 등을 세웠다.[87] 반면 그는 학교설립
을 핑계로 불법수탈을 자행하기도 하였다. '의무교육비' 명목의 강제 모금
은 이를 반증한다.[88] 학교 설립비나 운영비를 칭탁한 이러한 행동은 지방

81)『황성신문』1906년 7월 12일 잡보「彰校近況」;『大韓每日申報』1906년 7월 13일
    잡보「彰明試驗」, 1907년 3월 7일 잡보「紙上雲烟」, 1908년 7월 13일 잡보「彰明
    試驗」;『만세보』1906년 11월 27일 잡보「學協과 課長相詰」.
82)『大韓每日申報』1907년 5월 8일 잡보「滯囚爲鬱」, 5월 19일 잡보「崔乃挾雜」,
    1908년 1월 21일 잡보「閔氏旋放」.
83) 국사편찬위원회,「신현구」,『대한제국관원이력서』, 749쪽 ; 목산경장,『조선신사
    명감』, 231쪽.
84)『大韓每日申報』1909년 10월 27일 학계「申氏熱誠」, 1910년 6월 29일 잡보「事關
    奪宗」.
85)『황성신문』1909년 2월 13일 잡보「沃倅勸學」.
86) 목산경장,『조선신사명감』, 87쪽 ;『황성신문』1905년 9월 2일 잡보「忠北義兵」,
    10월 10일 광고, 1906년 4월 11일 잡보「丹陽來書」·「靑會作弊」.
87)『大韓每日申報』1909년 2월 14일 잡보「鎭倅熱心」, 11월 17일 잡보「鎭倅知務」.

민들 반발을 불러 일으켰다. 특히 단발 강행은 주민들의 원성을 고조시키는 요인이었다.[89]

음죽군수 서광세는 1874년 서울에서 출생하였다. 그는 일찍이 사숙에서 전통교육을 받은 후 과거에 급제하는 등 재능을 발휘하였다.[90] 이후 군수 등을 역임하는 가운데 사립학교를 설립하면서 교육운동에 적극적이었다. 특히 노동야학교를 설립하는 한편 운영비도 자담하였다. 60여 명에 달하는 노동자들은 일시에 호응하는 등 교육열을 고조시켰다.[91]

민영은은 1905년 괴산군수 재직시 시안학교를 세웠다. 과정은 속성과와 소학과로 출석생은 90여 명에 달하였다.[92] 청주군수 재직시에는 공평무사한 행정을 실시하는 데 앞장섰다. 가옥 개선사업은 주민들의 자발적인 부역으로 성공리에 마무리되었다.[93] 청호학교(이후 보성중학교로 발전)를 설립하는 등 관내 근대교육 확산에 노력을 기울였다. 이 학교 고등보통과 입학자격은 만25~35세, 소학과 8~20세로 각각 제한하는 등 교육내실화를 위한 규정도 마련하였다.[94] 속성과와 고등보통과는 교사를 양성하기 위한 과정이었다. 관내 의무교육 시행 계획은 이와 맞물려 진전되었다. 청호학교는 충북지방을 대표하는 교육기관으로 발전을 거듭하였다. 그런데 '의무교육비' 강제 부과는 주민들 원성을 초래하는 요인이었다.[95]

---

88) 『만세보』1906년 9월 9일 잡보 「丹倅保放」, 10월 18일 잡보 「丹倅被訴何多」, 12월 13일 잡보 「丹倅處笞」, 12월 26일 잡보 「丹倅宣告後聞」.

89) 『황성신문』1906년 5월 10일 잡보 「違反教育」, 1909년 3월 16일 잡보 「落訟者削髮」 ; 『大韓每日申報』1906년 10월 10일 잡보 「資勒徵의 裁判」 ; 『만세보』1906년 9월 1일 잡보 「丹民呼訴」.

90) 목산경장, 『조선신사명감』, 234쪽.

91) 『대한매일신보』1910년 3월 15일 잡보 「로동야학교설립」.

92) 『大韓每日申報』1907년 5월 29일 잡보 「田價請給」 ; 『황성신문』1910년 1월 14일 잡보 「校長快擧」.

93) 『만세보』1906년 12월 4일 잡보 「淸州民戶結構」, 1907년 4월 27일 잡보 「刑全證規相左」.

94) 『大韓每日申報』1906년 1월 30일 광고 「學員募集」, 1월 31일 광고 「淸州私立淸湖學校 第一回 義捐錄」, 1907년 12월 25일 잡보 「淸守獎學」.

안중근의거 이후 일진회는 '한일합방청원서'를 발표하는 망국적인 행위
를 서슴지 않았다. 이를 계기로 각지 지회원들은 退會하는 등 임원진에 대
한 적대감을 드러내었다. 교장 민영은은 학생들에게 일진회는 하나의 매국
단체에 불과하니 전혀 현혹되지 말고 열심히 공부하라고 연설하였다. 생도
중 일진회원 자제들은 부모에게 이를 알리자, 즉각적인 일진회원들의 질문
을 받았다. 그는 전혀 개의치 않고 자신의 입장을 밝힌 후 일진회원 자제들
을 출교처분하였다.[96] 이후 식민정책에 포섭되는 등 친일관료로서 영향력
을 발휘하기에 이르렀다.

전성욱은 대한협회 회원이자 각 학교설립 방침을 입안한 교육가였다.[97]
그는 1905년부터 옥천 진명학교와 光東學校(이후 仁明學校로 개칭) 교사로
서 활동하였다. 전참판 金命洙와 함께 광동학교 부설로 일어과를 운영하는
등 일본어 보급에 앞장섰다.[98]

지방관의 근대교육에 대한 관심은 매우 높았고, 실제로 교육운동을 주도
하고 있었다. 그런데 지방관들이 설립한 사립학교는 지방민에 대한 불법적
인 수탈이나 '강제기부금'을 배렴·모금하는 등 사회적인 문제를 일으켰다.
또한 교육 내용, 교사 자질, 수용 규모 등을 포함한 교육의 '내실화'라는 측
면에서 많은 문제점을 안고 있었다.[99]

이념적인 갈등은 의병전쟁의 격화와 더불어 사회적인 불안을 확산시켰
다. 일부 지방관은 부임을 기피하거나 사면을 청원하기에 이르렀다.[100] 의
병전쟁 확산은 사립학교설립운동을 저해하는 요인이나 다름없었다.

---

95) 『만세보』1906년 8월 8일 잡보 「淸倅取怨」.
96) 『황성신문』1910년 1월 14일 잡보 「校長快擧」.
97) 편집부, 「본회역사, 교육부상황」, 『대한협회회보』4, 대한협회, 55쪽.
98) 『大韓每日申報』1908년 4월 15일 잡보 「光校又設」, 7월 7일 잡보 「仁校卒業式」.
99) 『대한매일신보』1909년 3월 12일 론설 「소위 교육가」 ; 『大韓每日申報』1909년 3월
     12일 논설 「所謂教育家」.
100) 『大韓每日申報』1907년 11월 7일 잡보 「三郡辭免」, 11월 8일 잡보 「赴任觀望」.

…(상략)… 陰城 槐山 延豊 等郡에 義徒가 或十數成群ᄒ며 或三五作隊
ᄒ야 橫行村閭ᄒ면서 民人의 秋收穀을 執留ᄒ며 或冬服도 請求ᄒᄂ 弊
가 去去益甚홈이. …(하략)…101)

　더욱이 일어교육에 편중된 교육도 문제점을 드러내었다. 선진문물 수용
은 어학을 통하여 이루어졌고, 일어도 예외일 수는 없다. 외국어 중요성은
아무리 강조해도 지나치지 않다. 그러나 90% 이상에 달하는 문맹률 상황에
서 편중된 일본어 보급은 분명 심각한 문제점을 지닌다. 일부 사립학교는
일본어만을 전문적으로 가르치는 일어교육기관이었다.102) 이는 '일어만능
시대'라는 새로운 사회분위기나 사립학교 등 설립취지를 반영한다는 점에
서 의미하는 바가 크다. 이른바 민족교육은 상당히 제한된 범주 내에서 설
정될 수 있기 때문이다. 그런 만큼 '근대교육 시행=교육구국운동'이라는 인
식에 대한 비판은 매우 논리적으로 타당하다.

　연합운동회는 지역민을 결집시키는 동시에 근대교육의 필요성을 알리는
현장이었다.103) 주민들은 운동회를 통하여 시세변화를 직접 목격할 수 있었
다. 진천군 문명학교 교감 李相稷과 선교사 金禹壹 등은 관내 5개교를 망라
한 연합운동회를 개최하였다. 이에 인근 충남 목천의 木川學校·幷川學校
도 동참하는 등 성황을 이루었다.104) 1907년 5월 11일 청주 문암뜰에서 개
최된 충청남북도연합대운동회는 그야말로 인산인해를 이루는 초유의 광경
이었다. 운동경기 종목과 심판진에 대한 상세한 소개는 이를 반증한다.105)

101)『황성신문』1907년 11월 3일 잡보「忠民情況」.
102)『대한매일신보』1909년 6월 30일 론셜「오늘날 교육의 정신」;『大韓每日申報』
　　1909년 6월 30일 논설「今日敎育界의 精神界」.
103)『大韓每日申報』1908년 4월 10일 잡보「仁校運動費捐補」; 이학래,『한국근대체
　　육사연구』, 지식산업사, 1990, 61~63쪽.
104) 편집부,「학계휘문, 文校運動」,『기호흥학회월보』12, 45쪽 ;『大韓每日申報』1909
　　년 6월 24일 잡보「運動盛況」.
105)『황성신문』1907년 5월 22일 잡보「湖中學校大運動」.

수백 명 학도들과 수천 명 학부형은 각종 경기를 통하여 친목 도모와 단결심을 도모할 수 있었다. 학도들의 질서정연한 행동과 군사훈련을 방불하는 병식체조는 변화하는 실상을 주민들로 하여금 절감시켰다. '학교'는 학생만을 위한 공간이 아니라 지역민이 공유하는 '생활공간'으로서 의미를 지닌다. 학교운영비 마련을 위한 자발적인 주민들 참여는 사회적인 존재로서 자기존재성을 각성시키는 계기였다.[106]

옥천의 진명학교 · 광동학교 · 창명학교, 청주의 청호학교 · 연흥학교, 충주 보창학교 · 명신학교, 영동의 조양학교 등은 유지들에 의하여 설립되었다. 초기 운영비 대부분은 유지신사 의연금으로 충당하였다. 교육열 · 향학열 고조는 운영비 조달에 한계를 드러내지 않을 수 없었다. 이에 생활 정도에 따라 차등 부과하는 '의무교육비'로 전환되는 계기를 맞았다. 溥明學校에 대한 백정과 冶匠 등의 의연금 후원은 주민들의 근대교육에 대한 기대와 관심사를 반증한다.[107] 궁극적인 목적은 '단순한' 지식습득이나 지식배양이 아니라 자신의 사회적인 존재 의미를 모색하는 데 있었다. 근대교육에 대한 인식변화는 이를 가능케 하는 요인 중 하나였다.

신분제 타파도 근대교육 시행과 더불어 진전되는 계기를 맞았다. 제천군 근좌면 宋榮祖는 서북협성학교에 재학 중인 학생이었다. 그는 부친에게 편지로 신분제의 부당성을 언급하는 동시에 자기 집에 있는 노복 해방을 요청하였다.[108] 부친도 이러한 요구를 즉각적으로 받아들이는 등 시세변화에 부응하고 나섰다. 노비 · 백정 등에 대한 사회적인 존재로서 인식과 해방계몽운동 활성화로 귀결되었다. 이들은 국채보상운동과 사립학교설립운동에 적극 동참함으로써 세력기반 확대를 초래하였다.[109] 들불처럼 순식간에 확

---

106) 김형목, 「한말 야학운동의 기능과 성격」, 『중앙사론』 21, 한국중앙사학회, 2005, 411~413쪽.
107) 『황성신문』 1909년 5월 7일 잡보 「薄校成立狀況」.
108) 『황성신문』 1909년 5월 12일 잡보 「宋氏慈善」.
109) 김형목, 『대한제국기 야학운동』, 경인문화사, 2005, 115쪽.

산된 배경은 이와 무관하지 않다.

주민들 열의와 달리 중·장기적인 관점에서 교육운동은 거의 모색되지 않았다. 보성중학교 교우회는 예외적인 단체였으나 구체적인 활동상을 파악할 수 없다. 아마 실행되지 못한 채 부분적인 활동으로만 그치고 말았다고 생각된다. 지방관 교체와 동시에 일부 사립학교는 폐교에 직면하는 등 부진을 면치 못하였다. 이는 운영주체의 현실인식을 반영하는 점에서 중요한 의미를 지닌다.[110] 또한 사립학교설립운동을 주도한 일부 지방관은 불법적인 토색을 서슴없이 자행하였다. 근대교육에 대한 부정적인 인식은 이러한 가운데 확산되어 나갔다.[111] 관찰사 尹喆圭는 학교설립기금 36만 냥과 연합운동회비 20만 냥 모집을 관내 군수에게 하달하였다. 관내 면장들의 지연 요청에도 이를 강행하는 등 전혀 실정을 고려하지 않았다.[112]

식민지 사회로 전락하는 가운데 매관매직 성행은 지배체제 문란을 수반하였다. 국익·공익은 이들에게 명분일뿐 실상과 너무나 괴리되어 있었다. 거듭된 관리등용 개혁은 미사여구에 그치고 말아 실효를 거둘 수 없었다.[113] 친일세력 발호는 근대교육에 대한 전반적인 불신과 아울러 본래 취지를 무색하게 한계성을 안고 있었다. '시세와 민도'에 적합한 보통교육을 표방한 공교육에 대한 불신은 이를 반증한다. 이는 식민교육에 대한 저항이라는

---

110) 『大韓每日申報』 1906년 6월 28~29일 기서 「警告大韓敎育家, 喜懼生」 ; 『만세보』 1906년 9월 1~2일 잡보 「碧梧秋月」.
111) 『大韓每日申報』 1906년 6월 6일 잡보 「自薦沒恥」·「忠察虐民」, 6월 8일 잡보 「爲寡婦哭」 ; 『만세보』 1906년 8월 8일 잡보 「澗倅舊習」, 9월 11일 잡보 「丹倅照律」, 9월 19~21일 논설 「地方弊害救濟」, 11월 8일 잡보 「槐山學校紛爭」·「丹倅再囚」.
112) 『만세보』 1906년 7월 21일 잡보 「忠民?寃」, 8월 7일 잡보 「兩察任免」·「急於解任」, 8월 8일 잡보 「忠察後任未定」, 8월 12일 잡보 「尹氏消息詳聞」, 8월 15일 잡보 「忠民上京」·「忠民相賀」, 9월 11일 잡보 「金暴甚於尹貪」, 10월 12일 잡보.
113) 『만세보』 1906년 8월 26일 논설 「一進會」, 8월 28일 논설 「公薦」, 9월 25일 논설 「天道敎와 一進會」, 9월 26일 논설 「郡守와 稅務官」, 10월 7일 논설 「局外問答」, 11월 6일 논설 「欺瞞風氣」, 11월 13일 논설 「宮內大臣」, 11월 16일 논설 「改善新政」, 12월 2일 논설 「銓考弊風」.

측면에서 당시 분위기를 어느 정도 엿볼 수 있다.

　관료층의 계몽운동 참여는 양면성을 지닐 수밖에 없었다. 일부는 시류에
편승하여 사익을 도모하는 방편 중 하나였다.[114] 반면 근대교육 시행을 변혁
운동으로 인식한 경우에는 국권회복을 위한 가능성을 보여준다. 상무교육
을 중심으로 전개된 의무교육은 이를 반증한다. 더욱이 근대교육 수혜 확
대는 민중으로 하여금 시대변화를 인식함으로써 미약하나마 자기정체성
확립에 이바지하였다.[115] 학교라는 공간을 통한 '자기혁신'이나 '자기변화'
는 현실모순을 타파하기 위한 역량을 결집시키는 기반이었다. 민족해방운동
진전은 이러한 역사적인 연원에서 비롯되었다. 음죽 흥륭학교 설립시 7개
면민들은 200원에 달하는 막대한 의연금을 기부하였다.[116] 주민들의 근대
교육에 대한 기대심리는 이를 통하여 엿볼 수 있다. '흥륭'이라는 명칭도 대
한자강 기초를 튼튼히 하기 위한 일환으로 교육 발전을 의미한다.[117]

5. 맺음말

　충북지방 사립학교설립운동은 1908~1909년 기점으로 최고조였다. 다른
지방도 이러한 양상을 보여준다. 그런데 서울·경기와 북한지역에 비해 상
대적으로 미약하였다. 이는 역사적인 배경과 주·객관적인 여건 등에서 비
롯되었다. 즉 견고한 전통은 근대교육 수용에 소극적인 입장이었기 때문이

---

114)『황성신문』1906년 5월 15일 기서「女子教育이 不可無」, 5월 23일 논설「警告于
　　學校設立之人」, 5월 25일 논설「警告捐資興學」;『만세보』1906년 10월 10-11일
　　논설「教育大欺注」;『제국신문』1906년 8월 7일 잡보「忠察任免」.
115)『만세보』1906년 8월 17일 논설「團體」, 8월 21일 논설「時間經濟」, 8월 24일 논설
　　「內外法」, 10월 2일 논설「義務教育」, 11월 9일 논설「婦人會」.
116)『大韓每日申報』1907년 7월 19일 잡보「興隆試驗」과 광고「陰竹郡隆興學校贊成
　　金員」.
117)『대한매일신보』1907년 7월 30일 잡보「陰竹郡隆興學校趣旨書」.

다. 계몽단체 조직의 부진은 바로 사립학교설립운동을 포함한 근대교육 부진으로 이어졌다. 이 지방 사립학교설립운동의 특징은 다음과 같다.

첫째, 여성교육이 매우 부진하였다. 남존여비의 인습은 이를 가로막는 장애물이었다. 여성운동은 기생이나 기독교계 신자의 일부 여성들에 의하여 주도되는 정도로 미진함에서 벗어나지 못하였다.

둘째, 보통교육에 치중하는 양상이었다. 근대교육 시행에 필요한 최소한의 교사조차도 배치할 수 없었다. 사립학교설립운동 부진은 이와 무관하지 않다. 보성중학교나 일부 고등과 출신자들로 충원하거나 다른 지방에서 초빙하였다. 후자는 월급 등 운영비 과다로 이어지는 등 재정적인 압박을 초래함으로 교육내실화를 지연시켰다.

셋째, 일본인에 의한 일본어 보급이 다른 지방에 비하여 '상대적'으로 확산되었다. 증폭된 배일감정과 달리 일본어 보급은 '비교적' 원만하게 진행되었다. 일본인 관리·실업가 등은 교육기관을 직접 설립하거나 명예교사로서 활동하는 등 이에 부응하고 나섰다.

마지막으로 민중에 의하여 설립된 교육기관이 전무하다. 이는 여러 측면에서 살펴보아야 할 문제이다. 이곳이 의병전쟁 중심지였다는 사실과 무관하지 않다. 그러나 의병전쟁의 중심지인 제천은 사립학교에 의한 근대교육운동의 활성화되고 있었다. 따라서 의병전쟁과 사립학교설립운동의 대립적인 측면과 아울러 상호보완적인 측면도 살펴보아야 한다. 이는 지역적인 특성을 반영하는 동시에 지역민의 현실인식을 반영하는 점에서 중요한 의미를 지닌다.

이처럼 충북지방은 체제 순응적인 모습을 어느 정도 보여준다. 특히 운동 주체 대부분이 지방관리인 점은 의미하는 바가 크다. 그런 만큼 '사립학교설립운동=교육구국운동'이라는 도식적인 인식은 비판받아야 마땅하다. 표방한 바와 달리 지방관 중 상당수는 학교설립을 핑계로 토색질을 일삼았기 때문이다. 또한 이들은 식민교육정책에 적극적인 저항보다 체제내로 포섭

되는 경향성을 드러내었다. 긍정적인 측면과 아울러 사립학교설립운동에
대한 부정적인 평가는 이러한 상황과 밀접한 연관성을 지닌다.

　향후 충북지역 대한제국기 근대교육운동 실상은 사례연구를 통하여 반
드시 보완되어야 한다. 사립학교설립운동과 야학운동은 물론 계몽단체와
관련성도 마찬가지이다. 나아가 활동가나 운영주체 등 역사적인 성격과 올
바른 자리매김도 정립해야 할 주요 과제임에 틀림없다.

제2장
충청도 야학운동의 주체와 이념

1. 머리말

근대교육기관으로서 야학은 1898년부터 시작되었다. 이는 시무책의 일환인 사립학교에 의한 근대교육과 더불어 중요한 의미를 지닌다. 전통사회 지배층의 '專有物'이나 다름없던 교육수혜는 야학 시행으로 보다 확대되었을 뿐만 아니라 개인역량에 따라 사회적인 지위를 담보하는 주요한 방편이었기 때문이다. 하지만 외세 침탈의 가속화와 지배체제 보수화는 이를 가로막았다. 근대 교육법령 정비와 실천의지를 표명한 바와 달리, 일부 지배층은 근대교육에 부정적·적대적인 입장이었다. 1905년까지 전체예산 중 2%에 불과한 학부예산은 이를 반증한다.[1]

러일전쟁 발발과 더불어 식민지화에 대한 위기의식은 자강운동과 의병전쟁 활성화로 귀결되었다. 자강운동 중 주요한 근대교육운동 영역은 바로 크게 사립학교설립운동과 야학운동이라고 해도 과언이 아니다. 야학은 '한일합방' 직전까지 1,000여 개 이상 운영되는 등 민중의 지대한 관심 속에서

---

1) 김옥근,『조선왕조재정사연구』, 일조각, 1992, 44~47쪽.

발전을 거듭할 수 있었다. 교육수혜자만도 수만 명에 달하는 등 야학운동
으로 발전하기에 이르렀다. 이에 야학은 서당·사숙·의숙 등과 달리 근대
교육기관으로서 확고한 위치를 차지할 수 있었다.

지금까지 야학운동 연구는 지역적인 일부 사례만 밝혀졌을 뿐이다.[2] 충
청도를 포함한 下三道 야학운동 연구는 전무하며, 서울·경기·서북·해서
등지에 비해 근대교육도 '상대적'으로 부진하였다. 반면 자강단체 지회나
민회·농무회 등의 조직·활동은 결코 부진하지 않았다.[3] 이러한 요인은
지방사회의 운동역량이나 사회적인 인식·여건 등에서 비롯되었다.

이 글은 한말 충청지방 야학운동의 실태와 이념을 파악하는데 있다. 배
경은 자강단체 활동과 교육열 고조라는 측면에서 파악하였다. 식민지화에
대한 위기의식과 시세 변화는 근대교육에 대한 인식을 재고시켰다. 사회진

2) 이훈상, 「구한말 노동야학의 성행과 유길준의 ≪노동야학독본≫」, 『두계이병도
   박사구순기념 한국사학논총』, 지식산업사, 1987 ; 김형목, 「한말 경기지역 야학운
   동의 배경과 실태」, 『중앙사론』 10·11, 중앙사학연구회, 1998 ; 김형목, 「1906~1910
   년 서울지역 야학운동의 전개 양상과 실태」, 『향토서울』 59, 서울특별시사편찬위
   원회, 1999 ; 김형목, 「자강운동기 평안도지방 '야학운동'의 실태와 성격」, 『한국
   민족운동사연구』 22, 한국민족운동사연구회, 1999 ; 김형목, 「한말·1910년대 여
   자야학의 성격」, 『중앙사론』 14, 한국중앙사학회, 2000 ; 김형목, 「한말 해서지방
   야학운동의 실태와 운영주체」, 『백산학보』 61, 백산학회, 2001 ; 김형목, 『1910년
   전후 야학운동의 실태와 기능』, 중앙대박사학위논문, 2001 ; 김형목, 「자료; 야학
   교사 임대에 관한 문서」, 『한국근현대사연구』 21, 한국근현대사학회, 2002 ; 김형
   목, 「야학운동의 의의와 연구동향」, 『사학연구』 65, 한국사학회, 2002.
3) 박찬승, 「한말 호남학회 연구」, 『국사관논총』 53, 국사편찬위원회, 1994 ; 유영렬,
   「대한협회 지회 연구」, 『국사관논총』 67, 국사편찬위원회, 1996 ; 전재관, 「한말
   애국계몽단체 지회의 분포와 구성-대한자강회·대한협회·오학회를 중심으로-」,
   『숭실사학』 10, 숭실대, 1997 ; 김형목, 「기호흥학회 경기도 지회 현황과 성격」,
   『중앙사론』 12·13, 중앙사학연구회, 1999 ; 김형목, 「기호흥학회 충남지방 지회
   활동과 성격」, 『중앙사론』 15, 한국중앙사학회, 2001.
   호남·영남의 대한협회 지회는 다른 지방에 버금갈 정도를 많이 조직되었다. 더
   욱이 호남학회·교남교육회의 지회도 설립되는 등 활발한 활동을 벌였다. 충청
   도는 12개 기호흥학회 지회가 설립된 사실을 감안한다면, 자강단체는 수적으로
   결코 적다고 할 수 없다. 여성계몽단체수나 활동은 매우 미미한 상황이었다(박용
   옥, 『한국근대여성운동사연구』, 정신문화연구원, 1984, 208~209쪽).

화론의 확산과 더불어 개인적인 능력은 근대학문의 성취도에 따라 좌우되는 상황이었다. 특히 수업료·교재비 등이 거의 무료인 야학은 이러한 분위기와 맞물려 민중의 '절대적인' 관심사로 부각되었다. 곧 무산아동을 비롯한 노동자·농민은 이를 통하여 근대교육을 받을 수 있는 좋은 기회였다. 학업 성취도에 따라 각자의 사회적인 지위도 결정되었다.

다음으로 야학 설립현황과 규모·운영주체 등을 살펴보았다. 당시 설립된 야학은 100여 개소 이상으로 다른 지방에 비해 전혀 미약하지 않았다. 반면 규모는 20~30명인 '소규모'인 경우가 많았다. 교과목은 특수한 경우를 제외하고, 초보적인 한글·한문 해독과 셈하기 등이었다.[4] 설립·운영주체는 대부분 '개신유학자'나 지방관 등이었다. 특히 지방관은 흥학을 자신들의 주요한 행정 치적으로 인식하였다. 반면 선교사업 일환으로 운영된 야학도 있었다. 더욱이 일본인 실업가·교사는 물론 한국인 통역자들조차도 후원자나 명예교사 등으로 동참하였다. 이는 야학운동 본질을 애매하게 만드는 요인이었다.

마지막으로 설립이념과 근대교육사상 위치 등을 고찰하였다. 이념은 시세 변화에 부응하는 개인능력 배양을 위함이었다. 그런데 일본인들 참여는 많은 문제점을 지닌다. '근대교육 시행=교육구국운동'이라는 기존 인식은 이러한 사실을 간과하거나 '의도적'으로 묵살하고 말았다. 야학·사립학교 설립취지서는 표방한 바와 달리, 문명론에 경도되는 등 일제 침략에 이용된 측면도 적지 않았다.[5] 야학을 포함한 근대교육은 문맹퇴치라는 기본적인 목적에 충실하였다. 하지만 민족교육 차원에서 역사적인 성격이나 위상 등은 반드시 재고되어야 한다. 이는 또 다른 형태의 '역사왜곡'을 초래할 우려가 있기 때문이다.

---

4) 김형목, 「자강운동기 평안도지방 '야학운동'의 실태와 성격」, 『한국민족운동사연구』 22, 69~70쪽.
5) 김형목, 『1910년 전후 야학운동의 실태와 기능』, 중앙대박사학위논문, 2001, 7~8쪽.

2. 자강단체의 활동과 향학열 고취

개항과 더불어 일부 지배층을 중심으로 근대교육의 중요성은 점차 인식되었다. 이들에게 근대교육은 곧 시무책이었다. 갑신정변 후 朴泳孝는 일본 망명 중 「상소문」을 통하여 의무교육을 역설하였다. 俞吉濬도 교육진흥책으로 의무교육 시행을 주장하고 나섰다. 『독립신문』은 동몽교육·여성교육을 강조하는 가운데 의무교육을 제창하는 등 인식 확산에 이바지하였다.[6] 1890년대 후반 설립된 사립학교는 이러한 분위기를 부분적이나마 보여준다. 이리하여 근대교육은 점차 지방으로 보급되기에 이르렀다.[7]

한편 러일전쟁 이후 고조된 위기의식은 교육구국운동으로서 의무교육론을 확산시켰다. 대한자강회를 필두로 조직된 여러 학회는 이를 시급한 현안으로 부각시켰다. 이 단체의 「의무교육안」은 중추원 의결을 거쳐 각의에서 통과되었다. 이를 전후하여 신문·학회지·잡지 등은 다양한 의무교육론을 게재하였다.[8] 지역을 단위로 하는 일종의 의무교육은 이러한 상황에서 가능할 수 있었다.

일찍이 朴殷植은 민중교육론 일환으로 學區에 의한 의무교육을 주창하였다. 빈민 자제나 노동자·농민을 위한 야학도 이러한 인식에서 비롯되었다.[9] 당시 시행된 의무교육은 대부분 이를 기준으로 삼았다. 특히 강화도·용인·포천·강경·김해·해주·안악·평양 등지의 의무교육은 지방자치제

---

6) 김형목, 『1910년 전후 야학운동의 실태와 기능』, 31~32쪽.
7) 김형목, 「사립흥화학교(1898~1911)의 근대교육사상 위치」, 『백산학보』 50, 295쪽 ; 정영희, 「사립흥화학교에 관한 연구」, 『실학사상연구』 13, 무악실학회, 1999, 114~115쪽.
8) 유영렬, 「대한자강회의 애국계몽운동」, 『한국근대민족주의운동사연구』, 일조각, 1987, 51~55쪽 ; 김형목, 「자강운동기 한성부민회의 의무교육 시행과 성격」, 『중앙사론』 9, 74~75쪽.
9) 박은식전서편찬위원회, 『박은식전서』 중, 단국대출판부, 1975, 23쪽 ; 신용하, 『박은식의 사회사상연구』, 서울대출판부, 1982, 70~74쪽.

일환이었다.[10] 민의소·농회 등과 계몽단체 지회는 이를 주도하였다. 주요 활동가들은 지방자치의 선결 조건을 민지계발로 보았다. 이들에게 근대교 육은 지방자치제 실현을 위한 든든한 기반이자 지름길인 셈이었다.

충청도의 근대교육운동도 이와 비슷한 상황이었다. 다만 지역적인 특성 을 반영하듯, 시기가 조금 늦었을 뿐이다. 학교운영비는 주민의 생활정도에 따라 차등 부과하는 '의무교육비'로 충당되었다. 충청도의 근대교육과 관련 된 주요 활동은 다음과 같이 정리할 수 있다.

은진군 강경포의 方圭錫·白樂鉉 등은 1906년부터 강경민회를 조직·활 동하는 가운데 계몽운동을 주도하고 나섰다. 목적은 주민 교화를 통한 지 방자치 실시였다. 이들은 일본 망명에서 돌아온 千章郁과 함께 사립학교를 설립하는 등 교육활동에 적극적이었다.[11] 위생사업과 이재민·수재민 등에 대한 구호사업도 이러한 의도와 무관하지 않았다. 특히 '의무교육비'와 의 연금은 학교 운영을 위한 주요한 재원이었다.

영동군 유지 金永範·鄭淳宇·金殷洙 등은 실업장려를 목적으로 實業契 를 조직하였다. 이들은 유림들을 설득하여 개간사업·식림사업·양식사업 등을 추진하여 커다란 성과를 거두었다.[12] 이후 기호흥학회 영동지회 조직 을 주도하는 한편 朝陽學校·私立指定學校 등 사립학교도 세웠다. 관내 사 립학교설립운동은 사실상 이들에 의하여 주도되는 상황이었다.[13]

한산군수 金丙濟는 부임한 이래 군내 8개 사립학교를 설립하였다. 특히

10) 이상찬, 「1906~1910년의 지방행정제도의 변화와 지방자치논의」, 『한국학보』 42, 일지사, 1986, 77~78쪽 ; 김형목, 「자강운동기 한성부민회의 의무교육 시행과 성 격」, 『중앙사론』 9, 87~90쪽.
11) 『황성신문』 1908년 6월 7일 잡보 「江景民會」 ; 『대한민보』 1909년 7월 4일 잡보 「江景民會」 ; 강동진, 『일제의 한국침략정책사』, 한길사, 1980, 126쪽.
12) 『大韓每日申報』 1909년 10월 7일 잡보 「實業實施」 ; 『황성신문』 1909년 10월 7일 잡보 「好契組織」.
13) 『황성신문』 1909년 12월 3일 잡보 「勸獎委員派送」, 12월 8일 잡보 「永郡喜信」 ; 『大韓每日申報』 1910년 2월 12일 잡보 「朝陽經試」.

시장부근 주민들은 많은 의연금을 출연하는 등 재정적인 기반을 확충할 수 있었다.[14] 청안군수 金鐸應도 의무교육의 일환으로 重明學校를 세웠다. 전임군수 黃祐燦도 結稅를 부과하는 등 '의무교육비' 시행으로 면장들과 긴장관계를 조성하기에 이르렀다.[15] 그는 학령아동 중 입학하지 않은 학부형에게 벌금 50전씩을 부과하였다. 교장 閔明植과 학감 李相泰의 열성으로 출석생도는 100여 명에 달하는 교육열 고조로 이어졌다.[16]

진천군 초평면 일치리 朱貞煥 등은 同族父老會를 조직하는 등 계몽운동에 앞장섰다. 이들은 매월 1회씩 모임을 개최하여 문중 자제들에게 농업·과학 등 긴요한 학문을 가르쳤다.[17] 이러한 활동은 사숙·의숙 등에서 근대적인 교과목을 가르침으로 새로운 변화를 도모하는 계기였다.

기생들도 직접 사립학교를 설립하는 등 근대교육운동에 동참하였다. 진천군 광혜원에 거주하는 翠蘭 등은 여자교육회를 조직한 후 부설로 여학교를 세웠다.[18] 공주·제천·회인 등지에 운영된 여학교는 이러한 분위기와 무관하지 않았다. 이들은 국채보상운동에도 동참하는 등 사회구성원으로서 역할을 자임하고 나섰다. 기생들은 이후 교육운동은 물론 자선사업 참여와 아울러 3·1운동 등 민족해방운동에 적극적으로 가담하였다.

친일단체조차도 근대교육에 동참하는 상황이었다. 동아개진교육회와 제국실업회는 이러한 사실을 보여준다.[19] 제국실업회 충북지회는 상권보호 등을 표방하면서 조직되었다. 부대사업인 회원들 자제교육은 사립학교 설립·운영으로 이어졌다. 그런데 지회장은 공금을 횡령하는 등 교육을 핑계로 협잡질을 일삼아 내분을 일으켰다.[20]

---

14) 편집부,「학계휘문, 韓山大明」,『기호흥학회월보』11, 48쪽 ; 牧山耕藏,『朝鮮紳士名鑑』, 일본전보통신사, 1910, 203쪽.
15)『大韓每日申報』1909년 8월 21일 잡보「民惜可念」.
16)『황성신문』1910년 6월 5일 잡보「李氏熱心」, 6월 9일 잡보「淸倅治聲」.
17)『大韓每日申報』1909년 6월 18일 잡보「朱門勸喩」.
18)『大韓每日申報』1907년 3월 31일 잡보「蘭妓熱心」.
19) 조재곤,『한국 근대사회와 보부상』, 혜안, 2001, 274~275쪽.

일진회 공주지회는 校畓 200석락 중 절반의 양도를 요구하였다.[21] 이들
은 이전부터 향교전을 기반으로 錦城學校를 설립하는 등 교육활동에 투신
하고 있었다. 관찰사 崔廷德이 이를 다른 교육기관에 부속시키자, 이들은
관찰사를 협박하였다.[22] 지회장 金公彬은 朴雲里의 가옥 40여 호를 방화하
는 등 만행을 일삼았다. 군수품 모집을 빙자하여 집집마다 곡식·의복 등의
강요를 서슴지 않았다.[23] 옥천지회장 廉秉玉과 부회장 李炳泰도 군수·유
지 등과 仁明學校에 대한 지원에 나섰다. 이들은 특히 일어과 설립을 주도
하는 등 일본어 보급에 높은 관심을 보였다.[24]

이러한 가운데 계몽단체 지회 설립도 활성화되었다. 대한협회는 대상 지
역 권유위원의 시찰보고에 따라 지회 설립을 인가하였다.[25] 주요한 기준은
회원수·전망·활동계획 등이었다. 충남에 설립인가된 지회는 직산·부여·
홍주·은진·정산 등이었다.[26] 반면 충북지방에는 전혀 설립되지 않았다.
원인은 당시 상황과 유지층의 현실인식 등 여러 측면에서 비롯되었다.

1908년 5월부터 충청도에 서산지회를 비롯한 기호흥학회 지회도 조직되
었다. 본회는 공함을 통하여 취지를 전달하는 한편 근대교육기관 설립을

---

20) 『大韓每日申報』 1909년 5월 28일 잡보 「李氏落科」.
21) 『대한매일신보』 1908년 9월 23일 잡보 「뎐답으로 샹지」, 10월 1일 론설 「미혹ᄒ
    무리를 익셕흠」 ; 『大韓每日申報』 1908년 9월 23일 잡보 「儒生과 會員」.
22) 『대한매일신보』 1908년 12월 13일 잡보 「최씨반대」, 1909년 12월 10일 잡보 「량도
    관찰면관셜」 ; 『大韓每日申報』 1908년 12월 13일 잡보 「崔觀察의 反對」 ; 『황성신
    문』 1909년 12월 9일 논설 「警告地方人民」.
    최정덕과 함북관찰사 윤갑병은 이등박문 사후 불법적인 수탈 등으로 면관되는
    처분을 받았다. 이처럼 일진회 가입은 관직을 얻기 위한 엽관운동 일환인 만큼
    이들의 현상적인 활동에 평가는 신중을 요한다.
23) 『大韓每日申報』 1907년 10월 1일 잡보 「一進擧火」 ; 『대한매일신보』 1907년 10월
    1일 잡보 「그즁에도」.
24) 『大韓每日申報』 1906년 8월 3일 잡보 「仁校卒業式」.
25) 편집부, 『대한협회월보』 2, 56~58쪽 ; 『대한협회월보』 3, 50~51쪽.
26) 김항구, 『대한협회(1907~1910)연구』, 단국대박사학위논문, 1992, 81쪽 ; 김도형,
    『대한제국기의 정치사상연구』, 지식산업사, 1994, 148쪽 ; 유영렬, 「대한협회 지회
    연구」, 『국사관논총』 67, 63쪽.

적극적으로 권장하고 나섰다.[27] 주요 내용은 다음과 같다.

…(상략)…第念各郡鄕校는 多士藏收之所오 一鄕首善之地니 理宜設立學
校ᄒᆞ야 培養人材ᄒᆞ고 啓導文明ᄒᆞ야 爲之標準ᄒᆞ야 使村里貿昧로 皆能知
所慕效ᄒᆞ고 爭相興起ᄒᆞ야 絃誦之聲이 達于四境ᄒᆞ면 可以事半而功倍矣
어늘 側耳己久에 寥寥無聞ᄒᆞ니 是誠寒心者也로다. 且學校之設이 每患無
材ᄒᆞᄂᆞ니 毋論某郡ᄒᆞ고 鄕校所有財産이 槩可成立一校어늘 不此之爲ᄒᆞ
고 徒作校中消融之資ᄒᆞ니 豈非名實之不相副耶아. 閣下가 職在分憂ᄒᆞ야
興學一事가 爲今日報答 國恩之第一事件니 幸 不待人勸ᄒᆞ고 己有定筭이
로ᄃᆡ 區區一念이 不能自己ᄒᆞ야 有此煩陳ᄒᆞ오니. …(하략)…[28]

"각군에 소재한 향교는 '一鄕首善之地'로서 이곳에 마땅히 학교를 설립하여야 한다. 과거 인재를 배양하고 문명을 계도하는 중심지는 바로 향교였다. 더욱이 향교에 부속된 재산만으로도 당장 학교를 설립하기에 충분하다. 각 군수는 모름지기 학교 설립을 통하여 인재를 양성하는 등 공직자로서 책무를 다하라" 등이었다. 이는 흥학을 도모하려는 강력한 의지 표현이었다.[29] 곧 흥학은 지방관의 주요한 책무로서 강조되기에 이르렀다.

1909년 12월 현재 설립인가된 기호흥학회 지회수는 19개였다. 충남 8개소, 경기 7개소, 충북 4개소 등 충남에 가장 많이 설립되었다.[30] 충청도의 사립학교설립운동 진전은 이러한 배경과 계몽단체 활동 속에서 가능하였다. 지회원들은 학교 설립·운영자이거나 후원자·명예교사 등이었다. 이들 대부분은 바로 근대교육운동의 주체로서 '자기역할'에 충실하였다.

27) 편집부,『기호흥학보』1, 48쪽 ;『기호흥학회월보』2, 56쪽 ;『大韓每日申報』1908년 4월 9일 잡보「畿湖興學會에서 畿湖人士에게 發送ᄒᆞᆫ 全文이 如左ᄒᆞ니」;『황성신문』1908년 4월 7일 잡보「興學會勸諭, 畿湖興學會에셔 一般人士에게 勸諭홈이 如左ᄒᆞ니」.
28) 편집부,『기호흥학회월보』3, 51~52쪽.
29) 洪正裕,「興學講究, 轉學의 病」,『기호흥학회월보』10, 2~3쪽.
30) 김형목,「기호흥학회 충남지방 지회 활동과 성격」,『중앙사론』15, 41~42쪽.

한편 한산군 유지들은 향회를 계승하여 시대에 부합하는 민회를 조직하였다. 재무서장 尹憲求의 불법행위에 이들은 주민을 대거 동원한 항의집회에 들어갔다. 헌병·경찰 등은 주모자로 盧壹愚 등 3명을 체포·압송하자, 각 면 대표를 선정하여 이들의 석방을 촉구하였다.31)

魯城郡民議所도 지방관의 불법행위에 대한 납세거부운동을 전개하였다. 이들은 鄕會日에 즈음하여 통문을 인근 은진군·임천군에 보내는 등 조직적으로 움직였다.32) 태안군 안면도 유지 朴容鎭·朴永稷·金晋圭 등은 안면도민의소를 조직하였다. 목적은 일본 町村制와 유사한 지방자치제 실현이었다.33) 이러한 활동은 근대교육 확산·보급에 크게 이바지하였다. 1906~1910년 8월까지 충청지방에 설립된 200여 사립학교는 이를 반증한다.34)

3. 야학 현황과 운영주체

1) 야학 설립현황

자강단체 활동은 근대교육 보급에 크게 이바지하였다. 이는 사립학교설립운동 기반을 지방으로 확대시키는 요인이었다. 그런데 열의와 달리 대부분 설립된 지 1~2년 만에 통·폐합되는 등 교육활동은 난간에 직면하였다.

---

31) 『大韓每日申報』 1909년 11월 21일 잡보 「韓民不穩」 ; 『대한매일신보』 1909년 11월 21일 잡보 「긔어파면」.

32) 『報告書綴』 규17995-5, 1907년 1월 22일과 31일 「鴻山稅務官報告書」 ; 『大韓每日申報』 1907년 2월 7일 잡보 「通文과 報」, 5월 5일 잡보, 「結稅再徵」.

33) 『大韓每日申報』 1907년 6월 22일 잡보 「忠淸南道 泰安郡 安眠島民議所」.

34) 金英宇, 「韓末 私立學校에 關한 연구(Ⅰ)·(Ⅱ)」, 『교육연구』 1·3, 공주사범대학, 1984·1986.
이 글은 상당히 많은 사립학교 설립 부분을 누락하였다. 설립주체나 이념 등에 관한 서술은 거의 전무하다. 이러한 서술 내용은 도지·시지·군지 등에 그대로 나타난다. 다만 당시 전체적인 경향성은 어느 정도 파악할 수 있다.

민중경제의 파탄과 의병전쟁 확산에 따른 사회적인 불안 등이 요인이었다.

반면 주민들 부담에 의한 '의무교육'인 경우는 비교적 원활하게 운영되었다. 이동휘가 강화도를 중심으로 운영한 보창학교지교와 서북학회가 해서·서북지방에 운영한 협성학교지교 등은 이러한 사실을 반증한다. 충청지방 사립학교 중 교육내실화를 도모한 대다수는 의무교육 형태로 운영되었다. 한편「사립학교령」·「기부금품모집취체규칙」등은 근대교육운동을 억압·통제하는 교육법령으로 제정되었다.[35] 이는 계몽론자들로 하여금 '비교적' 규제가 거의 없는 야학운동에 관심을 갖는 계기를 제공하였다. 1914년까지 야학에 대한 통제책은 사실상 거의 전무하였기 때문이다.

충청도 야학운동은 공주군 진명야학교 설립으로부터 시작되었다. 탁지부주사인 金永斗·金宇鎭, 은행원 李南植, 당지 유지 李顯周·朴東煥 등은 이를 설립하였다. 교과목은 경제·산술·부기·상업일반 등이며, 학생은 주로 상업계 종사자였다.[36] 주민들의 관심은 이를 계기로 점차 확산되었다. 운영주체는 대부분 지방관리·교사·개신유학자·실업가 등이었다.

지방관리들을 중심으로 전개된 야학운동도 있었다. 임천군수 金應圭는 趙斗永·李秉五 등과 정법학교를 설립하였다. 이들은 취지서를 발표하는 등 근대교육 보급에 매우 적극적이었다. 입학을 청원·호응하는 자만도 200여 명에 달할 정도였다.[37] 김응규는 천흥학교를 설립한 후 교장에 취임하는 한편 운영비를 스스로 부담하는 등 교육운동을 주도하고 나섰다. 개교한 지 7~8개월 만에 70여 명이나 출석함으로 교세는 발전을 거듭하였다. 군주사 趙東翊과 재무서장 金商翊 등과 함께 군수는 천흥학교 부설로 노동야학을 설립한 후 40여 명을 수용·가르쳤다.[38]

---

35)『관보』1908년 9월 1일「私立學校令」;『관보』1909년 3월 1일「寄附金品募集取締規則」; 국사편찬위원회,『고종시대사』6, 772·823쪽.
36)『만세보』1907년 5월 21일 잡보「晝仕夜校」.
37)『황성신문』1908년 6월 9일 잡보「林倅倡學」·「林郡設校」, 6월 9일 광고「林川郡政法學校設立發起文」.

옥천군수 申鉉九는 부임한 이래 관내에 7개 사립학교를 설립하거나 지원하였다. 이어 노동야학을 부설로 운영하는 등 야학운동에 앞장섰다.[39] 보은군주사 崔秉轍은 야학을 설립한 후 명예교사로서 자원하고 나섰다. 열성에 감복한 청년 수십 명은 이에 호응하는 등 향학열을 고조시켰다.[40] 예산군 순사 姜寅爕, 헌병소 통역 宋秉周, 조합소 통역 朴英秀 등은 寒泉洞 金顯東 집에 東明夜學校를 세웠다. 전기 3인은 교사로서 활약하는 한편 자신들 월급 중 3분의 2를 운영비로 충당할 정도로 열성적이었다. 300여 명의 일시 호응으로 수용에 한계를 느끼자, 김현동은 교사증축에 필요한 재원을 의연하는 등 기반을 구축할 수 있는 방안을 모색하였다.[41]

진잠군수 曺敦承은 金永基·朴忠緖·金哲洙 등과 읍내 향교와 하남면 등지에 학교를 세웠다.[42] 운영비는 자신 월급 중 일부를 의연금과 '의무교육비'로 마련하였다. 특히 無爲徒食하는 청소년을 위한 야학 운영은 교육열을 고조시켰다. 야학은 '단순한' 문맹퇴치 차원을 넘어 새로운 민중문화를 창출하는 장소로 활용되었다.[43] 동군 하남면 박충서는 수년 전부터 민회를 조직한 후 계몽운동에 노력하였다. 주민들과 각지에 사립학교를 설립한 결과, 생도는 600~700명에 달하는 등 대단한 성과를 거두었다.[44] 교육열 고조와 향학열은 현지 분위기를 압도할 만큼 대단하였다. 이는 지방자치제 시

38) 『황성신문』 1908년 7월 29일 잡보 「三氏贊校」.
39) 『황성신문』 1909년 2월 13일 잡보 「沃倅勸學」 ; 『大韓每日申報』 1909년 10월 27일 학계 「申氏熱誠」.
40) 『황성신문』 1909년 6월 20일 잡보 「郡主熱心」 ; 편집부, 『嶠南學會雜誌』 5, 교남교육회, 38쪽.
41) 『대한매일신보』 1909년 12월 30일 잡보 「야학교설립」, 1910년 4월 21일 학계 「김씨열심」, 7월 17일 학계 「김씨션심」 ; 『大韓每日申報』 1909년 12월 30일 학계 「東明夜校」, 1910년 7월 17일 학계 「壯哉金氏」.
42) 『황성신문』 1910년 2월 24일 잡보 「鎭倅勸學」.
43) 김형목, 「자강운동기 평안도지방 '야학운동'의 실태와 성격」, 『한국민족운동사연구』 22, 77~79쪽.
44) 『대한매일신보』 1910년 6월 2일 학계보 「회장설교」.

행을 위한 일환에서 비롯되었다.

음죽군수 徐光世는 노동야학교를 설립한 후 운영비 일체를 자담하였다. 야학생들을 격려하는 등 그의 활동은 청소년에게 근대교육의 필요성과 중요성을 일깨웠다.[45] 이리하여 학도가 60여 명에 달하는 등 야학은 발전을 거듭할 수 있었다. 야학은 시세변화를 알리는 신호탄이자 상징이었다.

당진군수 徐載德과 지방위원 印魯洙 등은 주민들과 함께 군회·면회·리회를 각각 조직하였다. 이어 농사개량·부업장려를 위한 농회 조직에 노력을 기울였다. 농회 입회자만도 170여 명에 달하는 대단한 호응을 받았다. 이들은 군내 47개에 달하는 노동야학강습소를 세웠다. 이에 필요한 교사양성은 속성인 사범강습소 운영으로 귀결되었다.[46] 운영비는 생활정도에 따라 차등 부과하는 '의무교육비'였다. 주민들은 그의 취지에 적극 호응함으로 근대교육에 대한 인식과 관심은 널리 확산될 수 있었다.

직산군수 池喜烈은 부임한 이래 유지들과 사립학교를 설립하는 등 교육운동에 누구보다 적극적이었다.[47] 經違學校에 대한 관심·후원은 근대교육보급에 기폭제였다. 주민들의 법률에 대한 무지함을 파악한 후 향교 내에 법률강습소도 설립하여 교사로서 활동하였다.[48] 그의 노력으로 주민들은 법령에 대한 중요성을 점차 인식하기에 이르렀다.

한편 교사·유지들에 의한 야학운동도 활성화되었다. 괴산공립보통학교 교사 李應運·安弘遠 등은 부설로 국문야학을 설립·교수하였다. 이들은 교과서는 물론 학용품 일체도 무료로 제공하는 등 한글 보급에 노력을 기울였다.[49] 이를 계기로 괴산 일대에 야학이 널리 설립되는 등 근대교육 중

---

45) 『황성신문』 1910년 3월 13일 잡보 「徐倅勸學」 ; 『대한매일신보』 1910년 3월 15일 학계 「로동야학교설립」 ; 『大韓每日申報』 1910년 3월 16일 학계 「陰倅興學」.
46) 『대한민보』 1910년 3월 29일 지방잡사 「唐倅聲譽」.
47) 편집부, 『기호흥학회월보』 7, 39쪽.
48) 『황성신문』 1910년 4월 7일 잡보 「民牧과 講師」.
49) 『大韓每日申報』 1908년 1월 11일 잡보 「晝夜熱心」, 1월 26일 잡보 「樵童上學」 ; 『대한매일신보』 1908년 1월 26일 잡보 「나무꾼의 샹학」 ; 편집부, 『기호흥학회월

심지로서 발전을 거듭할 수 있었다. 동군 남중면 전법리 趙宗鎬 · 金相賢 ·
金演義 등은 초동목수를 위한 국문야학교를 세웠다.[50] 운영진은 교장 김상
현, 학감 金洛瑞, 교감 김인희, 교사 趙準郁 · 鄭雲漢 등이었다. 이들의 노력
은 한글 중요성을 인식시키는 한편 야학생이 대거 호응하는 계기였다. 동
군 申桑雨 · 柳愚根 등도 괴산야학을 설립하여 분위기 조성에 동참했다. 군
재무주사인 李起旭 · 正村要藏은 명예교사로 자원하여 각각 법률과 일어를
전담 교수하는 한편 적극적인 지원을 아끼지 않았다.[51]

　제천군의 근대교육은 기호흥학회 제천지회의 활동으로 활성화되었다.
지회원인 李熙直은 기호흥학회를 비롯하여 서북학회 · 교남학회 · 관동학
회 · 호남학회 등에 거금을 의연하는 등 교육운동을 적극적으로 후원하였
다.[52] 또한 학교설립규칙을 만들어 인근 지역에 배포하는 데 앞장섰다. 그
의 활동은 개신유학자를 비롯한 유지들로 하여금 교육운동에 투신할 수 있
는 계기를 제공하였다.[53] 동군 탑내촌 전승지 李鍾華는 자기집에 노동야학
을 설립했다. 이곳에 거주하는 일본인 관리는 물론 유지들도 경쟁적으로
의연금을 출연하기에 이르렀다. 야학 후원을 위하여 鄭相緯 · 崔永庠 · 李殷
雨 · 鄭泰容 · 李鍾夏 등은 찬성원을 조직하였다.[54] 교사 鄭奎奭 · 李光雨 등
의 열성적인 교수는 50여 야학생을 분발시켰다. 관내 유지들은 25~26개교

보』8, 64~65쪽.

50) 『황성신문』 1909년 2월 27일 잡보 「槐郡夜學」 ; 『大韓每日申報』 1909년 3월 5일
학계 「趙氏熱心」 4월 2일 학계 『諸氏熱心』 ; 『대한매일신보』 1909년 3월 4일 잡
보 「국어학교설립」 ; 편집부, 『기호흥학회월보』 9, 42쪽.
51) 『황성신문』 1909년 6월 8일 잡보 「槐山夜學」.
52) 『황성신문』 1908년 6월 21일 논설 「湖中山川에 義俠風이 發現」, 6월 24일 잡보 「湖
中紳士에 特別義捐」 ; 『大韓每日申報』 1908년 8월 23일 잡보 「教育界大熱心家」,
8월 26일 논설 「東南各省의 第一熱心人」 ; 편집부, 『서북학회월보』 1, 서북학회,
42~44쪽.
53) 『황성신문』 1906년 5월 1일 잡보 「李氏通文」.
54) 『大韓每日申報』 1909년 4월 4일 학계 「勞働有校」 ; 편집부, 『기호흥학회월보』 10,
36쪽.

에 달하는 노동야학을 설립·운영하는 등 이에 부응하고 나섰다.55) 야학을 통한 근대교육은 일대에 성황을 이루면서 주요한 교육기관으로 자리매김 하였다.

옥천군 이남면 평산리 朴政鎭·李敎喆·曺昌烈 등은 노동야학교를 설립 하였다.56) 일시에 90여 명이나 호응하자, 이들은 인근 적령리와 소도리에 각각 지교를 설립하여 노동자교육에 전력을 기울였다. 청주군 李相(商?)雨 는 4~5년 동안 노동야학교를 설립·운영하는 등 노동자교육에 헌신적이었 다. 야학생은 80여 명이었고, 간이농상공학과 생도는 수백 명에 달하였 다.57) 동군 鄭龍澤은 가산을 정리하여 사립학교를 세웠다. 주민들 중 일부 는 그의 교육활동에 대한 방해를 일삼았다. 이에 굴하지 않고, 그는 「산림 령」에 대비하여 측량교육을 실시하였다. 이와 아울러 노동야학을 설립하여 40여 초동목수도 교육하는 등 지속적인 교육운동을 전개하여 나갔다.58)

충주군 목계 유지들은 의연금으로 通明學校를 설립하였다. 공립보통학 교 교사인 吉野藤藏은 주민들을 설득하여 100여 명이나 출석하는 성황을 이루었다. 그는 노동학교의 명예교사로서 자원하는 등 지원을 아끼지 않았 다.59) 월말시험 시행과 우수자에 대한 포상은 학업성취도를 향상시키는 계 기였다. 특히 상업계 종사자들의 고조된 향학열은 이를 반증한다. 이후 각 동리마다 노동야학이 운영되는 등 노동자교육도 발전을 거듭할 수 있었다.

직산군 월경리 元兢淵은 吳漢泳·金東植 등의 협조로 사립학교를 설립하 였다.60) 서울 거주 전목사 吳錫泳은 학용품 일체를 지원하고 나섰다. 특히

---

55)『황성신문』1909년 5월 6일 잡보「堤川勞動學」.
56)『大韓每日申報』1909년 4월 28일 학계「沃郡東明」.
57)『대한민보』1909년 9월 22일 학계기문「李氏熱心」, 1910년 3월 23일 교육계「淸州 勞働校」;『大韓每日申報』1910년 3월 25일 학계「靑郡夜校」;『대한매일신보』 1910년 3월 24일 학계「야학교셜립」.
58)『황성신문』1909년 3월 23일 잡보「湖西一星」.
59)『황성신문』1909년 11월 28일 잡보「忠北曙光」;『大韓每日申報』1910년 6월 16일 학계「日師熱心」.

관내에 소재한 사립학교 임원들은 야학 설립에 누구보다 앞장섰다. 이들의
노력으로 무려 300여 명에 달하는 야학생이 출석하는 등 대성황이었다.[61]
야학을 통한 근대교육은 사립학교설립운동을 무색하게 할 정도로 향학열
이 고조되는 분위기를 조성하는 요인이었다.

이러한 분위기는 동군 삼동면 내구동 유지들로 하여금 지방자치제 일환
으로 의무교육 실시를 모색케 하는 계기였다. 사립학교 설립을 위한 의연
금 모집과 동시에 '의무교육비' 부과 방안도 세웠다.[62] 동군 산정리에 거주
하는 閔啓東은 자기 집에 야학을 설립하였다. 그는 사숙에 재학 중인 학생
과 초동목수를 2반으로 나누어 국어·한문·어학·산술 등을 가르쳤다.[63]
관내 전통교육기관의 '改良書堂'으로 전환은 야학에 대한 주민들의 호응 속
에서 이루어지는 새로운 변화를 초래하였다.

연산 유지들도 노동야학을 설립하여 생도를 모집하자, 몇 일만에 50여
명이나 호응하였다. 군주사 金聲洙, 재무서장 金高契 등은 경비를 부담하는
한편 명예교사로서 활약했다.[64] 두 사람의 열성적인 활동은 야학생에게 향
학열을 고취시키는 기폭제였다. 홍주군 궁성면 德明學校 교장 이승욱, 교사
이창규·이은규 등은 상명노동야학교를 설립하였다.[65] 이들은 노동자들에
게 권학을 호소하는 선전문을 반포하는 등 열성적이었다. 군수 윤심도 야
학 발전과 야학생을 격려하는 차원에서 「애국가」를 지었다.[66]

은진군 상두면 대곡 전사과 柳星烈, 전주사 徐琦勳, 면장 崔鏡壹 등은 주
야학 겸설로 隆興學校를 세웠다. 교사진은 교장 윌리암(禹利岩, 永明學校
長), 부교장 徐基道, 학감 卜基業, 한문교사 徐琦勳 등이었다. 교과목은 성

---

60) 『황성신문』 1908년 4월 25일 잡보 「元氏倡學」.
61) 『황성신문』 1908년 12월 22일 잡보 「壯哉夜學」.
62) 『황성신문』 1909년 1월 6일 잡보 「三東面義務教育」.
63) 『황성신문』 1909년 3월 2일 잡보 「英年有志」.
64) 『황성신문』 1909년 11월 17일 잡보 「勞動校進興」.
65) 『경향신문』 1909년 4월 30일 각디방긔셔 「야학교를 셜시홈」.
66) 『경향신문』 1909년 5월 14일 각디방긔셔 「공함」.

경·지지·영어·역사·산술·한문·체조 등으로 공립보통학교 과정과 유사하였다.[67] 운영비는 면내 각 호당 보리 1두, 답 1두락당 2전5분식의 '의무교육비'로 충당되었다. 주민들은 이러한 활동에 지원을 아끼지 않았다. 분위기는 지역적인 특성과 맞물려 계몽운동을 활성화시키는 요인이었다. 물론 계몽운동의 성격이나 운영주체 등은 적극적인 항일론자보다 '현실순응'적인 관점에서 크게 벗어나지 않았다.

예산군 成昌永·韓錫命 등은 읍내에 東一研成夜學校를 설립하였다. 교장 성창영, 교감 李明鎬, 강사 朴勝泰·申永 등은 열성을 다하여 가르쳤다. 이에 부응하여 주민들은 운영비를 부담하는 등 지원을 아끼지 않았다.[68] 전의군 동면 노계 孫昌奭·鄭寅哲 등은 광동학교를 설립한 후 운영비 일체를 부담하였다. 학교 부설로 야학과를 설치하자, 초동목수 30여 명이나 호응하는 상황이었다. 교육열과 향학열은 이러한 가운데 고조되어 나갔다.[69]

임천군 내동면 북고리 趙東晋·文相鷹·姜信禹·姜錫台 등은 농부들을 대상으로 한 노동야학교를 세웠다. 주요 교과목은 국어·일어·산술 등으로 일상사에 필요한 교과목으로 편성되었다. 또한 한문·지지·역사·산술 등을 가르치는 주학과도 운영함으로써 주민들 향학열을 고취시켰다.[70] 야학은 문맹한 성인을 대상자로 한 반면 주학은 대부분 이들 자제들을 가르쳤다. 주경야독 하는 분위기는 관내에 널리 파급되는 만큼 교육열을 고조시키는 기폭제나 다름없었다.

이처럼 충청도 야학운동은 점차 발전하는 계기를 맞았다. 직산·제천 등지는 사립학교설립운동을 능가할 정도로 야학은 널리 보급되었다.

67) 『대한매일신보』 1908년 10월 17일 잡보 「룡흥학교창설」 ; 『大韓每日申報』 1908년 10월 20일 잡보 「隆校刱立」.
68) 『大韓每日申報』 1909년 5월 7일 학계 「東一研成」 ; 편집부, 『기호흥학회월보』 11, 48쪽.
69) 『대한매일신보』 1910년 1월 8일 학계 「광동학교 설립」 ; 『大韓每日申報』 1910년 1월 9일 학계 「光東有光」.
70) 『황성신문』 1910년 4월 6일 잡보 「北皐曙光」.

…(상략)… 稷山郡內 私立學校에셔 任員諸氏가 不顧家事而熱心敎育홈
으로 學徒가 日增月加ᄒ야 其光榮됨이 可謂大希望이 有치안타 謂기 難
ᄒ 中에 又設夜學ᄒ고 農夫樵童을 面而喩之ᄒ고 書而勸之ᄒ야 盡力敎育
홈으로 夜學人員이 現至三百餘人이라더라.71)

즉 직산군 유지들은 사립학교설립운동과 더불어 야학을 통한 근대교육
보급에 노력을 경주하고 있었다. 군내에 야학생이 300여 명에 달한다는 사
실은 주요 마을마다 야학이 운영됨을 의미한다. 곧 야학운동은 근대 문화
계몽운동의 주요한 영역으로 진전되는 상황이었다. 당시 설립된 야학을 정
리하면 〈표 1〉과 같다.

〈표 1〉 한말 충청도 야학현황72)

야학명	위치	설립자	교사진	교과목	학생수	출전
진명 야학교	공주	金永斗·金宇鎭;탁지부주사, 李南植;은행원,유지인사	김영두 김우진 이남식	경제·산술 부기·상업	40	세07.5.21
노동 야학교	은진 채운 제내리	閔善基·李會喆·金樂植·邊箕一	좌동		100	대10.5.8;大10.5.7;1907년 설립
초동 야학	괴산	李應運·安弘遠;보명학교 교사	좌동	국문	50	大08.1.10,1.26 대08.1.26
국문 야학	홍주 홍명학 교내	농민 다수	金始元	국문·한문· 산술	다수	大08.1.22
국문 야학교	직산	元兢淵·吳漢泳·金東植	유지제씨	국문·산술	군내 야학생; 300	황08.4.25,4.26,12.22
노동 야학교	노성 화곡 용정리	유지	좌동			황08.5.1
야학교	은진 향교내	李尙萬;군수,유지	安明玉 愼寧洽 安鍾雲	보교과정	주야; 80	大08.7.17 『기월』상,409쪽

71)『황성신문』1908년 12월 22일 잡보「壯哉夜學」.
72)〈표 1〉의 세는『만세보』, 대는『대한매일신보(한글판)』, 大는『대한매일신보(국한
문혼용판)』, 경은『경향신문』, 민은『대한민보』, 황은『황성신문』,『기월』은『기
호흥학회월보(영인본)』,『교남』은『교남학회잡지』를 의미한다.

야학명	위치	설립자	교사진	교과목	학생수	출전
천흥 야학교	임천	金應圭;군수 趙東翊;군주사 金商翊;재무서장	좌동		40	황08.7.29 대08.8.1 大08.8.2
중명 야학	청안	重明學校	金昌淳		50~60	大08.9.16
융교 야학	은진 상두 대곡	柳星烈·徐琦勳·면 장 등	윌리암; 목사, 徐基道·徐琦 勳·卜基業	성경·영어 지지·역사 산술·한문 체조	331	대08.10.17 大08.7.16,10.20
국문 야학교	직산 경위 학교내	유지	경위학교 교사	국문	60	大09.1.15,4.20;대08.4.20 10.1;황09.12.4,12.9,10.1.19 3.20;『기월』하,257~258쪽
일어 야학과	아산 일신학 교내	安允中;전군수	안윤중, 李烔淳; 군 재무 주사	일어	50~60	大·대08.10.1 황09.12.19,10.3.3
노동 학과	황간공립학 교내	황간공립학교	呂圭赫; 공립학교 부훈도		50	대09.1.27 大09.1.28
노동 야학	옥천	申鉉九;군수	유지			황09.2.13;大09.10.27
국어 야학교	괴산 남중 전법리	趙宗鎬·金相翼·金 演羲	좌동	국문	초동목 수; 다수	황09.2.27;대09.3.4 大09.3.5,4.2 『기월』하,200쪽
야학회	직산 산정리	閔啓東;교사	좌동	국한문·어학 ·산술	20	황09.3.2
노동 야학	청주	鄭龍澤	좌동	국문·창가	초동목 수; 40	황09.3.23
노동 학교	제천 탑내동	李鍾華와 관리	鄭奎奭 李光雨		50	大09.4.4 『기월』하,256쪽
노동동명 야학교	옥천 이남 평산리	朴政鎭·李敎喆·曹 昌烈·朴權浩	좌동	보교과정	86	大09.4.28
노동동명 야학교 지교	옥천 이남 적령리	朴政鎭·李敎喆·曹 昌烈·朴權浩	좌동	〃	49	大09.4.28
노동東明 야학교 지교	옥천 이남 소도리	朴政鎭·李敎喆·曹 昌烈·朴權浩	좌동	〃	49	大09.4.28

야학명	위치	설립자	교사진	교과목	학생수	출전
상명노동야학교	홍성 궁성 덕명학교내	유지인사	이창규 이은규		20	경09.4.30,5.14
제천노동학교	제천	유지	좌동	국문·보통학	25~26 개교	황09.5.6
동일연성야학교	예산	成昌永·崔圭桓·成哲永·李明鎬	朴勝泰 韓錫命 申永			大09.5.7 『기월』하,322쪽
진명노동야학	연산 양소 광동학교내	이용래·이중철 김병주·이병묵	좌동		100	대09.5.28
보은야학	보은	崔秉轍;군주사	좌동		기십명	황09.6.20 『교남』5,38쪽
노동학교	청주	李相(商)雨;학교장	좌동		80 (수백인)	민09.9.22,10.3.23 대10.1.20,3.24 大10.3.25 황10.3.24
괴산야학	괴산	申桑雨·柳愚根	李起旭 正村要藏; 재무주사	법률·일어		황09.6.8
법률강습소	당진	金永準	李範聲	법률		大09.10.28 대09.10.27
노동학교	연산	유지제씨	金聲洙; 군주사 金高契; 재무서장		50	황09.11.17
노동야학	진천 문명학교내	朴初陽;군수	군수, 유지		60	大09.11.17;『기월』하,142쪽
노동야학; 동리마다 설립	충주 목계	유지제씨	좌동			大09.12.2
노동야학교	충주 목계 통명학교내	유지신사	吉野藤藏	상업종샤; 다수		황09.11.28 大10.6.16
일어야학과	아산	日新學校	李炯淳; 군주사		50~60	황09.12.19
동명야학교	예산 군내 한천동	姜寅燮;순사, 宋秉周·朴英秀;통역,金顯東	좌동	보교과정	200	대09.12.30,10.4.21,7.17 大09.12.30,10.7.17
광동야학교	전의 동면 광동학교내	孫昌奭·鄭寅哲	광동학교 교사	보교과정	초동목수; 30	대10.1.8 大10.1.9

야학명	위치	설립자	교사진	교과목	학생수	출전
광흥 강습소	영동 양남	유지제씨	좌동	보교과정	다수	황10.1.12
일어 전문과	회인	進明學校	加藤末次郎; 전보은군취 급소장	일어	다수	황10.1.15
노동 야학교	청주 호흥학 교내	유지인사	호흥학교 교사		80	大10.1.19 대10.1.20 황10.4.8-9,4.14,4.24,4.29
노동 야학교; 관내 다수	해미	李起元;군수	유지			대10.2.5 大10.2.12
진잠 야학	진잠 읍내	曹敦承;군수, 金永 基·朴忠緖·金哲洙 등	좌동			황10.2.24
노동 야학교	음죽	徐光世;군수	좌동		60	황10.3.13 대10.3.15 大10.3.16
노동야학 강습소	당진	徐載德;군수,印魯 洙;지방위원	각 면·리회		47개소	민10.3.29
노동 야학교	임천 내동 북고리	趙東晋·文相鷹 姜信禹·姜錫台	좌동	국어·일어 산술	주야 60	황10.4.6
법률 강습소	직산	池喜烈;군수	좌동	법률		大09.1.12 황10.4.7 『기월』하, 45쪽
노동 야학교	강경	方敬礎·朴明順	좌동			황10.5.4
노동 야학교	연산 동면 외어곡리	유지인사	田基郁 兪丁澔 윤자철		30	대10.5.24,7.20 大10.5.24
야학교	은진 논산	金在煥;전참봉	좌동			大·대10.6.16
노동 야학교	공주상무도 가내	金寬會·金仁泰 金基鳴	좌동		상업 종사자	황10.8.23

〈표 1〉에 나타난 야학은 '비교적' 잘 알려진 경우였다. 문화운동이 확산
된 1920년대 후반기조차 야학운동과 관련된 신문기사는 상당 부분 누락되
었다.[73] 1925년과 1929년 『동아일보』가 특집으로 다룬 군단위 주요 교육기

관 중 야학은 주요한 일부분만 언급되었을 뿐이다. 이상의 특성을 살펴보면 다음과 같다.

첫째, 설립·운영자 대부분은 전·현직 관리였다. 군수는 야학운동은 물론 교육운동을 주도하는 중심인물이었다. 자강단체 지회나 농회·농무회 등도 이들에 의해 조직·운영되었다. 하급관리 등도 이에 동참함으로써 기반을 확대할 수 있었다. 다만 참여 동기의 자발과 강요를 구분할 필요가 있다. 이는 야학운동의 역사적 성격을 규정짓는 요인이기 때문이다.[74]

둘째, 「사립학교령」 시행 이후 많은 야학이 설립되었다. 이는 의병전쟁의 확산과 무관하지 않았다. 특히 일제의 탄압으로 사립학교설립운동이 한계에 직면하자, 이를 보완·대체한 영역은 바로 야학운동이었다. 이러한 배경은 야학운동을 진전시키는 주요한 기반으로 작용하였다.

셋째, 한글을 중심으로 하는 국문야학이 성행한 점이다. '단순한' 문자습득이나 해독에 그치지 않고 민족정신을 일깨우는 한 방편은 야학임을 의미한다.[75] 노동야학도 이러한 성격에서 크게 벗어나지 않았다. 노동자를 사회구성원으로서 인식한 계기는 이와 같은 변화되는 상황에서 비롯되었다.

넷째, 일본인 관리·교사·실업가 등이 후원자·명예교사로서 활동하였다. 이들은 일제 침략의 첨병으로 文明化를 빙자하여 일본어 보급에 열성적이었다.[76] 근대교육운동에 참여한 우호 관계와 계기는 대부분 문명사회 수립이라는 의도 속에서 이루어졌다. 1910년대 일본어 보급을 위한 '國語講習會(所)' 성행은 이러한 배경과 무관하지 않았다.

---

73) 조동걸, 「조선농민사의 농민운동과 농민야학」, 『한국사상』 16, 한국사상연구회, 1978 ; 조동걸, 『일제하 한국농민운동사』, 한길사, 1979에 재수록.
74) 김형목, 「한말 해서지방 야학운동의 실태와 운영주체」, 『백산학보』 61, 백산학회, 2001, 242~243쪽.
75) 『황성신문』 1908년 3월 18일 기서 「國文夜學校」.
76) 이명화, 「한말 일제의 일본어 보급 실태」, 『충북사학』 11·12, 충북대, 2000, 453~470쪽.

다섯째, 선교사업에 의한 야학 설립은 매우 부진하였다. 포교가 허용된 이래 개신교는 3,000여 '종교학교'를 설립하는 등 선교사업 일환으로 근대교육 보급에 매우 적극적이었다. 선교사 의도는 성경 보급을 통한 교세 확장에 있었으나 이러한 과정은 한글에 대한 인식을 새롭게 하는 계기였다. 하지만 1920년 전후까지 개신교에서 야학을 통한 문맹퇴치에는 별다른 관심을 보이지 않았다.[77]

마지막으로 여자야학(일명 여성야학)이 전무한 사실이다. 이는 충청도에 한정된 문제가 아니라 당시 보편적인 현상이었다. 여성에 대한 전근대적인 인습은 야학을 통한 여성교육을 가로막고 있었다.[78] 3·1운동 이후 문화운동 확산과 더불어 한계성은 점차 극복되어 나가는 상황을 맞았다.

2) 규모와 운영주체

야학규모는 교사진·학생수 등은 물론 교육시설·운영비 등 여러 측면을 고려해야 한다. 이러한 내용을 파악할 수 있는 사례는 거의 전무한 실정이다. 야학운동이 활성화된 1920~30년대에도 마산노동야학 등 특수한 경우를 제외하고 불가능하다. 대부분 야학은 지속적으로 운영되지 못하였기 때문이다. 즉 국내 민족해방운동과 관련 속에서 침체와 발전은 반복되었다.

규모는 야학생수를 기준으로 대체적인 윤곽이나마 정리하였다. 피교육자수는 근대교육사상 중요한 의미를 지닌다. 근대교육 수혜자는 공립학교보다 야학을 통한 경우가 많기 때문이다. 〈표 1〉을 토대로 한 충청지역 야학규모는 〈표 2〉와 같다.

---

77) 한규무, 「일제하 한국개신교회의 문맹퇴치운동」, 『한국민족운동사연구』, 우송조동걸선생정년기념논총간행위원회, 1997 ; 김형목, 「한말 해서지방 야학운동의 실태와 운영주체」, 『백산학보』 61, 236~237쪽.
78) 김형목, 「한말·1910년대 여자야학의 성격」, 『중앙사론』 14, 한국중앙사학회, 2000, 46쪽.

〈표 2〉 한말 충청지역 야학규모[79]

야학생수	20인 미만	20~40인 미만	40~60인 미만	60~80인 미만	80인 이상	계
야학수	73	13	11	4	6	107

〈표 2〉에 나타난 바처럼, 20명 미만인 경우는 약 70%를 차지한다. 20~40명 미만은 13개소로 약 10%였다. 반면 '비교적' 큰 규모인 80명 이상은 6개소에 불과하였다. 즉 40명 미만인 소규모는 80% 이상으로 절대 다수임을 알 수 있다. 이러한 원인은 군·면단위로 야학을 세웠기 때문이다.

교과목은 한글을 중심으로 한 초보적인 한자·산술 등이었다. 학령아동구제를 위한 야학은 보통학교 과정과 유사하였고, 수업기간은 2~3년이거나 1년인 속성과정이었다. 아울러 부기·상업 등 상업종사자를 위한 '맞춤형' 야학도 있었다. 공주의 진명야학교·노동야학교는 대표적인 경우로 주목된다. 어학 중 일본어는 매우 중시되었다. 심지어 일본어만을 가르치는 야학도 운영될 정도였고, 일본인이 참여한 경우는 예외적이지 않았다.

운영비는 대부분 설립·운영자의 의연금·기부금 등으로 충당되었다. 지방자치의 일환인 경우는 의무교육비가 주요한 재원이었다. 그런데 만성적인 재정난으로 교육적인 성과는 미흡한 상황이었다. 수업료는 특수한 경우를 제외하고 무료였다. 심지어 학용품·교재조차 운영주체들이 부담함으로 야학생의 향학열을 고취시키는 자극제였다.

한편 설립·운영주체들 주요 경력은 다음과 같다. 김상익은 한학을 수학한 후 1900년 내부주사로 관계에 진출하였다. 이어 궁내부와 탁지부세무시험소에 근무하면서 1906년 法語學校에 입학·졸업한 후 주로 탁지부에서 재직하였다.[80] 그는 임천재무서장 재직시 군수 김응규와 군주사 조동익 등

---

79) 다수 또는 대다수 등은 20~40인 미만을 기준으로 삼았다. 주·야학 겸설은 각각 50%, 직산 국문야학과 충주 노동야학 등 각 동리마다 설립한 경우는 1개소로 처리하였다.

과 天興學校 내에 노동야학을 설립하여 40여 명을 가르쳤다.[81]

신현구는 임시면화재배소 기수로 관계에 진출한 후 옥천군수로 승진되었다.[82] 그는 농사개량과 민지계발을 위한 노동야학을 설립·후원하였다. 이곳 출신 해외유학생의 재정적인 지원을 위한 留業所는 그와 유지들이 조직한 단체였다.[83] 관내 향학열은 이러한 분위기 속에서 확산되었다.

박초양은 1873년 서울에서 태어났다. 家塾에서 한학을 수학한 후 관계에 진출하여 단양·진천·회인군수 등 외관직을 두루 역임하였다.[84] 그는 단양군수 재직시 일진회원들의 불법행위를 엄단하는 등 생활안정에 노력을 기울였다. 반면 그는 학교설립을 명분으로 토색질을 일삼았다.[85]

지희열은 1875년 충남 공주군 남부면에서 출생하였다. 그는 사숙에서 전통교육을 받은 이후 관계에 진출하였다. 충남관찰부 주사와 직산군수를 비롯한 외직에 주로 재직한 그는 교육운동에 열성적이었다.[86] 자신의 불법적인 행위를 정당화시키기 위한 방편으로 이용한다는 비난을 받았다. 公山학교보조금사건은 이를 반증한다.[87]

음죽군수 서광세는 1874년 서울에서 출생하였다. 그는 일찍이 사숙에서 전통교육을 받은 후 과거에 급제하는 등 재능을 발휘하였다. 이후 군수 등을 역임하는 가운데 학교를 설립하는 등 교육운동에 적극적이었다.[88]

---

80) 국사편찬위원회, 『대한제국관원이력서』, 탐구당, 1972, 117쪽.
81) 『황성신문』 1908년 7월 29일 잡보 「三氏贊校」.
82) 국사편찬위원회, 『대한제국관원이력서』, 749쪽 ; 목산경장, 『조선신사명감』, 231쪽.
83) 『大韓每日申報』 1909년 10월 27일 학계 「申氏熱誠」, 1910년 6월 29일 잡보 「事關奪宗」.
84) 목산경장, 『조선신사명감』, 87쪽 ;『황성신문』 1905년 9월 2일 잡보 「忠北義兵」, 10월 10일 광고, 1906년 4월 11일 잡보 「丹陽來書」·「靑會作弊」.
85) 『황성신문』 1906년 5월 10일 잡보 「違反敎育」 ;『大韓每日申報』 1906년 10월 10일 잡보 「資勒徵의 裁判」.
86) 목산경장, 『조선신사명감』, 97쪽.
87) 『만세보』 1906년 7월 31일 잡보 「池氏不公」.
88) 목산경장, 『조선신사명감』, 224쪽.

충남 진잠군 동면 출신인 서재덕은 1878년에 8월 13일 태어났다. 한학을 수학한 후 관계에 진출한 그는 당진·결성군수 등을 역임하였다.[89] 당진군수 재직시 관내 동리마다 야학 설립을 주도할 정도로 근대교육 보급에 열성적이었다. 이는 사실상 '제한적인' 의미에서 의무교육이나 마찬가지였다. 관내 향학열은 이와 더불어 고조되는 등 문명사회를 위한 기반을 더욱 공고하게 구축하는 주요한 계기였다.

원긍연은 대한협회 직산지회원이자 평의원이었다.[90] 그는 한글의 유용성에 창안하여 국문야학을 설립하였다. 이후 군내 노동야학이 우후죽순처럼 설립되는 등 교육열을 고조시켰다. 300여 명에 달하는 야학생은 이를 통하여 교육 수혜를 널리 받을 수 있었다.

월리암은 1906년 6월 한국에 입국한 직후 공주에 부임하였다. 그는 선교활동에 전념하는 한편 교육사업에 적극적이었다. 永明男學堂 개교는 이러한 활동 중 하나였다. 이어 강경·논산·홍성·서산 등지에도 학교를 설립하는 등 이 일대 교육운동을 주도한 중심인물이었다. 1940년 강제 추방될 때까지 의료사업을 전개하는 등 위생관념을 널리 확산시켰다.[91] 그는 1944년 인도 델리에서 한국광복군인면공작대 훈련교관으로서 한국독립에 크게 기여하였다. 이방인으로서 그의 헌신적인 '한국사랑'은 다시 조명해야 할 중요한 과제 중 하나이다.

선교사를 제외한 대부분은 근대교육보다 전통교육을 수학한 인물이었다. 이들은 시세 변화와 더불어 신학문의 유용성을 인식하기에 이르렀다. '개신유학자'는 당시 분위기를 그대로 반증한다.[92] 특히 지방관은 을사늑약을 전후하여 근대교육 시행을 자신들의 주요한 책무로서 인식하였다. 지방관 주

89) 목산경장, 『조선신사명감』, 224쪽.
90) 편집부, 『대한협회회보』 1, 58쪽 ; 『대한협회회보』 2, 70쪽.
91) 영명90년사편찬위원회, 『永明九十年史』, 영명중·고등학교, 1997, 97~104쪽.
92) 최경숙, 「한말 유생층의 신교육참여」, 『오세창교수화갑기념한국근·현대사논총』, 동간행위원회, 1995, 195~199쪽.

도에 의한 사립학교설립운동 활성화는 이러한 가운데 이루어졌다.[93]

4. 설립이념과 성격

사립학교설립운동과 달리 야학운동 이념에 대한 구체적인 기록은 거의 없다. 사립학교와 달리 설립취지서는 매우 희소하기 때문이다. 미흡하나마 몇 사례에서 설립이념을 파악하고자 한다. 원긍연 등이 세운 국문야학은 부분적이나마 이를 보여준다. 설립취지서의 주요 내용은 다음과 같다.

夫有國必有敎오 有敎必有文이니 此所以世界各國에 皆有國文ᄒ야 以敎
其國人ᄒ야 培養自國之精神者也라. 國無精神則 而國이 不强ᄒ고 人無精神
한 而人이 必亡ᄒ나니 國文之爲文이 豈徒在於代人宣言之具而已也哉아.
嗟夫我國의 由來弊習이 崇拜他國하고 自國精神을 消却ᄒᄂ니 浮薄無
識之徒가 反賤祝自國國文ᄒ고 以尊客事大로 確作公理ᄒ야 滔滔皆是라.
莫之能救ᄒ니 寧堪慨歎가 所以國統中世에 竟失自由自立之力ᄒ야 以之
損國威損國光者ㅣ 幾百年矣라. …(중략)… 本人等이 不願淺識不文之嫌
ᄒ고 愛國愛族之血誠를 不能自己ᄒ와 刱立國文夜學ᄒ고 聘師敎授이온
바 以祖國精神으로 爲基礎ᄒ고 共公總義로 爲特色ᄒ야 不問年齡之高下
와 界分之如何와 識字之有無ᄒ고 但志願入學者는 旁通廣募ᄒ와 工者 賈
者 諸同胞는 庶幾翼贊同情ᄒ야 共躋文明仁壽之域ᄒ야 上以奠國權於盤
泰之固ᄒ고 不以保種族於競爭之中ᄒ실지어라.[94]

곧 국어(일명 나랏말)는 각 나라의 애국정신을 고취하는 근원임에 틀림 없다. 국가정신이 없는 나라는 결코 자강할 수 없다. 이는 조국의 중요성을 인식하지 못한 채 무조건 외국을 숭배하는 사대성이 팽배하기 때문이다. 애국정신의 근원은 곧 자국어를 제대로 익히고 사용하는데 있다. 이러한

---

93) 유한철, 「1906년 광무황제의 사립학교 조칙과 문명학교 설립 사례」, 『한국민족운 동사연구』, 138~144쪽.
94) 『황성신문』 1908년 4월 26일 잡보 「國文夜學」.

취지에 따라 국문야학을 설립·운영함은 사회적인 책무임을 역설하였다.
이들의 노력은 각 마을마다 국문야학을 실시하는 밑거름이었다.

한글에 대한 관심은 식민지화에 대한 위기의식과 더불어 고조되었다. 국
문학교 설립계획이나 국문야학 성행은 이러한 사실을 반증한다. 특히 周時
經은 전국 각지를 순회하면서 국어강습소를 운영하는 등 한글 보급을 위한
활동에 적극적이었다. 김구가 학무총감으로 있던 황해도 안악 楊山學校에
서 개최된 강습소에는 각지 청년들이 운집하는 등 성황을 이루었다. 당시
널리 애창된 이른바 「국문가」는 이러한 분위기를 보여준다.

　　ㄱ字ㅎ나 쓰고보니 / 記憶ㅎ세 記憶ㅎ세
　　國家羞恥 記憶ㅎ세 / 우리大韓 獨立ㅎ면
　　永遠萬世 無窮토록 / 康衢烟月 太平歌에
　　自由福樂 누리련만 / 今日羞恥 생각하면
　　죽기젼에 못잊깃네 …(하략)…95)

한글에 대한 관심은 교육열 고조로 이어졌다. 노동야학은 이러한 상황과
맞물려 발전을 거듭하기에 이르렀다. 홍주군 상명노동야학교 설립취지는
이를 반증한다.

　　…(상략)… 농업에만 진력ㅎ야 교육이 업스면 이 동포는 우리 황데폐하
　　의 빅셩이 아니며 우리 부모의 ᄌ식이 아닌가. 날이 ᄉ면 져물도록 로동
　　진력ㅎ야 칠팔십년간에 사름의 직분을 아지 못ㅎ고 지내ᄂᆞᆫ 것이 가ㅎ냐.
　　슬프다 우리 동포여. 져녁 먹고 어셔 샹학ㅎ사이다. 버러지도 쉬지 아니
　　ㅎ면 천리를 가고 화륜거도 고동이 아니면 지척을 못가ᄂᆞ니 어셔 샹학ㅎ
　　사이다. 침침히 어두운ᄃᆡ 단단명월을 나왓ᄂᆡ 어셔 샹학ㅎ사이다.96)

95)『대한매일신보』1909년 10월 22일 「國文歌」.
96)『경향신문』1909년 4월 30일 각디방긔셔 「야학교를 셜시홈」.

"노동자는 학문이 없어 종일토록 노동하나 뚜렷한 성과가 없다. 더욱이 사람의 직분을 제대로 인식하지 못하고 사는 모습이 애처롭다. 그런 만큼 노동야학을 설립하니 빨리 야학에 와서 공부에 힘쓰라"는 요지였다. 곧 야학을 통한 문맹퇴치가 우선적인 과제로서 부각되었다. 문명사회는 이와 같은 과정을 통하여 자신의 처지를 인식하는 가운데 이루어지리라고 낙관하는 분위기였다.

삼천강토 우리대한　이천만구 우리동포
단톄력 단톄력ᄒ니　몃몃영웅 단톄력고
우리로동 야학교에　이국가를 드러보오
흔량에 두푼변리　느ᄂᆞᆫᄌᆞ미 됴컨마는
좌우훈쟝 즁ᄒᆞᆫ월급　고등대신 향록이여
ᄎᆞ월피년 희망터니　신문긔쟈 속이ᄂᆞᆫ지
샤회샤회 ᄒᆞ건마는　ᄌᆞ강력을 미득인지
지졍곤란 ᄒᆞ다소리　엇지ᄒᆞ면 쥬급홀고
빈화가면 지식넓어　ᄌᆞ강긔초 세우리라
풍운조화 단쳥ᄒᆞ여　독립대연 빈셜ᄒᆞ새
이국셩 이국셩ᄒᆞ니　몃몃지ᄉᆞ 이국셩고
학교싱 학교싱ᄒᆞ니　몃몃학싱 졸업인고
남뎐북답 고ᄃᆡ광실　부쟈사름 향복이여
대한강토 주러간다　그돈으로 물너보새
우리동포 건져줄가　침불안식 불감으로
호소식이 어ᄃᆡ갓소　죵년토록 로동가면
열심만극 진ᄒᆞ면　텬신감응 ᄒᆞ시련만
극력히 농ᄉᆞ지어　야학만 진취ᄒᆞ소
인의례지 집을짓고　밋봄으로 텬하교졔.[97]

문명퇴치를 통한 능력배양은 야학 목적임을 강조하고 있다. 즉 이들은 경제적인 문제나 시간을 핑계로 교육을 등한시하지 말 것을 강조하였다.

---

97) 『경향신문』 1909년 4월 30일자.

이는 향학열을 고취시키려는 의도에서 비롯되었다.

한편 이러한 설립취지와 달리 일제 침략정책에 편성한 야학도 있었다. 사립학교 중 일부도 이러한 범주에서 크게 벗어나지 않았다. 문명개화론에 경도된 운영·설립자들은 이러한 성격을 여과없이 보여준다.

> …(상략)… 대뎌 학교에셔 산슐이나 물리학을 ᄀᄅ치ᄂ거시 국민교육이 아니며 디지나 력ᄉ를 ᄀᄅ치ᄂ거시 국민교육이 아니며 영어나 일어를 ᄀᄅ치ᄂ거시 국민교육이 아니오. 국민의 정신을 ᄭ우며 국민의 긔운을 빙양ᄒᄂ거시 곳 국민교육이니 이러케 ᄒ여야 가히 교육의 됴흔 결실을 일우워셔 국민을 양셩ᄒᄋ 국가의 활동ᄒᄂ 싱믹이 될지니라. …(하략)…[98]

국민교육 강조는 야학운동 성격과 관련하여 중요한 의미를 지닌다. 단순한 지식배양은 오히려 외세에 부응하는 세력으로 전락하기 때문이었다.

자강운동 진전·심화와 달리 일제 식민지화는 이를 반증한다. 이등박문 포살 이후 자강론자들은 식민정책에 별다른 저항없이 포섭·동화되어 나갔다. 민족교육을 표방한 야학도 '한일합병'을 전후하여 국어강습회로 변질되었다. 충청지방 야학운동도 이러한 굴절 과정을 겪었다.

5. 맺음말

식민지화에 대한 위기의식과 더불어 근대교육운동은 국권회복을 표방하는 등 교육구국운동으로 변화·발전되었다. 충청지방의 민회·농회·민의소 등도 지방자치제를 표방하는 등 시세 변화에 부응하기에 이르렀다. 일

---

98) 『大韓每日申報』 1909년 11월 24일 논설 「國民敎育을 施ᄒ라」 ; 『대한매일신보』 1909년 11월 24일 론셜 「국민교육을 힝홀일」.

부 단체는 지방자치를 위한 일환으로 군·면 단위로 의무교육을 실시하였
다. 사립학교설립운동의 활성화는 이러한 배경 속에서 이루어졌다. 또한
대한협회·기호흥학회 지회 등도 이를 주도하고 나섰다.

민중 교육열 고조와 함께 1906~1910년까지 무려 200여 사립학교가 설
립·운영되었다. 일제의 탄압, 운영비 부족, 설립·운영자들의 안일한 현실
인식, 민중경제 파탄 등은 교육운동 진전을 가로막았다. 설립된 지 1~2년
만에 많은 사립학교는 폐교되는 비운을 맞았다. 더욱이 수업료는 민중에게
과중한 부담이었다. 자녀 교육문제는 부차적인 문제로 밀려났다. 일부 지
방관은 교육을 핑계로 토색질을 일삼았다. 이리하여 교육수혜는 제한될 수
밖에 없었고, 대안은 야학 시행으로 귀결되었다.

20여 명 미만인 '소규모' 야학은 70%를 상회하는 등 절대다수를 차지하였
다. 반면 80명 이상인 경우도 있었다. 은진 노동야학, 옥천 동명노동야학,
예산 동명야학교 등은 대규모였다. 설립·운영주체의 지원과 주민들의 관
심도 등은 이러한 상황을 초래하는 요인이었다. 야학을 통한 교육수혜자는
최소한 4,000여 명에 달하는 등 근대교육기관으로서 위상을 굳혔다.

교과목은 대부분 한글·일반상식과 초보적인 한자·셈하기 등이었다. 학
령아동 구제를 위한 야학은 보통학교 교과목과 유사하게 편성되었다. 다만
교육기간은 대부분 1~3년으로 단축된 속성과정이었다. 상업종사자를 위한
경우는 실무에 필요한 과목 중심으로 편성하였다. 피교육자나 현지 사정에
따라 다양하게 편성되는 등 교과목은 다양하였다.

설립·운영주체는 군수를 포함한 전·현직 지방관리들이 절대 다수였다.
이들은 흥학을 주요한 행정업무로 인식하는 상황이었다. 곧 대부분은 상황
론자였다. 심지어 일본인들도 야학운동에 동참하는 등 다양한 인물들로 구
성되었다. 이는 야학운동 성격을 규정하는 요인이었다. 적극적인 항일투쟁
보다 합법적인 활동은 '선실력양성 후독립론'에 입각하였다. 의병전쟁론자
들의 근대교육운동에 대한 적대감은 이와 무관하지 않았다. 시세 변화에

부응한 문화운동 기반을 확대한 점은 민족운동사상 일정한 의미를 지닌다.

나아가 야학운동은 학령아동을 구제하는 등 사회복지적인 측면에서 접근할 필요가 있다. 의무교육 일환으로 전개된 야학은 이러한 사실을 잘 보여준다. 주민들은 이를 매개로 사회적인 책무를 절감하는 교육현장이나 마찬가지였다. 피교육생들 또한 자신감과 아울러 자긍심을 일깨웠다. 이처럼 야학운동은 변화하는 시대상황에 부응하는 첩경이자 '희망봉'으로서 의미를 지닌다.

제2부

지역별 사례 연구

제1장

한말 홍성지역 근대교육운동의 성격

1. 머리말

계급·민족모순의 이중 질곡은 한국근대사의 파행적인 전개로 귀결되었다. 일제 식민지로 전락은 이를 극명하게 보여준다. 대응책은 사회구성원 각각의 계급적인 입장에 따라 다양하게 전개되었다. 그런데 1910년 이전 대체적인 흐름은 무력에 의한 의병전쟁과 실력양성론에 입각한 개화자강운동이었다.[1] 양자는 대립·보완하는 가운데 민족해방운동의 분화·발전을 촉진시켰다.

홍성지역[2]도 이러한 흐름에서 크게 벗어나지 않았다. 다만 주·객관적인

---

1) 정창렬, 「한말 변혁운동의 정치·경제적 성격」, 『한국민족주의론』 I, 창작과비평사, 1982, 15~43쪽.
  저자는 한말 변혁운동론을 위정척사론·개화자강론·민중운동론으로 구분한 후 각 주체의 지향점을 파악하였다. 필자는 을사늑약 이후 국권회복 차원에서 전개된 의병전쟁과 자강운동을 중심으로 논지를 전개하고자 한다. 한말 국권회복운동은 이러한 범주에서 크게 벗어나지 않았기 때문이다.
2) 越智唯七, 『新舊對照 朝鮮全道府郡面里洞名稱一覽』, 중앙시장, 1917, 236~241쪽 ; 홍성군지편찬위원회, 『홍성군지』, 1925 ; 홍양사출판위원회, 「연혁편, 군명」, 『홍양사』, 1969, 3~23쪽.
  갑오개혁 이래 빈번한 행정제도 개편과 함께 행정구역은 부분적인 많은 변천을

조건에 따라 민족해방운동의 전개양상, 운동주체 성격, 시기별 변화상 등은 다르게 나타났다. 이는 지역적 특성을 반영한 점에서 중요한 의미를 지닌다.[3] 2차례에 걸친 의병전쟁, 일본인 상인에 의한 재래 유통망 장악 등으로 주민들 배일의식은 어느 곳 못지않았다. 또한 개신유학자의 사회적인 영향력도 여전한 가운데 근대교육운동도 사실상 이들에 의하여 주도되었다. 주요 활동가들은 특정 문중과 일부 신지식인 중에서 지속적으로 배출되었다. 한말 근대교육운동의 지역적인 특성을 파악하면서 이곳에 주목한 이유도 이와 무관하지 않다.

먼저 시세변화에 따른 계몽단체 활동을 살펴보았다. 場市網 변화와 근대적인 상인층 등장, 외세에 대한 인식 변화, 지배체제 이완과 농민층 저항 등은 사회변동을 초래하는 요인이었다.[4] 특히 홍주의병에 대한 무차별적 탄압은 주민들에게 야만적·포악적인 일제의 실상을 각인시켰다. 이는 배외의식을 자연스럽게 증폭시키는 한편 내수자강의 필요성을 절감하는 계기가 되었다. 국채보상기성회나 기호흥학회 홍주지회 조직은 이를 반증한다. 후자는 사실상 이곳 문화계몽운동을 주도하는 중심단체나 다름없었다.

이어 사립학교설립운동을 중심으로 근대교육운동 실상을 파악하였다. 이곳은 도내 인근 군에 비하여 전혀 부진하지 않았다. 다만 충청지역 근대교육운동이 전반적으로 부진하듯이, 전국적인 평균에는 크게 미흡한 상황이었다. 이는 설립된 '단순한' 학교수의 비교일 뿐이다. 교육내용·교사자

초래하였다. 현재 홍성군은 1914년 조선총독부 훈령에 의한 행정개편으로 거의 확정되었다. 이후 부분적인 행정구역 개편과 약간의 영역 변동만이 있었을 뿐이다.
3) 김상기, 「대전 충남지역 독립운동사 연구현황과 과제」, 『한국사의 이해』, 중산정덕기박사화갑기념한국사학논총간행위원회, 1996 ; 신영우·김의환, 「충청지역의 지방사 연구현황과 과제」, 『한국지방사 연구의 현황과 과제』, 경인문화사, 2000 ; 충남대 내포지역연구단, 『충청남도 내포지역 지역엘리트의 재편과 근대화(Ⅲ)』, 충남대, 2004.
4) 곽호제, 「조선후기 내포지역 장시의 형성과 변화」, 『충청남도 내포지역 지역엘리트의 재편과 근대화(Ⅲ)』, 25~29쪽.

질·교육시설·교과과정·교육재정 등을 검토한 결과는 결코 아니다. 湖明
學校·洪明學校·德明義塾 등은 이곳을 대표하는 교육기관이었다. 특히 三
面一校制에 입각하여 시행된 '제한적인' 의무교육은 의미하는 바가 크다.[5]
운동 주체는 자산가로서 의관·군수·면장 등 관료나 개신유학자·교사·
유학생 등이었다. 그런데 이들의 뚜렷한 활동상은 크게 부각되지 않는다.
원인은 강력한 지도자 부재와 계급·계층간 갈등이 심화되지 않은 사실과
무관하지 않다.[6]

　마지막으로 설립이념을 통하여 홍성지역 근대교육운동이 갖는 의미를 조
망하였다. 신·구 절충적인 교과목 구성·교과과정·학교설립취지서 등은 이
를 반증한다. 교과목은 급격한 변화보다 현실적인 필요성과 피교육자 등을
감안하여 편성·운영되었다. 국가정신 고취를 위한 덕육 강조, 새로운 사회
질서에 부응한 준법정신 고취를 위한 법률학, 학령아동 구제를 위한 노동야
학 등은 현실적인 필요성에 의하여 수용된 부분이다. 이른바 개신유학자에
의한 문화계몽운동은 일제강점기 민족해방운동으로 이어졌다. 홍성을 중심
으로 전개된 내포지역 운동역량과 경향성은 이를 통하여 엿볼 수 있다.

2. 시세 변화와 계몽단체 활동

1) 홍성지역 사회변화

　갑오농민전쟁과 독립협회운동 등을 통한 경험은 현실비판과 아울러 민
중의식을 심화시켰다. 만민공동회 주최인 토론회·연설회는 민중들로 하여

5) 김형목, 「기호흥학회 충남지방 지회 활동과 성격」, 『중앙사론』 15, 한국중앙사학
　회, 2001, 44쪽.
6) 손재학, 「해방전편」, 『홍성군 사회운동소사(필사본)』 ; 장규식, 「해방 후 국가건
　설운동과 지역사회 동향- 충청남도 홍성군 사례-」, 『학림』 16, 연세대, 1994, 75쪽.

금 자신의 사회적인 존재를 인식하는 주요한 계기였다.[7] 지배층의 불법적
인 수탈에 대한 다양한 방법으로 전개된 저항은 이러한 사실과 밀접한 관
계 속에 이루어졌다. 영학당·활빈당 투쟁은 대표적인 경우이다. 부호들에
대한 적개심과 아울러 반봉건투쟁의 확산은 이와 맞물려 진행되었다. 이는
봉건적인 수탈이 보다 심하게 자행된 下三道에 집중적으로 나타났다.[8]

水賊 활동도 해상무역량 증가와 더불어 확산되었다. 해상교통 중심지라
는 남양만의 지리적인 위치는 이와 결코 무관하지 않았으리라 짐작된다.
홍주는 조선후기 포구상업의 발달과 더불어 '三南要路'로서 부각되었다.[9]
홍주군수 趙命鎬는 이곳 연안을 비롯한 안면도 일대에 수적 횡행으로 치안
이 마비될 지경이라고 보고하였다. 또한 東學餘黨과 의병을 빙자한 화적
등도 민심불안을 가중시켰다.[10] 정부는 別砲軍 30명을 관내에 배치하는 등
민심수습에 나섰지만, 별다른 성과를 거둘 수 없었다. 각종 범죄 증가와 더
불어 일상사 변화도 수반되었다. 통진·부평·인천·홍주 등 서해안 일대
에서 자행된 빈번한 약탈은 사회적인 불안을 가중시켰다.[11] 이는 급격한
신분제 이완과 더불어 새로운 사회질서를 수립하는 과정에서 나타나는 '필

---

7) 전영우, 『한국근대토론의 사적 연구』, 일지사, 1991, 155~159쪽.

8) 『황성신문』1900년 3월 20일 잡보 「南道活貧黨」, 3월 21일 잡보 「活貧黨의 滋蔓」,
   5월 12일 잡보 「傳說活貧黨」, 7월 27일 잡보 「忠南悍黨」, 1909년 12월 21일 잡보
   「面長不法」 ; 국사편찬위원회, 『고종시대사』5, 탐구당, 1971, 39쪽.

9) 『황성신문』1900년 12월 28일 잡보 「天草貫入」, 1901년 5월 7일 잡보 「洪州水賊」,
   9월 19일 잡보 「巡檢何用」, 1906년 10월 26일 잡보 「鹽商五泣 大韓咸鏡南道元山
   港居商民金斗源五次泣血上書于大日本伊藤侯爵統監閣下(續)」, 1907년 11월 22일
   잡보 「洪邑安穩」.

10) 『황성신문』1901년 8월 1일 잡보 「勒奪錢數」, 8월 16일 잡보 「沿海盜警」, 8월 21
    일 잡보 「捉囚多民」, 12월 14일 잡보 「報設砲軍」, 1903년 11월 7일 잡보 「洪郡賊
    警」, 11월 9일 잡보 「洪郡賊警」.

11) 『황성신문』1899년 3월 24일 잡보 「學有欺乎」, 1900년 12월 18일 잡보 「水賊大熾」,
    1901년 1월 5일 잡보 「泰安賊警」, 1905년 7월 17일 잡보 「戢捕官報告」, 1906년 2월
    17일 잡보 「郡守歸家」, 3월 22일 잡보 「暴徒詗捉」 ; 박광성, 「고종조의 민란연구」,
    『논문집』14, 인천교대, 1980.

연적인' 현상이었다.

　빈발하는 자연재해도 역시 기아선상에 허덕이는 민중생존권을 위협하였
다. 농업과 어업을 겸비한 홍성을 포함한 내포지역은 특히 가뭄과 해일 등
에 따른 피해가 적지 않았다.[12] 주기적으로 발생하는 한재·수재 등은 농
업생산 기반을 송두리째 뒤흔들었다. 빈번한「방곡령」시행에 따른 미가
상승도 사회생활을 위협하는 요인이었다.[13] 더욱이 대부분 지방관리들은
불법적인 치부 수단으로 이를 이용하는 데 서슴지 않았다. 이와 동시에 행
정실무자 임명을 둘러싼 갈등도 재연되었다.[14] 그럼에도 이른바 지방명가
들은 여전히 사회적인 영향력을 행사하고 있었다.[15]

　반면 외세에 대한 적대감은 극도로 고조되었다. 기독교 선교활동을 둘러
싼 프랑스 선교사에 대한 배척은 대표적인 사례 중 하나이다.[16] 더욱이 난
파된 일본상선에 대한 구조는커녕 주민들이 선적된 상품을 약탈하였다. 이
처럼 일본인에 대한 적대감은 매우 비등하여 갔다. 홍주 長古島에 일본상
선이 좌초되자, 정부는 책임을 주민들에게 전가하였다. 즉 구조를 제대로
하지 않았다는 이유로 주민들은 범법자처럼 취급되었다. 물론 진상이 밝혀
져 일본공사가 이들에 대한 위무금 지급을 정부에 요청하는 등 민심수습에
나섰다.[17] 그러나 반일감정은 좀처럼 누그러지지 않았다. 홍주의병 진압을

12)『황성신문』1899년 3월 27일 잡보「忠南報告」, 1900년 6월 28일 잡보「忠南旱魃」,
　　1901년 8월 2일 잡보「慘不忍聞」, 10월 2일 논설「禮山郡得救荒之策」, 10월 19일
　　잡보「獻策救荒」, 10월 21일 논설「農家悲況」, 12월 10일 잡보「請俵準災」, 12월
　　14일 잡보「報設砲軍」, 1907년 7월 31일 잡보「奚獨洪州」, 1908년 5월 24일 잡보
　　「畵出民情」.
13)『황성신문』1899년 2월 1일 잡보「定稅加捧」, 3월 1일 잡보「傳之者誤」, 1901년
　　9월 4일 잡보「請解防禁」, 12월 10일 잡보「請俵準災」.
14)『황성신문』1901년 7월 5일 잡보「猾吏惡習」.
15)『황성신문』1900년 11월 22일 잡보「免賤追籍」.
16)『황성신문』1900년 11월 7일 잡보「民敎起鬧」.
17)『황성신문』1900년 5월 4일 잡보「洪州觸船」. 8월 20일 잡보「風不能救」, 1901년
　　3월 30일 잡보「聽審島民」, 5월 10일 잡보「請徵償金」, 1902년 6월 26일 잡보「勒
　　討賠金」, 6월 27일 논설「論長古島賠欵事件」.

위하여 투입된 일본군 행패는 지역민을 더욱 자극시켰다.[18] 또한 개항 이후 외국상인 진출로 토착상인들은 대대적인 타격을 입었다. 場市에서 전개된 일본제 상품에 대한 배척·불매는 이러한 상황과 맞물려 증폭되었다.[19] 일본인의 불법적인 토지 매입과 측량 등은 더욱 공분을 불러 일으켰다. 일진회 지회원 발호도 비판의 대상으로 인식하였다.[20]

한편 일부 상인들은 시대변화에 부응하여 자신들의 권익을 도모하고 나섰다. 상인 金泳日 등 10명은 광천장에 米商會社를 설립하는 등 근대적인 상업경영을 꾀하는 상황이었다.[21] 자본금 200원과 세금 매년 60원으로 議定한 후, 이들은 농부에 인가를 신청하였다. 목적은 관속배의 불법적인 수탈과 여객주인의 토색질에서 벗어나 상인을 보호하기 위함이었다. 또한 광천장 상인도 시장세 혁파를 농부에 요청하였다. 정부의 무명잡세 근절과 달리 이는 자신들 생존권을 위협하는 요인이었다.[22] 仁漢輪船합자회사는 홍주를 기점으로 태안·인천을 왕래하는 정기여객선을 취항시켰다. 수산물과 농산물은 인천 등지로 유통되는 등 상업상 커다란 변화를 초래하였다. 상업적인 번성과 아울러 은행 설립도 계획되었다.[23] 초보적이나마 자본주의 시장경제에 입각한 상업경영은 모색되는 상황이었다.

을사늑약 이후 홍성인들은 격심한 '변화'를 경험하였다. 李卨·金福漢 등의 을사늑약 부당성에 대한 상소로 시작된 의병전쟁은 인적·물적 기반을 뒤흔들었다. 1,000여 명에 달하는 의병·민간인 사망과 동시에 홍주성 주변

18) 『大韓每日申報』 1906년 6월 29일 잡보 「救恤報告」.
19) 『황성신문』 1898년 12월 16일 잡보 「客反爲主」, 1899년 6월 21일 논설 ; 조재곤, 『근대 변혁기의 상인 보부상』, 서울대출판부, 2003, 48쪽.
20) 『황성신문』 1905년 7월 26일 잡보 「農務視察」, 10월 27일 잡보 「辨明有據忠南人寄函[續]」.
21) 『황성신문』 1900년 3월 15일 잡보 「洪州米商」.
22) 『황성신문』 1899년 10월 25일 잡보 「正稅雜稅」, 1901년 2월 15일 잡보 「請罷場稅」, 3월 11일 잡보 「訴罷雜稅」.
23) 『황성신문』 1901년 8월 24일 잡보 「藉稱支社」 ; 서은영, 『대한제국시기 민영회사의 설립과 그 성격』, 경희대석사학위논문, 1995, 44쪽.

10리 이내는 거의 초토화되었다.24) 사회적인 불안은 주민들 상호간 불신·
갈등을 증폭시켰다. 특히 일본군은 닥치는 대로 노략질을 일삼는 등 주민
들에게 공포의 대상이었다. 반개화와 반제국주의에 기반한 배일의식은 점
차 증폭될 수밖에 없었다.25) 지방관의 빈민에 대한 구휼책은 이러한 상황
과 맞물려 시행되었다. 군수 尹始榮은 탁지부 훈령에 따라 주둔한 일본군
사령부와 교섭하여 쌀 등을 주민들에게 무료로 지급하였다.26) 이는 흉흉한
민심을 수습하려는 의도에서 비롯되었다. 신임군수 劉猛은 유지들 협의하
여 민생안정을 도모하는 데 노력을 기울였다.27)

　의병을 진압하려는 自衛團도 민폐를 파생시켰다. 이들은 회원 입단비 명
목으로 몇 십 냥을 요구하는 등 토색질을 일삼았다.28) 이에 대응한 단체도
출현하였다. 기독교인을 중심으로 조직된 청년회는 대표적인 단체였다.29)

24) 정교,『대한계년사』하, 국사편찬위원회, 1957, 217~218쪽 ;『황성신문』1906년 6
　　월 9일 잡보「被害續聞」, 6월 11일 잡보「宣使追報」, 6월 12일 잡보「擾後調査」,
　　6월 16일 잡보「宣諭使報告」, 6월 18일 잡보「義擾調査」·「政府奏本」·「義擾調査」
　　; 송용재 편,『홍주의병실록』, 홍주의병유족회, 1986 ; 유한철,「홍주성 의진의 조
　　직과 활동」,『한국독립운동사연구』4, 한국독립운동사연구소, 1990.
25)『황성신문』1906년 3월 26일 잡보「義賊兩擾」, 3월 29일 잡보「義兵猖獗」, 4월 7일
　　잡보「洪州民情」, 4월 21일 잡보「探賊保寧」, 5월 19일 잡보「報請派兵」, 5월 21
　　일 잡보「派兵鎭壓」, 5월 25일 잡보「報請掃匪」·「藍浦義擾」, 5월 26일 잡보「警
　　請前往」, 5월 29일 잡보「政府奏本」·「義擾消息」, 5월 31일 잡보「洪州消息」, 6월
　　2일 잡보「洪州城克復과 義兵敗走」 ; 김상기,『한말의병연구』, 일조각, 1997,
　　223~229쪽.
26)『황성신문』1906년 6월 4일 잡보「陞職恤金」, 6월 5일 잡보「義兵傳令」·「宜有此
　　報」, 6월 16일 잡보「九千恤金」, 6월 22일 잡보「郡守可勘」, 6월 29일 잡보「擾後
　　民情」;『大韓每日申報』1906년 6월 10일 잡보「警廳恤金」·「宜乎悚惶」;『만세보』
　　1906년 9월 25일 잡보「洪倅圖治」.
27)『황성신문』1906년 7월 13일 잡보「特如召杜」, 8월 6일 잡보「洪州近狀」, 8월 16
　　일 잡보「停捧蕩虛」, 9월 11일 잡보「洪倅請恤」, 9월 22일 잡보「洪民顒望」, 9월
　　24일 잡보「政府奏本」, 9월 27일 잡보「一體慰諭」, 11월 22일 잡보「民望如冊」, 12
　　월 11일 잡보「請施恤民」, 12월 15일 잡보「洪倅願留」.
28)『대한매일신보』1908년 1월 22일 잡보「ᄌ위단 란리」, 1월 23일 논설「닉각대신
　　들 물너가오」.
29)『대한매일신보』1908년 1월 25일 잡보「ᄌ위단 반ᄃᆡ」;『大韓每日申報』1908년 1

잔인무도한 일제의 탄압에 대한 목격과 경험은 내수자강에 의한 국력 신장의 필요성을 절감하였다. 근대교육에 대한 인식 변화는 이와 더불어 확산되었다.[30] 일제 침략 가속에 따른 배일감정은 더욱 증폭되었다. 지방진위대 해산병은 이를 거부하는 등 일제 침략에 적극적으로 저항하였다.

홍주경찰서 경부는 군수를 피착하는 등 무소불위로 지역사회 민심을 동요시켰다.[31] 이러한 가운데 불법적인 지방관을 성토하는 등 주민들 현실인식은 점차 심화되었다. 지역민들은 興口鄕面長 趙炳勳의 죄상을 일일이 나열하여 내부에 시정을 요구하기에 이르렀다.[32] 일제 침략 강화와 더불어 사회적인 불안은 더욱 가중되고 있었다. 빈번한 자연재해와 무뢰배 출현 등은 빈번한 현상 중 하나였다. 청주진위대 일부 병력의 홍주로 이동은 이와 무관하지 않았다.[33] 파견된 병사들은 약탈과 강제점거 등 오히려 불안을 가중시켰다. 특히 방화와 다름없는 화재 발생은 주민들에게 재산상 손실은 물론 생존권을 위협하는 요인이었다.[34]

침략의 전초기지인 행정기관 설치도 병행되었다. 1909년 4월 26일 공포된 홍주구재판소 설치에 관한 법령은 주민들을 긴장시켰다.[35]「산림령」시행과 더불어 山訟문제와 재산소유권 분쟁은 비일비재하게 발생하였다. 관행과 전통적인 의식은 이러한 문제를 자신의 사회적인 존재가치로서 확대하는 경향을 지닌다.[36]

이러한 가운데 근대교육에 대한 관심도 점차 나타나기 시작하였다.[37] 빈

월 25일 잡보「南方靑校」.

30)『만세보』1906년 8월 24일 잡보「洪州就新」.

31)『황성신문』1906년 12월 22일 잡보「果則官免」.

32)『대한매일신보』1909년 12월 21일 잡보「면장불법」;『大韓每日申報』1909년 12월 22일 잡보「面長不法」.

33)『大韓每日申報』1907년 7월 21일 잡보「兵必生斃」.

34)『大韓每日申報』1910년 5월 28일 잡보「火起無根」.

35)『황성신문』1909년 4월 16일 잡보「洪州區裁」.

36)『황성신문』1909년 4월 16일 잡보「何故禁止」.

37) 충청남도교육연구원,『충남교육사』, 1982, 189쪽 ; 김영우,「한말의 사립학교에 관

번한 물물교류와 다양한 경험은 새로운 사회질서의 재편을 요구하는 계기
였다. 더욱이 개신교 전래는 가치관의 변화를 초래하는 기폭제나 다름없었
다.38) 교세확장을 위한 선교사업은 당시 주민들의 실생활 요구에 부응하여
이루어졌기 때문이다. 그런 만큼 영향력도 점차 배가되었다.

2) 계몽단체의 활동

국채보상운동은 이러한 가운데 요원의 불길처럼 전국적으로 확산되었다.
이는 상하귀천·남녀노소에 관계없이 거족적인 참여와 열기로 이어졌다.
단지 13세인 張鳳春은 일찍이 개인적으로 서울의 국채보상총합소에 의연금
을 보냈다.39) 모범적인 사례와 미담은『황성신문』·『대한매일신보』등을
통하여 신속하게 보도되었다. 특히 광천 소룡동에 설립된 대한매일신보 지
사는 이를 전하는 창구였다.40)

이곳 의연금 모집은 동리 단위나 학교별·관청별로 대부분 이루어졌다.
이에 대한 보도는 주민들로 하여금 참여를 촉발시켰다. 동리 단위인 지역
별이나 문중을 중심으로 나타난 명단·의연금액 등 대체적인 윤곽은 이를
반증한다.41) 홍주세무소 임직원 일동은 이러한 분위기를 주도하고 나섰다.

한 연구〈Ⅰ〉」,『교육연구』1, 공주사범대학, 1984, 10쪽.
　　이곳 최초 사립학교는 1900년 설립한 '永明學校'라고 하였다. 이에 관한 구체적인
　　자료나 근거 등은 전혀 제시하지 않았다.
38) 김경수,「한말·일제하 홍성지방의 감리교 수용과 확산, 지역엘리트의 형성」,『한
　　국기독교와 역사』19, 한국교회사연구소, 2003.
39)『大韓每日申報』1907년 4월 5일 잡보「張童出演」.
40)『대한매일신보』1907년 6월 20일 사고「대한미일신보 각쳐 지샤 광고」.
41)『대한매일신보』1907년 4월 16일 광고, 5월 20일 광고, 7월 4·10일 광고 ;『大韓
　　每日申報』1907년 4월 7일 광고「洪州郡城枝面山陽里」·「洪州郡城枝面下梧里」,
　　4월 16일 광고「洪州上田면水동」, 5월 22일 광고「忠南洪州郡化城面」, 5월 23일
　　광고「洪州高南面紙谷里」, 7월 4일 광고「忠南홍州郡烏史面華田里」, 7월 5일 광
　　고「忠南洪州郡열方面」;『황성신문』1907년 6월 4·20·27일 광고, 7월 3일 광고.

세무관 이윤영과 주사 정최섭 등은 37환을 모금하여 황성신문사로 보냈다.[42] 특히 번천면 유학 朱台煥과 전진사 黃允秀 등의 국채보상기성회는 이를 주도한 중심단체였다. 이들은 취지서를 통하여 전주민의 동참을 호소하였다.[43] 취지에 공감한 주민들은 의연금 모금에 적극적으로 동참하는 등 지원을 아끼지 않았다. 관내 모금운동 확산은 「취지서」 발표를 이후 급속하게 확산되었다. 홍주군의금수집소 운영은 당시 분위기를 그대로 보여준다.[44] 이러한 모금방식은 대부분 농촌지역에서 통용되고 있었다. 향촌공동체 원리는 1862년 농민운동과 갑오농민전쟁을 비롯하여 국채보상운동에 도입됨으로써 진가를 발휘하는 계기였다.[45]

반면 여성단체에 의한 모금 활동은 전혀 없었다. 당시 이곳에 조직된 여성단체는 흔적조차 찾을 수 없을 만큼 전무한 상황이었다.[46] 이는 남존여비 등 전통적인 강고한 인습이 여전히 영향력을 발휘한 지역적인 특성을 반증한다. 홍주군 유생에 대한 비판은 이와 무관하지 않다.[47] 물론 여성들 개개인의 국채보상운동 참여조차 없었다는 의미는 아니다. 이 운동은 전국적으로 여성 참여 속에서 진전되었다.

한편 외세 침략의 가속화와 더불어 의무교육은 자강론자의 주요한 관심사였다. 대한자강회 의무교육론은 중추원 의결을 거쳐 각의에서 통과되었

42) 『황성신문』 1907년 3월 19일 광고 「洪州稅務所」.
43) 『大韓每日申報』 1907년 6월 7일 잡보 「洪州郡 番川면國債報償期成會趣旨書」;『만세보』 1907년 6월 8일 잡보 「洪州郡番川面國債報償期成會趣旨書」.
44) 『大韓每日申報』 1907년 6월 4일 잡보 「支所送金」.
45) 정내수,「일제강점기 홍성지방의 민족운동과 사회운동」,『충청남도 내포지역 지역엘리트의 재편과 근대화(Ⅲ)』, 134쪽.
    홍성지역 국채보상운동의 특징으로 농민이나 머슴살이하던 빈민층의 참여와 자연부락 단위 참여가 많았다고 지적하였다. 이는 자율적인 '강제력'에 의한 향촌공동체적 지배질서에 입각한 모금방식이었다(김형목,「대한제국기 인천지역 근대교육운동 주체와 성격」,『인천학연구』 3, 인천학연구원, 2004, 93쪽). 다른 지역도 이러한 방법을 운영함으로써 많은 주민들 참여를 유도할 수 있었다.
46) 박용옥,『한국근대여성운동사연구』, 한국정신문화연구원, 1984, 124~125쪽.
47) 『대한매일신보』 1909년 12월 12일 잡보 「시ᄉ평론」.

다. 그러나 통감부는 '시세와 민도에 적합한 교육'을 핑계로 의무교육 시행
을 좌절시켰다. 漢城府民會·馬山民議所·金海農務會 등은 지방자치제 시
행을 위한 일환으로 '제한적인' 의무교육을 실시하였다.[48] 주민 부담에 의
한 사립학교 설립·운영은 바로 의무교육이나 마찬가지였다. 이동휘는 강
화도를 비롯한 이북지방에 100여 보창학교지교를 설립하는 등 의무교육과
관련된 중심적인 인물이었다.[49]

대한협회도 100여 지회를 설립 인가하는 등 문화계몽운동 확산에 노력을
기울였다. 충남지방 지회는 홍주·직산·정산·은진·부여 등이었다.[50] 식
민지화에 대한 위기의식은 이러한 변화를 초래한 요인이었다. 특히 서북학
회·교남학회 등 활동도 이에 대한 관심을 촉발시켰다.[51] 현재까지 도내
직산지회를 제외한 나머지 지회원이나 활동상은 거의 파악할 수 없다. 근
대교육기관 설립·후원 등은 중요한 활동영역임을 짐작할 수 있을 뿐이다.
다만 金佐鎭·李相麟 등의 대한협회 홍주지회원 주장은 재고를 요한다.[52]

기호흥학회도 지회 설립인가에 나섰다. 충남지방 최초로 서산지회는
1908년 5월 10일에 설립인가를 받았다.[53] 朴相會 등 76명이 지회 설립인가
를 청원하자, 본회는 시찰 중지와 동시에 이를 認許하였다. 홍주지회는 이

48) 김형목, 『1910년 전후 야학운동의 실태와 기능』, 중앙대박사학위논문, 2001, 46
~50쪽.
49) 윤완, 『조선 통감부시기 민립사학의 교육구국활동에 관한 연구』, 단국대박사학위
논문, 1997, 180~181쪽 ; 김형목, 「한말 경기지역 야학운동의 배경과 실태」, 『중앙
사론』 10·11, 중앙사학연구회, 1998, 180~181쪽.
50) 김도형, 『대한제국기의 정치사상연구』, 지식산업사, 1994, 148쪽.
51) 『황성신문』1907년 7월 13일 잡보「湖西學會趣旨書」.
52) 중앙일보사, 『인물로 본 한국사』, 편집부, 1973, 261쪽 ; 윤병석, 『백야 김좌진』,
중앙서관, 1983, 112·365쪽 ; 김항구, 『대한협회(1907~1910)연구』, 단국대박사학
위논문, 1992, 87쪽 ; 홍주대관편찬위원회, 『홍주대관』 상, 홍주군, 2002, 360쪽.
『대한협회회보』나 당시 간행물 등은 이들의 회원임을 밝힐 수 있는 자료가 전무
하다. 물론 회원으로서 가능성은 전혀 배제할 수 없다. 이들 활동이나 행적도 보
다 엄밀하고 정치한 파악이 요청된다.
53) 편집부, 「본회기사, 회사일람」, 『기호흥학회월보』 2, 56쪽.

듬해 설립인가를 받았다. 초기 임원진은 지회장 徐丙台, 부회장 金始元, 총무 徐承台, 교육부장 張彝煥, 재정부장 李浦鍾, 회계 玄碩東, 서기 李允浩·李徹培, 간사 韓永旭·李璨世, 평의원 金敎興 외 10명 등이었다.[54] 곧이어 지회장 김병수, 부회장 김열제, 찬무장 김병익, 평의원 金佐鎭·金顯復·李殷璟 등 임원진 교체가 있었다. 이 시기를 전후하여 김좌진 등 안동김씨 문중인사가 대거 지회원으로 가담하였다.[55] 충남지방에 설립인가된 지회는 〈표 1〉과 같다.

〈표 1〉 기호흥학회 충남지방 지회현황[56]

지회명	지회장	부회장	주요 부서명	회원수	설립인가일
瑞 山	金永年	任命宰	총무부, 교육부, 재정부, 회계, 서기, 간사, 평의원	76	1908.5.10
海 美	-	-	-	36	1908.7.12
公 州	-	-	-	30	〃
木 川	沈衡澤	尹重燮	총무부, 교육부, 재정부, 회계, 서기, 간사, 찬무원, 평의원	81	1908.8.9
連 山	-	-	-	34	1908.9.13
唐 津	印弘洙	姜大潤	목천과 동일	32	1908.9.27
洪 州	徐丙台 (金炳秀 李充浩)	金始元 (金烈濟)	목천과 동일	53	1909.1.16
靑 陽	金容玹	趙載道	총무부, 교육부, 재정부, 회계, 서기, 간사, 평의원	46	1909.2.20

* 괄호 안은 후임자임.

---

54) 편집부, 「회중기사, 지회임원급회원명부(홍주군)」, 『기호흥학회월보』 7, 56~57쪽.
55) 편집부, 「회중기사, 홍주군지회 임원개선명부」, 『기호흥학회월보』 9, 49쪽.
56) 김형목, 「기호흥학회 충남지방 지회 활동과 성격」, 42쪽.
    지회원은 인식 변화에 따른 활동영역 확대와 더불어 약간씩 증가하는 상황이었다. 홍성지회도 이러한 분위기를 엿볼 수 있다. 그런데 주요한 지회원인 김좌진은 설립인가 이후 가입한 것으로 보인다.

〈표 1〉에 나타난 바처럼, 지회 조직은 본회와 매우 유사한 체제였다. 목천·홍주·당진 경우는 찬무원 제도를 도입하는 등 약간 변화를 보인다. 지회원수는 목천·서산·홍주 순이었다. 관찰부인 공주지회원은 30여 명으로 '비교적' 소규모였다. 이는 전통적인 가치관이 상존하는 보수적인 지역특성과 무관하지 않다.[57] 이후 시세변화와 더불어 점차 유생들도 전통적인 가치관에서 탈피하였다.

지회의 주요 활동은 근대교육기관 설립·후원과 주민에 대한 계몽이었다.[58] 전통적인 교육기관인 사숙·의숙 폐지 주장은 이러한 맥락에서 비롯되었다. 지회원들은 사숙의 운영자들을 '村學究家'로서 약육강식이 지배하는 생존경쟁에 적응할 수 없는 존재로 인식하였다.[59] 서당 개량화도 이러한 인식 변화에서 비롯되었다. 물론 급격한 교육제도·내용·방법 등 변화는 전통과 단절됨으로써 혼란·갈등을 일으켰다. 교사양성제도·교과서 발간·교육시설 등이 제대로 준비되지 않은 상황에서 추진되었기 때문이다.[60]

이러한 가운데 홍주에 거주하는 李商顯은 개성교육총회 창립1주년을 맞아 후원금 50전을 기부하였다.[61] 이 단체는 개성지역 사립학교설립운동을 주도하고 있었다. 보창학교지교나 培義學校·光明學校 등은 단체에서 운영한 대표적인 사립학교였다. 또한 치사면장 金基兆도 관내 가가호호를 방문하여 근대교육 중요성을 강조하고 나섰다.[62] 주민들의 근대교육에 대한 인

57) 『황성신문』 1908년 8월 20일 잡보 「湖士發論」; 『대한매일신보』 1909년 11월 13일 잡보 「셔당과 학교」; 『大韓每日申報』 1909년 11월 13일 학계 「書堂何多」.
58) 『황성신문』 1908년 8월 9일 논설 「私塾을 宜一切打破」, 8월 12일 잡보 「敎師紹介」.
59) 皇成子, 「雜俎; 私塾을 一切打破」, 『기호흥학회월보』 1, 40~41쪽.
60) 『황성신문』 1908년 7월 24일 잡보 「支會長報告」, 8월 29일 잡보 「私塾通則」; 『대한매일신보』 1908년 11월 1일 기서 「학교는 잇셔도 교ᄉ가 업는 혼탄」; 『大韓每日申報』 1908년 11월 3일 논설 「有學校無敎師之歎」.
61) 『大韓每日申報』 1907년 7월 13일 잡보 「總會紀念의 補助」.
62) 『大韓每日申報』 1908년 6월 26일 잡보 「김氏熱心」.

식변화는 이를 통하여 부분적이나마 엿볼 수 있다. 더욱이 홍주경찰서 경부 崔建鎬는 근대교육 확산을 위하여 관내를 직접 방문하는 등 주민들 설득에 앞장섰다. 여가시는 관내 학교 명예교사로서 자원하는 등 노력을 아끼지 않았다.[63]

3. 근대교육운동의 실태

1) 근대교육기관 현황

1890년대 중반 이후 시무책 일환으로 전·현직 관료와 지식인들은 사립학교를 설립하였다. 이들에게 근대교육은 '시무책=부국강병책'으로 인식되었다. 이는 점차 지방으로 확산되는 등 커다란 반향을 불러 일으켰다. 특히 유림의 본고장인 안동·밀양 등지에 설립된 사립학교는 시사하는 바가 적지 않다.[64] 우리 근대교육의 사립학교에 의한 주도는 이러한 역사적인 연원에서 비롯되었다. 또한 각처에 유입된 일본인들은 자제교육에 매우 열성적이었다. 이는 주민들로 하여금 '동경과 의구심'을 촉발시키는 커다란 자극제였다. 당시 일본인 학생수는 10,590여 명에 달할 정도로 학령아동 대부분이 취학하고 있었다.[65]

갑오개혁 이래 홍성인 鄭泰鎭은 서울에 많은 사립학교 설립 소식에 즉시 상경하여 입학하였다. 당시 그는 나이 23세에 달하는 청장년이었다. 『황성

---

63) 『황성신문』1908년 7월 23일 잡보 「崔氏勸學」, 10월 29일 잡보 「警察明瞭」.
64) 김성준, 「경남 밀양 근대교육의 요람 정진학교 연구-이병희의 사상과 그 일문의 창학이념에 관련하여-」, 『국사관논총』23, 국사편찬위원회, 1991 ; 김형목, 「사립 홍화학교(1898~1911)의 근대교육사상 위치」, 『백산학보』50, 백산학회, 1998, 295~297쪽.
65) 『황성신문』1908년 10월 7일 논설 「擧居留日人學校호야 告我大韓人士」. 『황성

신문』은 그의 향학열에 대한 극찬을 아끼지 않았다.[66] 그런데 사립학교 설
립에 의한 이곳 근대교육은 전혀 시행되지 않았다. 을사늑약 이후 지방관
등은 근대교육에 대한 관심을 나타내었다.

홍주군수 金祥演은 서울에서 교사직(양정의숙과 광신상업학교 : 필자주)
을 버리고 관료로 나선 인물이다.[67] 그는 자신의 정치이념을 실지에 활용
하려는 입장이었다. 이는 향중부로들을 효유하는 한편 이를 통하여 지방자
치제를 실시하려는 의도에서 비롯되었다.

> 洪州郡守 金祥演氏가 一百二十餘圜의 月俸을 受ᄒ고 京城 各學校에 從
> 事ᄒ다가 四十餘圜 薄祿에 不過ᄒᄂ 洪州郡守를 被任ᄒ야 到任홈은 其
> 所학ᄒ 政治學을 實地에 應用ᄒ야 地方政治를 刷新코ᄌ홈이어늘 人民이
> 其本意를 不知ᄒᄂ 故로 각地 揭示ᄒ고 有知鑑ᄒ 父老를 會集ᄒ야 地方
> 自治行政의 方針을 說明ᄒ고 舊式의 訴訟節次를 改良ᄒ야 自治制度의
> 基本을 立홀터인딕 如此ᄒ다가 其意見딕로 成治 못ᄒ고 一向前習을 未
> 改ᄒ야 開明ᄒ 政治를 行키 不能ᄒ면 辭職상경ᄒ겟다고 其親友에게 書
> 簡ᄒ얏다더라.[68]

그는 시세변화에 부응한 민권신장을 위한 일환으로 지방관에 부임하였
다. 그의 의도와 달리 현지 사정은 크게 개선되지 않았다. 인습이 강고하게
잔존한 현실은 새로운 사회질서를 모색하는데 커다란 걸림돌이나 마찬가
지였다. 새로운 사회건설론은 황성신문사에 대한 여러 차례 의연과 3차례
에 걸친 청원으로 이어졌다.[69]

66) 『황성신문』 1898년 10월 29일 잡보 「學而時習」.
67) 『만세보』 1907년 3월 21일 잡보 「兩校敎師新聘」, 3월 24일 잡보 「餞別敎師」·「養
正學徒削髮」 ; 『황성신문』 1907년 3월 25일 잡보 「養塾剃髮」.
68) 『大韓每日申報』 1907년 4월 16일 잡보 「洪슈圖治」.
69) 『황성신문』 1907년 3월 25일 사고 「文明錄」, 4월 27일 사고 「문명록」, 5월 6일 사
고 「문명록」, 8월 31일~9월 4일 잡보 「洪倅請願」.

홍주경찰서 경부 최건호는 각 동리를 방문하여 근대교육의 중요성을 설
파하였다. 또한 관내 교육기관에 대한 지원은 물론 명예교사로서 나섰
다.[70] 이에 주민들도 근대교육운동에 동참하는 등 후원을 아끼지 않았다.
상서면장 韓星(聲)敎는 근대지식 보급을 위한 신문구독을 권장하였다.[71]
그에 대한 주민들 절대적인 신임은 이와 무관하지 않았다.

> 忠南 洪州郡 上田面面長 韓星敎氏는 臨事에 綜詳홀뿐아니라 開明的思想
> 으로 面內人民을 懇懇勸諭ᄒ야 各項新聞을 一一分傳ᄒ되 貧難購覽者는
> 自擔支給ᄒ고 稅錢駄價를 折半蠲減홈으로 該面人民이 其德를 感服ᄒ야
> 每戶에 租一斗式捐助ᄒ되 一切辭而不受혼다고 稱頌이 浪藉ᄒ다더라.[72]

기호흥학회 홍주지회는 교육열 고조에 따라 주민 부담에 의한 3면1교제
시행을 계획하였다. 이는 주민 부담에 의한 '의무교육'이나 마찬가지였다.
유곡면 월현리 홍명학교는 金炳穆·金始元·趙重獻·尹滋鼎 등에 의하여
설립되었다.[73] 임원진은 관찰사인 교장 金嘉鎭, 부교장 이정식, 교감·학감
김시원, 총무 김병목, 평의장 윤자정, 찬성장 金祥演, 회계 鄭寅五, 교사 李
康寅·李若雨 등이었다. 운영자는 체제 정비와 아울러 학기시험을 실시하
는 등 향학열을 고취시켰다.[74] 100여 명에 달하는 학생은 갑·을·병 3반으
로 나누어 가르쳤다. 운영비 부족으로 학교가 폐교에 직면하자, 생도 李相

---

70) 『황성신문』 1908년 7월 23일 잡보 「崔氏勸學」.
71) 『대한매일신보』 1909년 11월 20일 잡보 『면장공경』, 1910년 3월 19일 잡보 「과연
　　면장이로고」 ; 『大韓每日申報』 1909년 11월 20일 잡보 「面長美績」, 1910년 3월 19
　　일 잡보 「面長有人」.
72) 『황성신문』 1910년 3월 18일 잡보 「面長稱頌」.
73) 『황성신문』 1907년 7월 22일 잡보 「金氏專力」 ; 『大韓每日申報』 1907년 8월 11일
　　잡보 「洪明新校」, 9월 22일 광고 「忠淸南道 洪州郡 酉谷面 月峴里 私立洪明學校
　　發起員」.
74) 『大韓每日申報』 1907년 9월 22일 잡보 「洪校春試」, 1908년 11월 28일 잡보 「洪校
　　秋期」 ; 『대한매일신보』 1908년 1월 21일 잡보 「홍명학교시험」.

鳳・趙仁鎬・兪學鎭・趙聖熙・趙厚道・金台元・李周衡・金晚同・金後甲
등 9명은 이를 개탄한 나머지 단지동맹을 결행하였다. 이들은 군수와 기호
흥학회 홍주지회에 학교 발전책을 요청함으로써 전국적인 관심을 불러 일
으켰다.75) 전참봉 趙重憲은 삼천환 기부를 약속하였다. 폐교로 인하여 이
기부금을 기호학교로 주자는 의견도 개진되었다.76)

관내 남산에 거주하는 李南(湳)鍾도 朝陽學校를 단독으로 설립하였다.
우수한 내외국인 교사를 초빙, 학비 부담 등은 근대교육에 대한 그의 열의
에서 비롯되었다. 유지신사의 냉담한 반응에도, 그는 육영사업을 중단하지
않았다.77) 金炳翊・金炳秀・金炳鴮・金善圭・尹泌 등도 이듬해 호명학교를
설립하였다. 이들은 판서・의관・군수 등을 거친 전직 관료로서 윤필을 제
외하고 안동김씨 문중인들이었다.78) 이는 개명한 문중에서 설립한 '門中學
校'나 다름없었다. 김병익을 비롯한 갈산 안동김씨 200여 명은 救世軍支營
을 설립하였다.79) 유지인사 20여 명도 찬성원으로 가담하는 등 재정적인
지원에 나섰다. 또한 임원들은 법률전문과를 설치하여 근대사회 시민으로
서 준법정신을 고취시켰다.80) 이는 사립학교 설립을 유도하는 '기폭제'로

---

75) 편집부, 「회중기사, 홍주군지회보고서」, 『기호흥학회월보』7, 55~56쪽 ; 「학계휘문,
    단지동맹」・「회중기사; 洪州郡支會報告書」, 『기호흥학회월보』8, 66쪽・67~68쪽 ;
    『大韓每日申報』1909년 2월 19일 학계「斷指同盟」;『대한매일신보』1909년 2월
    19일 잡보「단지동밍」;『황성신문』1909년 3월 9일 잡보「裂指請願」.
76) 『황성신문』1909년 10월 28일 잡보「趙李相持」.
77) 『황성신문』1907년 7월 22일 잡보「金氏專力」;『大韓每日申報』1909년 12월 12일
    사회등.
78) 『황성신문』1908년 11월 1일 잡보「湖明有望」;『大韓每日申報』1908년 11월 1일
    잡보「湖西有人」.
    지금까지 백야 김좌진에 대한 연구는 호명학교 설립의 중심인물로서 파악하였
    다. 이에 대한 보다 엄밀한 사료비판과 아울러 천착이 요구된다. 이 학교와 관련된
    구체적인 사료는 아직까지 찾을 수 없는 상황이다. 다만 학교 운영비 등에 대한
    그의 재정직인 지원은 추측할 수 있다(이성우, 「백아 김좌진의 국내 민족운동」,
    『홍성지역 독립운동의 전개와 독립운동가』, 126~127쪽).
79) 『大韓每日申報』1909년 8월 12일 잡보「葛山救營」.
80) 편집부, 「학계휘문, 홍주호명」, 『기호흥학회월보』11, 48쪽.

작용하였다. 특히 崔秉昌 등이 설립한 金蘭義塾은 畿湖學校 지교로서 인가를 받았다.[81] 금난의숙은 충남에서 지교로서 인가를 받은 최초 교육기관이었다.

덕명의숙(학교)은 1908년 발기인 徐承台, 찬성장인 군수 윤필 등에 의하여 설립되었다.[82] 이들은 설립취지서를 통하여 목적과 校名이 지닌 의미를 밝혔다. 이는 근대교육 수용과 전통교육 계승이라는 측면에서 중요한 의미를 지닌다. 민족교육은 이러한 분위기와 무관하지 않기 때문이다. 홍주지회는 덕명학교가 전주민 호응을 받는 등 기호지역 모범학교로서 본회에 보고하였다. 이 학교는 朴昌秉·李充浩·徐台錫 등의 활동과 주민들에 의하여 운영된 '의무학교'인 面立學校였다.[83] 1910년 7월 거행된 제1회 졸업식은 홍성지역 초유의 경사나 다름없었다.

> 洪州郡 躬耕面 私立德明學校에서 第一回卒業式를 設行ᄒ엿ᄂᄃᆡ 卒業生은 徐弘模 徐承完 徐鳳錫 金尙會 鄭寅海 徐萬東 尹斗永 成基榮等 八人이라. 本郡守 尹泌氏의 空冊圖書의 優數賞品과 該郡興學支會代表者 李充浩氏의 勸勉演說이 有ᄒ고 遠近男女의 觀光이 人海을 成ᄒ엿스며 該校ᄂᆞ 此回卒業後에 廢止ᄒᆯ 悲運를 致ᄒᆷ으로 任員의 朴昌秉 徐台錫 方哲谷 李熙鴻 四氏와 卒業生 八人이 校主 徐承台氏의 四年間隻手維持ᄒᆫ 熱心에 感激奮發ᄒ야 鄕人士와 團體維持ᄒ기로 學父兄會를 組織ᄒ엿다더라.[84]

---

81) 편집부, 「회중기사」, 『기호흥학회월보』9, 44쪽.
82) 『逸農徐先生興學紀念碑(홍성군 광천읍 덕명초등학교 내 소재)』 ; 『황성신문』 1909년 4월 17일 잡보 「洪倅의 熱心勸學」, 1910년 7월 5일 잡보 「洪倅獎學」 ; 유한철, 「홍주성 의진의 조직과 활동」, 『한국독립운동사연구』4, 37쪽.
  덕명학교는 1907년 설립되었다고 한다. 설립취지서에 나타난 기록에 따르면, 설립년대는 1908년이었다. 학교 설립에 동참하거나 지원한 인물도 군수인 윤필과 朴秉昌·李充浩·徐台錫 등을 비롯한 기호흥학회 홍주지회원 등이었다(기호흥학회, 「홍주군지회보고서」, 『기호흥학회월보』8, 67쪽).
83) 『황성신문』 1909년 3월 9일 잡보 「德明報明」.
84) 『황성신문』 1910년 7월 27일 잡보 「德校卒業과 維持」.

학교가 재정난으로 폐교할 지경에 이르자, 기호흥학회 회원과 졸업생 8명
이 학부형회 조직 계획을 밝혔다. 목적은 덕명학교 유지와 교육내실화를
도모하는 데 있었다.

정리학원은 일본에서 유학하고 귀국한 유석우에 의하여 설립되었다. 이
는 귀향 후 부진한 근대교육을 널리 보급시키는 의도였다. 그는 학교 설립
에 주도적인 역할뿐만 아니라 명예교사로서 자원하는 등 열성을 다하였다.
이에 朴陽來・朴成來・毛基俊・田慶一・金商淑 등은 다수 의연금을 출연함
으로써 교세를 확장할 수 있었다.[85]

화성면 광명의숙 설립에 언론은 찬사를 아끼지 않았다.[86] 발기인 대부분
은 유림으로서 유림계의 모범적인 사례로 언급하였다.

> …(상략)…지금에 홍쥬의 졔씨가 광명의숙을 셜립ᄒ엿다는 말을 듯고
> 회불ᄌ승흠으로 바름을 의지ᄒ여 붓을 들고 멀니 츅하ᄒ노라.
> 대뎌 유림가 졔씨는 뎌 로동ᄒᄂ 동포와 달나셔 구학문의 근거가 잇ᄂ고
> 로 신지식을 발달ᄒ기 쉬우며 졍신으로 단결흠이 잇ᄂ고로 샤회의 셜질
> 을 양셩ᄒ기 쉬우니 ᄯᅩᄒᆫ 그 명망과 셰력이 ᄒᆼ샹 일도 일군에 놉혓던고
> 로 ᄉ방을 풍동케ᄒ기 쉬우니 유림졔씨가 ᄒᆫ번 ᄭᅵ드르면 일국에 유신ᄉ
> 업이 발젼되기가 아조 쉬울지라. 그런고로 광명의숙을 셜립ᄒᆫ 쟈 졔씨를
> 위ᄒ여 ᄇ라고 다시 ᄇ라노라.
> 홍쥬는 심삼도 삼빅여군즁에 ᄒᆫ 고을이오. 광명의숙 셜립쟈 졔씨는 홍쥬
> 유림즁에 ᄒᆫ 부분이니 이 광명의숙 ᄒᆞ나 발긔된거ᄉ로 엇지 유림계 젼톄
> 에 광명을 ᄆᆞᆫ든 거시라 ᄒᆞ리오마는 …(중략)… 홍쥬의 신ᄉ들이여 ᄆᆞᆷ
> 은 적으지라도 담은 적게ᄒᆞ지 말지어다.[87]

---

85) 『대한매일신보』 1909년 4월 7일 잡보 「유씨열심」 ; 『大韓每日申報』 1909년 4월 9일
   학계 「庚氏熱心」, 4월 23일 학계 「整理有院」.
86) 『大韓每日申報』 1910년 2월 5일 학계 「廣明將明」, 2월 8일 논설 「賀洪州廣明義塾」,
   6월 16일 학계 「廣明漸明」 ; 『대한매일신보』 1910년 2월 5일 잡보 「광명의숙셜립」,
   6월 17일 잡보 「광명의숙진취」, 6월 30일 잡보 「광명학교흥왕」.
87) 『大韓每日申報』 1910년 2월 8일 논설 「賀洪州廣明義塾」 ; 『대한매일신보』 1910년
   2월 8일 논설 「홍쥬의 광명의숙을 하례ᄒ노라」.

이를 계기로 전국적인 주목과 아울러 교세는 거듭 발전할 수 있었다. 특히 김영규·이형종·최병현 등 생도들은 향학열로 이에 호응하고 나섰다.

오사면 화전에 거주하는 黃耆淵은 청년들 몽매함을 개탄하여 면장 金鳳喜와 유지신사 申斗鉉·鄭寅好·申九鉉·安商熙·李充浩 등과 함께 화명의숙을 설립했다. 임원진은 숙장 황기연, 숙감 신두현, 교사 文章勳·李秉直 등이었다. 1909년 11월 11일 거행된 개교식에서 이충호 축사와 趙先夏 연설이 있은 후 9세 黃七石의 격절한 답사로 박수갈채를 받았다. 현장에서 모금된 의연금은 60여 원이오, 면내 농민들은 매년 논 1두락당 조 2승씩 기부하기로 결의했다.[88]

이와 더불어 야학도 설립되는 등 주경야독하는 분위기를 조성시켰다. 사회진화론 확산에 따른 근대교육에 대한 인식 변화는 이를 추진하는 요인이었다. 국문야학과 상명노동야학교는 이곳을 대표하는 야학이나 마찬가지였다. 야학은 교육열 고조에 부응한 '대안학교'였다. 당시 설립된 '대표적인' 근대교육기관은 〈표 2〉와 같다.

〈표 2〉는 당시 설립된 모든 근대교육기관을 의미하지 않는다. '비교적' 널리 알려진 교육기관이 여기에 제시될 뿐이다.[89] 사립학교설립운동은 1907년 시작된 이래 1908~1909년에 절정기였다. 전반적으로 근대교육이 부진한 호서지방 분위기는 이곳에도 그대로 나타난다. 특히 「사립학교령」 시행 이후인 1909년에 근대교육기관이 설립된 사실은 지역적인 경향성을 보여준다. 한말 지역적인 특성과 관련하여 이곳은 여성교육이 전무하다는 점이다.

---

88) 『황성신문』 1909년 12월 23일 잡보 「烏史復華」.
89) 주옥로, 「팔명학교를 찾아서(2)-호명학교-」, 『홍주문화』 2, 홍주문화원, 1991, 12~13쪽.

〈표 2〉 한말 홍성지역 근대교육기관 현황[90]

년도	학교명	소재지	설립·교사	교과목	전거
1907	홍명학교	유곡면 월현리	金秉穆;설립자,金祥演;찬성장,尹滋鼎;평의장,金嘉鎭;교장,李정植;부교장,金始元;교감·학감,이강인·이약우;교사	심상과 고등과;100(4반)	『기호』7·8·9;大1907.7.21 8.11,9.22,9.24,9.25(취지서) 1908.1.22,3.6,11.28 1909.2.19;대1908.1.21 황1907.7.22.,1908.11.25 1909.2.17.,3.9,10.28 『기호』8
	조양학교	읍내 동문 외	李南鍾;교주 내외국교사 초빙	신학문,외국어	황1907.7.22. 大1907.7.21
1908	호명학교	갈산	김병익(전판서)·김병수(전군수)·김선규(전군수);교사	법률전문과정 부설	大1908.10.31.,11.1,11.24 황1908.10.31.,11.1 『기호』11;중외1930.2.16
	덕명학교	궁경면덕정리	서승태;교주·발기인,박창병(이승욱);교장,방철용;학감,이창규·이은규;교사,윤필;찬성장	지지·역사·산술,어학·작문·습자	大1908.9.25,1909.12.25 황1909.3.9,1910.7.27 경1909.4.30,5.14 『기호』8
	국문야학	홍명학교내	김시원;교사	국문·한문·산술;다수	大1908.1.22
1909	화명학숙;화명학교	오사면 화전	黃耆淵;숙장,申斗鉉;숙감,文章勳·李秉直;교사		황1909.12.23;大1909.12.24
	정리학원	북문외 교동	유석우,유지제씨	보통학문;다수	대1909.4.7;大1909.4.9,4.23
	광명의숙	화성면	유지제씨,李奎應;숙장,金永善;숙감,林承周;교사·학감,조원하;회계	신학문;60	대1910.2.5,2.8,6.17,6.30 大1910.2.5,2.8,6.16
	금란의숙	홍주	최병창	신·구학절충	『기호』8·9
	상명노동야학교	덕명학교내	이승욱;교장,이창규·이은규;교사	국문·한문;30	경1909.4.30,5.14
1910	동명학교	홍동면	趙昇元(금마면장);교장,洪鍾起;강사		황1910.7.7. 『홍양』

90) 대는 『대한매일신보(국문판)』, 大는 『대한매일신보(국한문판)』, 황은 『황성신문』, 경은 『경향신문』, 중외는 『중외일보』, 기호는 『기호흥학회월보』, 홍양은 『홍양사』 등을 각각 의미한다. 일부 연구자는 홍성지역 최초 근대학교로 1900년 설립된 영명학교를 언급하였다. 이 학교는 같은 해 홍주공립소학교, 1907년 홍주공립보통학교로 변경되었다고 한다. 그런데 설립자·교사·교육과정 등 구체적인 전거를

한편 교과과정은 교육운동 주체의 인식을 반영한 점에서 의미하는 바가
크다. 이곳 교육기관 설립주체는 대부분 전·현직관료와 재야 유생들이었
다. 그런데 이들은 한글을 주요한 교과목으로 하는 국문야학을 설립하였다.
한글에 대한 인식변화는 곧 근대교육 시행에 주요한 요인으로 귀결되었
다.[91] 한글은 '단순한' 文字解讀만을 위한 수단이 아니라 민족정신·민족의
식을 일깨우는 주요한 원천이나 마찬가지였다. 민중에 대한 애정·신뢰감
은 이들을 무지로부터 '해방'시키는 등 근대교육 수혜로 이어졌다.[92] 수업
료는 물론 교재까지 무료로 제공하는 등 이들을 사회적인 존재로서 인식하
기에 이르렀다. 전통교육과 근대교육 절충은 바로 야학 운영이었다.

2) 운동 주체

근대교육 보급에 따라 일부 지방관은 흥학을 '막중한' 직무로서 인식하였
다.[93] 주민들도 지방관을 교장으로 내세우는 등 학교 설립·운영에 동참을
요청하고 나섰다. 호명학교장으로 공주부관찰사 金嘉鎭 취임도 이러한 일
환으로 보인다. 이들 중 상당수는 계몽단체 지회를 설립하거나 사립학교
설립을 지원하였다. 지회는 사실상 유지들과 지방관 주도 속에서 설립되었
다. '한일합병' 직전까지 설립된 6,000여 개교 사립학교는 이를 기반으로 이

찾을 수 없다. 이에 대한 사실 여부도 홍성지역 근대교육과 관련하여 앞으로 밝
혀야할 중요한 부분이다.
91) 『대한매일신보』 1908년 1월 29일 논설 「국문학교의 증가」 ; 『大韓每日申報』 1908년
1월 26일 논설 「國文學校의 日增」.
92) 김형목, 「한말 국문야학 성행 배경과 성격」, 『한국독립운동사연구』 20, 한국독립
운동사연구소, 2003, 72쪽.
93) 군수나 관찰사 등의 근대교육 인식 여하에 따라 관내 근대교육기관 설립·운영
은 많은 차별성을 드러내었다. 주민들 부담에 의한 '의무교육'은 이러한 상황 속
에서 전개될 수 있었다. 郡立學校·面立學校·民立學校는 사실상 '의무학교'나
마찬가지였다. 일부 지방관은 이를 핑계로 토색질을 일삼는 등 근대교육에 대한
불신을 조장하는 경우도 종종 발생하였다.

루어졌다.[94] 근대교육은 일부 인사들에게 국권회복을 위한 방편으로 인식
될 정도였다.

3면1교제를 실행한 金烈濟는 기호흥학회 홍주지회 부회장이자 면장이고,
김병익은 지회원으로 찬무원을 맡는 등 재정적인 지원을 아끼지 않았다.[95]
김좌진의 서당선생인 金東益은 평의원·지회원으로 호명학교 후원에 앞장
섰다. 면장인 南耆元·朴炳武 등도 지회원으로 학교 운영에 동참하였다.[96]
지회원인 김시원·김병원·김병익·김좌진·김선규 등은 안동김씨 문중인
들로 호명학교 설립주체였다. 김시원은 홍명학교 설립 발기인이었다.

군수 윤필은 호명학교·덕명학교 등 관내 사립학교 설립·후원에 노력을
기울였다. 관내 8개 사립학교는 그의 부단한 노력에 의하여 설립되었다해
도 과언이 아니다.[97] 전통적인 가치관이 팽배한 분위기는 지방관의 흥학을
위한 활동으로 상당히 희석화될 수 있었다. 그도 역시 지회원이었다.[98] 덕
명의숙 설립자이자 교주인 서승태도 총무로서 지회원이었고, 후원자인 서
병태는 지회장으로 활약한 인물이다. 박창병은 지회 재정부원으로 활동하
였다.

지회원은 '유지신사'라 표현되는 바처럼, 지역사회에서 영향력을 발휘하
는 '명망가'였다. 정리학원 설립자와 일부 교사를 제외한 대부분은 이러한
범주에 포함될 수 있다. 이들은 지역사회의 여론을 조성하는 동시에 현안
을 실행할 수 있는 영향력과 어느 정도 경제력을 지닌 인사들이었다. 김좌
진·김병익·김병원·김시원 등 안동김씨 문중인은 대표적인 경우이다.[99]

---

94) 김형목, 「자강운동기 한성부민회의 의무교육 시행과 성격」, 76쪽.
95) 편집부, 「회중기사」, 『기호흥학회월보』 9, 46~47쪽.
96) 편집부, 「회중기사」, 『기호흥학회월보』 9, 47쪽.
97) 『大韓每日申報』 1908년 1월 14일 「七十四守」, 1월 19일 잡보 「等級不公」;『황성
   신문』 1909년 4월 17일 잡보 「洪倅의 熱心勸學」.
98) 편집부, 「회중기사」, 『기호흥학회월보』 7, 56~57쪽.
99) 『大韓每日申報』 1909년 5월 16일 잡보 「金門義塾」; 이성우, 「백야 김좌진의 국내
   민족운동」, 29~30쪽.

대부분은 전통학문을 수학하였으나, 시세 변화에 따라 신학문의 중요성을
인식하는 개신유학자였다. 여기에 지방관리 등 일부 신학문 세례를 받은
지식층이 동참하고 있었다.

이처럼 홍성지역 근대교육운동은 기호흥학회 지회원에 의하여 주도되었
다. 이들 스스로 사립학교를 설립·지원한 사실은 이를 반증한다. 더욱이
이들은 통상회·강연회를 개최하는 등 주민의 근대교육에 대한 관심을 고
조시켰다.

> 洪州郡 金洞面面長 趙昇元氏는 新教育을 反對ᄒ야 學界에 沮戲를 累加
> ᄒ으로 其感省ᄒ기를 計圖ᄒ야 該面東明學校에셔 校長으로 推選ᄒ얏는
> 디 相距咫尺에 一不出席ᄒᄂ 故로 講師洪鍾起氏가 校長이 反對ᄒᄂ 學
> 校에 教授ᄒ기가 難便ᄒ다ᄒ고 講願退去홈으로 學生一同이 右事由를 趙
> 氏에게 往言ᄒ고 出席視務ᄒ기를 勸告흔즉 趙氏가 口橫ᄒ얏든 長竹으로
> 學生을 揮打ᄒ야 被傷出血에 風波가 大起혼지라. 該部畿湖興學會支會에
> 셔 如此面長은 不可仍置라ᄒ야 面長의 任을 即爲改遞ᄒ라고 郡守와 交
> 涉흔다더라.[100]

근대교육에 무관심한 면장에 대한 사면 요구는 현지인의 교육열을 충분
하게 짐작할 수 있는 부분이다. 이러한 가운데 민중은 시세 변화를 인식하
는 동시에 "아는 것이 힘이다"와 "배워야 산다"라는 사실을 스스로 자각하였
다.[101] 동시에 사회적인 존재로서 자기 가치도 인식하기에 이르렀다. 이는
곧 교육열·향학열 고조로 이어졌다. 근대교육을 통한 자기능력 배양은 최
우선적인 관심사였다.

홍주지회는 근대교육 시행에 적극적이었다. 본회는 창립 초기 열의와 달
리, 일부 명망가 기부금에 의존하는 등 운영조차도 힘든 상황이었다.[102] 지

---

100) 『황성신문』 1910년 7월 7일 잡보 「學魔宜祛」.
101) 김형목, 「한말 충청도 야학운동의 주체와 이념」, 『한국독립운동사연구』 18, 한
　　국독립운동사연구소, 2002, 34쪽.

회원 열성과 주민들 호응은 이를 추진할 수 기반으로 작용하였다. 의병전쟁의 주역인 이세영·이상린 등의 성명학교와 서승태의 덕명학교 운영은 시사하는 바가 크다.[103] 독립전쟁론자와 실력양성론자의 통합적인 독립운동 전개는 민족운동역량을 극대화시켰기 때문이다. 유학자들의 시세변화에 대한 인식은 근대교육운동 동참으로 이어졌다. 이곳 사립학교 설립자·후원자 대부분은 재야 유생층이자 개신유학자나 다름없었다. 이러한 영향은 1910년대 大韓光復會[104]와 1920년대 후반 儒教扶植會[105] 활동으로 계승되었다.

4. 설립이념과 성격

충청도 근대교육운동은 전반적으로 지지부진한 상황이었다.[106] 이곳 주민들의 분발을 촉진시킨 단체는 기호흥학회 홍주지회였다. 특히 제2차 홍주의병전쟁은 제국주의로 발전하는 일제의 무력적인 위력을 절감하는 결정적인 체험장이었다. 인식 변화와 더불어 근대교육 중요성을 인식하는 계기도 여기에서 찾을 수 있다.

---

102) 『大韓毎日申報』 1908년 11월 8일 잡보 「畿會有光」 ; 이현종, 「기호흥학회의 조직과 활동」, 조항래 편저, 『1900년대의 애국계몽운동연구』, 아세아문화사, 19993, 416~419쪽.
103) 송용재, 편, 『홍주의병실록』, 448~449쪽 ; 유한철, 「홍주성 의진의 조직과 활동」, 『한국독립운동사연구』 4, 32~37쪽.
104) 이성우, 「대한광복회 충청도지부의 결성과 활동」, 『한국근현대사연구』 12, 한국근현대사학회, 2000, 65~68쪽.
105) 홍양사출판위원회, 『홍양사』, 9쪽 ; 김상기, 「한말 일제하 홍성지역 유림의 형성과 항일민족운동」, 『한국근현대사연구』 31, 한국근현대사학회, 2004, 97~105쪽.
106) 『大韓毎日申報』 1908년 1월 24일 논설 「畿湖人士의 第一步」 ; 『대한매일신보』 1908년 1월 28일 논설 「긔호션비의 뎨일 첫거름」 ; 俞鎭泰, 「畿湖學會 前後十年」, 『三千里』 4월호, 삼천리사, 1930, 21~25쪽.

洪州는 本是頑固黨의 窟穴이오 新學問의 讐敵이더니 今春 義擾時에 桑
田碧海혼 一大겁運을 지닌 後에야 時勢의 變更홈을 況然大覺ㅎ야 新知
識을 開發치 안코는 人道의 當然홈을 行치 못홀줄 斟酌ㅎ고 一邊學校를
設立ㅎ야 聰俊靑年을 募集ㅎ고 一邊敎師들 雇聘次로 上京ㅎ야 廣求中인
딕 薪水費 多少는 不許ㅎ고 日語 算術等 普通學問에 한熟혼 人으로 極澤
혼다더라.107)

의병전쟁에서 쓰라린 패배는 신학문에 의한 문명사회 건설이 긴급한 당
면과제임을 일깨우는 계기였다. 신지식 보급은 人道를 행하는 가장 기본적
인 요건 중 하나로서 인식되는 분위기로 이어졌다. 사립학교를 설립하는
동시에 유능한 교사진을 확보하려는 노력은 재경 세력과 연대 속에서 이루
어졌다. 회원들은 교육운동을 주도하는 동시에 주민들에게 '새로운' 세계관
을 제시하였다.108) 이는 민족운동 역량을 제고시키는 기반이나 마찬가지였
다. 〈표 3〉은 당시 충남에 설립된 사립학교 현황이다.

〈표 3〉 한말 충남지역 사립학교설립현황109)

설립현황	1905	1906	1907	1908	1909	1910	계
학교 수	4	19	12	36	17	12	101

사립학교설립운동은 다른 지방과 마찬가지로 1908년을 정점으로 점차 감
소하는 추세였다. 홍성도 이러한 흐름에서 크게 벗어나지 않는다. 다만
1909년에도 약간 감소하는 추세일 뿐 근대교육은 사립학교에 의해 여전히

---

107) 『만세보』 1906년 9월 25일 잡보 「洪明學校趣旨書」.
108) 『대한매일신보』 1910년 3월 23일 논설 「유림의 ᄉ샹을 곳칠일」 ; 『大韓每日申報』
    1910년 3월 23일 논설 「儒林家의 思想界 革命」.
109) 김형목, 「기호흥학회 충남지방 지회 활동과 성격」, 50쪽.
    실제로 설립·운영된 사립학교는 이보다 훨씬 많았다. 표에 나타난 수치는 당
    시 신문·잡지 등에 소개된 '대표적인' 경우라고 생각된다. 사숙·의숙·개량서
    당 등 명칭은 다르지만, 사립학교에 버금가는 많은 교육기관이 운영되었기 때
    문이다(『大韓每日申報』 1909년 11월 13일 잡보 「書堂何多」).

주도되는 상황이었다.

　일제 침략의 가속화와 사회진화론 확산에 따라 근대교육을 통한 인재양
성은 국권회복과 직결된다는 인식하에 진전되었다.[110]

　　…(상략)… 唯我大韓이 更張以來로 今己十有餘載에 尙不能用力於敎育之
　　道ᄒ야 國勢之凌夷 [111]

　이러한 가운데 한글에 대한 관심은 교육열 고조로 이어졌다. 노동야학은
이러한 상황과 맞물려 발전을 거듭할 수 있었다. 홍주군 상명노동야학교
설립취지는 이를 반증한다.

　　…(상략)… 농업에만 진력ᄒ야 교육이 업스면 이 동포는 우리 황데폐하
　　의 빅셩이 아니며 우리 부모의 ᄌ식이 아닌가. 날이 ᄉᆞ면 져물도록 로동
　　진력ᄒ야 칠팔십년간에 사름의 직분을 아지 못ᄒ고 지내ᄂᆞ 것이 가ᄒ냐.
　　슬프다 우리 동포여 져녁 먹고 어셔 샹학ᄒ사이다. 버려지도 쉬지 아니
　　ᄒ면 쳔리를 가고 화륜거도 고동이 아니면 지쳑을 못가ᄂᆞ니 어셔 샹학ᄒ
　　사이다. 침침히 어두운딕 단단명월을 나왓ᄂᆡ 어셔 샹학ᄒ사이다.[112]

　노동자는 학문이 없어 종일토록 노동하나 뚜렷한 성과를 이루지 못한다.
나아가 사람의 직분을 제대로 인식하지 못하고 사는 모습이 애처롭다. 이
에 노동야학을 설립하니 빨리 야학에 와서 공부에 힘쓰라는 요지였다. 곧
야학을 통한 문맹퇴치는 우선적인 과제였다. 문명사회는 이를 통하여 달성
된다고 이들은 인식하고 있었다. 다음의 창가는 문명사회를 지향하려는 의
지와 노동자의 열망을 나타낸다.

110) 김상기, 「한말 사립학교의 교육이념과 신교육구국운동」, 『청계사학』 1, 정신문
　　화연구원, 1981, 78~79쪽.
111) 『大韓每日申報』 1907년 9월 25일 잡보 「洪明學校趣旨書」.
112) 『경향신문』 1909년 4월 30일 각디방긔셔 「야학교를 설시ᄒᆞᆷ」.

삼천강토 우리대한　이천만구 우리동포
단톄력 단톄력ᄒ니　몃몃영웅단톄력고
우리로동 야학교에　ᄋᆡ국가를 드러보오
흔량에 두푼변리　ᄂᆞᄂᆞᄌᆞ미 됴컨마는
좌우훈쟝 즁흔월급　고등대신 향록이여
ᄎᆞ월피년 희망터니　신문긔쟈 속이ᄂᆞ지
샤회샤회 ᄒᆞ건마는　ᄌᆞ강력을 미득인지
직졍곤란 ᄒᆞ다소리　엇지ᄒᆞ면 쥬급홀고
비화가면 지식넓어　ᄌᆞ강긔초 세우리라
풍운조화 단쳥ᄒᆞ여　독립대연 비셜ᄒᆞ새
ᄋᆡ국셩ᄋᆡ국셩ᄒᆞ니　몃몃지ᄉᆞ ᄋᆡ국셩고
학교싱학교싱ᄒᆞ니　몃몃학싱 졸업인고
남면북답 고ᄃᆡ광실　부쟈사름 향복이여
대한강토 주러간다　그돈으로 물너보새
우리동포 건져줄가　침불안식 불감으로
호소식이 어ᄃᆡ갓소　죵년토록 로동가면
열심만극 진ᄒᆞ면　텬신감응 ᄒᆞ시련만
극력히 농ᄉᆞ지어　야학만 진취ᄒᆞ소
인의례지 집을짓고　밋봄으로 텬하교졔.[113]

　문밍퇴치를 통한 능력배양은 야학의 주요한 목적이자 기본 취지임을 강조하고 있었다. 이들은 경제적인 문제나 시간을 핑계로 교육을 등한시하지 말 것을 적극적으로 당부하는 입장이었다. 향학열을 고취시키려는 의도는 이러한 창가를 널리 보급시키는 주요한 계기였다. 창가 등을 통한 시세변화를 일깨우는 동시에 자아를 각성시키는 노력은 계몽론자들에 의하여 확산되는 분위기였다. 특히 군수 윤필은 직접 「애국가」를 작사·보급하는 등 애국심·민족정신 고취에 노력을 기울였다.[114]

---

113) 『경향신문』 1909년 4월 30일 각디방긔셔 「야학교를 셜시홈」.
114) 『경향신문』 1909년 5월 14일 「공함」.

덕명학교 설립목적은 장래에 국가가 필요로 하는 유용한 인재양성이었다. 덕명은 학교가 소재한 덕정리를 開明하는 가운데 홍주군·충남 나아가 국가 전체를 유신한다는 의미였다.[115] 발기인이자 교주인 서승태의 '三要論'은 민족교육기관으로서 성격을 보여준다. 歷史的 精神, 尚武的 氣像, 經濟的 思想은 이를 반증한다.[116]

호명학교도 역시 호서지역을 밝게 한다는 의미이다. 곧 호서지역을 개명한다는 의미는 설립취지나 마찬가지였다.[117] 홍명학교는 홍주지역을 문명개화의 '중심지'로서 육성하기 위한 의미를 포함한다. 이른바 관내 '八明'학교 설립 계획은 이와 무관하지 않다. 특히 운동회나 휴식시간에 학생들은 「위국가」를 널리 애창하였다. 구체적인 가사는 알 수 없으나, 민족정신·애국정신을 고취하는 내용이었다고 추측할 수 있다. 호명학교 설립에 대한 찬사는 이러한 사실을 잘 보여준다.

> 홍쥬군에 자녀들은 호중 대가 주질빅를 교육안코 그져두면 놈의 노례 된다 ᄒ고 만흔 금익 구취ᄒ야 호명학교 챵셜 후에 총쥰즈데 쏩아다가 밤낫으로 권면ᄒ니 경세종이 싱겻고나.[118]

근대교육에 대한 인식변화와 향학열은 홍성지역을 벗어나 충남지방 중등교육기관 설립에도 영향을 미쳤다. 사립중학교 발기회는 이러한 분위기 속에서 추진되었다. '한일합병' 직전까지 鄭永澤은 충남지방 흥학을 위한 순회 계획을 세웠다. 그는 공주향교 내에 중학교 설립을 위한 의연금 모집에 나섰다. 일시에 의연금은 5천환에 달하는 등 세인의 주목을 받았다.[119]

---

115) 『大韓每日申報』1908년 9월 25일 광고 「私立德明學校趣旨書」.
116) 송용재, 『홍주의병실록』, 홍주의병유족회, 512~515쪽 ; 『大韓每日申報』1909년 12월 25일 학계 「德明更明」.
117) 편집부, 「洪州湖明」 『기호흥학회월보』 11, 48쪽.
118) 『대한매일신보』1908년 11월 24일 시수평론.
119) 『대한매일신보』1910년 7월 28일 논설 「충청남도에셔 ᄉ립즁학교의 발긔홈을 치

재경유학생들도 호서학생친목회를 결성하는 등 이에 부응하고 나섰다. 이들은 운동회를 통한 친목도모와 더불어 귀향활동으로 계몽운동에 열성을 다하였다. 재경호서인 李春世·李熙直·俞鎭泰 등은 상품으로 각종 학용품과 서책을 후원하고 나섰다.[120] 張昇煥도 단천 출신 한북학교 유학생 劉禮均·吳昌煥 등에 대한 학비를 지원하였다. 이는 교육기관에 대한 주민들의 자발적인 의연금 모집으로 이어졌다.[121]

한편 현장에서 이루어진 교육내용의 한계성도 있다. 운동 주체의 의욕과 달리 중·장기적인 계획은 거의 없었다.[122] 전무한 교사양성기관은 이러한 사실을 분명하게 보여준다. 교과과정 운영, 교사진 구성, 교육시설 등도 이와 같은 범주에서 크게 벗어나지 않았다. 근대교육 부실화에 대한 비판은 당시 상황을 보다 객관적으로 엿볼 수 있는 대목이다.

> …(상략)… 大抵 學校에셔 算術 理科나 敎授흔다고 國民敎育이 아니며 地誌 歷亽나 敎授흔다고 國民敎育이 아니며 英語 日語나 敎授흔다고 國民敎育이 아니며 國民의 精神을 鼓吹ᄒ며 國民의 氣力을 培養ᄒ여야 可謂 國民敎育이니 如斯히 國民敎育이 有구ᄒ여야 可히 國民을 養成ᄒ여 國家의 動脈을 作ᄒ며 敎育의 善果를 收홀지라. …(하략)…[123]

국민교육은 외형적인 교과목 편성이나 교육내용을 의미하지 않았다. 이는 국가 존립과 미래에 대한 장기적인 목표를 제시하는 데 있다. 지덕체 3육

하흠」, 7월 28일 잡보 「졍씨권학」과 「결과를 잘히야지」;『大韓每日申報』1910년 7월 28일 논설 「賀忠南私立中學校發起」.
120) 『황성신문』1908년 5월 27일 잡보 「湖學親睦」;『대한매일신보』1910년 5월 22일 잡보 「호셔학싱운동」, 5월 26일 학계 「호셔학회소문」;『大韓每日申報』1910년 5월 22일 잡보 「湖西生運動」, 5월 27일 학계 「湖西生運動續聞」.
121) 『황성신문』1907년 9월 18일 잡보 「張氏助學」.
122) 『大韓每日申報』1910년 1월 14일 논설 「敎育界의 悲觀」;『대한매일신보』1910년 1월 14일 논설 「교육계에 비참흔 경황」.
123) 『大韓每日申報』1909년 11월 24일 논설 「國民敎育을 施ᄒ라」;『대한매일신보』1909년 11월 24일 논설 「국민교육을 힝홀일」.

에 기초한 교육 강조는 이러한 입장을 의미한다. 홍주군수 金祥演 청원은 이곳 분위기와 여건을 이해하는 데 중요한 단서를 제공한다.[124] 그런데 대부분은 취지와 달리 본질에서 벗어나고 있었다. 홍성지역 학교도 이러한 경향성에서 크게 벗어나지 않았다.

많은 한계에도 이곳 근대교육은 민족역량을 강화에 기여하였다. 역사적 정신에 입각한 정체성 확립, 상무적 정신에 따른 독립의식 고취[125], 경제적 정신에 입각한 자립성 등은 학생들에게 조국이 처한 현실을 직시할 수 있는 안목을 부여하였다. 호명학교 교과 과정도 이와 마찬가지였다. 홍명학교 생도들의 국채보상운동 참여는 이를 반증한다.[126] 이는 '단순한' 사회운동 참여에 그치지 않고 생도들에게 비참한 조국 현실을 일깨우는 교육현장이었다. 고종황제 양위에 대한 일본인 배척은 이러한 흐름과 무관하지 않았다.[127] 모순된 현실을 타개하려는 노력은 향학열 고취로 이어지는 가운데 스스로 '사회적인 책무'를 인식하는 주요한 계기로 작용하였다. 광무황제퇴위와 군대해산 이후 이곳 격앙된 분위기는 이를 반증한다.[128] 일제강점기 전개된 홍주군의 부문별 민족해방운동은 이를 기반으로 삼았기 때문이다.

5. 맺음말

한말 홍성지역은 2차례에 걸친 의병전쟁, 선교사 입국활동, 장시유통망의 재편 등으로 많은 변화를 초래하였다. 이곳은 조선후기 해상교통 발달

---

124) 『황성신문』 1907년 8월 31일~9월 4일 잡보 「洪倅請願」.
125) 『대한매일신보』 1908년 2월 9일 논설 「덕육과 지육과 톄육즁에 톄육이 최긴홈」 ;『大韓每日申報』 1908년 2월 9일 논설 「德智體三育에 德育이 最急」.
126) 『만세보』 1907년 5월 12일 잡보 「洪明校出義」.
127) 『大韓每日申報』 1907년 9월 19일 지방소식, 9월 27일 잡보 「軍器收去」.
128) 『황성신문』 1907년 11월 22일 잡보 「洪邑安穩」.

과 더불어 서해안 교통의 중심지로 발전하기에 이르렀다. 지배체제 이완에 따른 수적·화적 등의 활동도 빈번하게 나타났다. 생존권 위기에 직면한 주민들은 불법적인 지방관 수탈에 저항하는 등 스스로 자기권리를 찾으려는 노력을 기울였다.

을사늑약 이후 위기의식 고조에 따라 자강단체 지회도 조직되었다. 대표적인 단체는 번천면국채보상기성회와 기호흥학회 홍주지회였다. 이곳 국채보상운동과 사립학교설립운동은 이 단체에 의하여 주도되었다. 운동주체는 전·현직 관료로서 전통교육을 이수한 인물들로 이른바 개신유학자였다. 특히 기호흥학회 지회원들은 3면1교제에 입각한 '의무교육' 시행을 계획하였다. 특히 이들 노력으로 근대교육운동은 사실상 추진된 바나 다름없었다.

을사늑약 직후까지 사립학교 설립은 전무하였다. 이는 근대문물에 대한 보수적인 이곳 분위기를 그대로 보여준다. 대한자강회 지회나 사립여학교가 전무한 사실은 이와 관련하여 의미하는 바가 크다. 여성단체가 전무한 사실이나 국채보상운동에서 여성들 역할이 거의 파악되지 않는 점도 이와 무관하지 않다.

이는 1907년을 정점으로 점차 변화되었다. 1908~1909년은 교육운동의 전성기였다. 변화를 주도한 인물은 김좌진 일가인 안동김씨 문중인들이었다. 또한 군수 윤필과 관찰사 김가진도 이에 적극적으로 동참하는 등 근대교육 보급에 앞장섰다. 서승태·이세영·이상린 등 홍주의병진의 중심인물 참여는 근대교육사상 의미하는 바가 크다. '방향전환'은 독립운동 방략과 영역을 확대하는 기반이나 다름없기 때문이다. 「위국가」 등 창가 보급과 더불어 상무정신 고취는 이러한 취지에서 비롯되었다.

대표적인 교육기관은 홍명학교·호명학교·덕명의숙·광명학교 등이었다. 홍명학교 생도 9명은 학교 유지를 위하여 단지동맹을 실시하는 등 전국적인 관심을 불러 일으켰다. 더욱이 금란의숙은 최초 기호학교지교라는 점에서 중요한 역사적 의미를 지닌다. 지교는 본회의 목적을 관철시키는 '관건'이었기 때문이다. 즉 '단순한' 사립학교로서 의미가 아니라 지역단위 근대교육을 가늠하는 바로미터였다.

일부 학교는 설립취지와 달리 설립된 지 1~2년 만에 폐교하고 말았다. 교육내용 부실, 중장기적인 방안 부재, 일제 탄압 등은 주요한 요인이었다. 특히 교사양성을 위한 전무한 사범교육기관은 이러한 상황을 초래하는 계기였다. 또한 운동 주체 중 일부는 일제통치에 포섭되는 등 민족해방운동전선에서 일탈하기에 이르렀다. 1910년대 이곳 민족해방운동 침체는 이와 무관하지 않다.

제2장

대한제국기 천안지역 근대교육운동의 성격

1. 머리말

학교는 근대화·문명사회를 대표하는 상징물이자 변화 상황을 역동적으로 체험하는 생활현장이었다. 근대문물이 일상적으로 유통하는 '대표적인' 시·공간은 바로 학교였다.[1] 신분제 질곡에서 벗어나 보편적인 평등관에 입각한 인간적인 대우는 이곳을 중심으로 이루어졌다. 자기정체성과 사회적인 존재성은 이를 통하여 어느 정도 인식할 수 있었다.[2] 지역적으로 시간적인 차이는 있었으나, 대한제국기 우리 사회는 이러한 변화를 직접 경험하였다.

사립학교설립운동·야학운동 등 근대교육운동 활성화는 이와 밀접한 관련성을 지닌다. 특히 사립학교 설립을 위한 의연금과 국채보상운동 모금 동참은 주민들에게 시세변화를 확인하는 현장이었다. 생활 정도에 따른 '의무금' 차등 배정 등은 鄕會·洞會를 통하여 이루어지는 등 주민들 의견을

---

1) 이승원, 『학교의 탄생』, 휴머니스트, 2005, 24쪽.
2) 이지애, 「개화기 '배움터'의 변화와 '자아찾기'로의 일상성」, 『근대의 첫 경험-개화기 일상 문화를 중심으로-』, 이화여대출판부, 2006, 157쪽.

부분적이나마 수용하는 가운데 추진되었다. 이는 자발적인 참여를 유도함
으로써 자신의 존재성을 일깨우는 동시에 사회적인 책무를 절감시켰다.

운동회는 학생들에게 정정당당한 경쟁심 배양, 건강한 신체와 건강의 중
요성 인식, 상무정신 등을 크게 고취시켰다. 大東學校「勸學歌」는 이러한
상황을 여과없이 보여준다. 반면 지역민은 일상사의 지루함에서 벗어나 새
로운 삶의 활력소를 찾을 수 있었다. 나아가 식후 개최된 연설회나 강연회
등은 상호간 유대감과 의견을 수렴·조정하는 공론장이었다. 주민들 단결
심은 이러한 상황과 결부되면서 더욱 공고화되기에 이르렀다. 한말 천안지
역3)도 이와 같은 분위기에서 결코 예외적이지 않았다. 그런데 현재까지 천
안지역 근대교육에 관한 연구는 매우 부분적으로 언급될 뿐이다.4) 이 글은
이곳 근대교육운동을 이해하는 일환으로 다음과 같은 점에 주목하였다.

먼저 천안지역 사회변동, 외래문물 전래와 수용, 계몽단체 조직·활동에
따른 인식변화에 주목하였다. 동학이나 개신교 전래는 새로운 인간관계 형
성과 아울러 일상사 변화를 초래하는 요인이었다. 더욱이 직산금광 개발과
경부선 개통은 천안지역을 새로운 지역중심지로서 변모시켰다. 근대문물
유입은 이를 통하여 대부분 이루어지는 상황이었다. 대한자강회와 대한협
회 직산지회, 기호흥학회 목천지회, 천안 人民代議會 등은 민지계발을 주도
한 중심단체였다. 계몽단체 활동과 국채보상운동 등에 대한 참여는 지역민
으로 하여금 현실인식을 크게 심화시켰다. 국권회복 방안 중 하나인 근대

---

3) 편집부, 「13도행정구역일팜표」, 『서북학회월보』 19, 54쪽 ; 천안시지편찬위원회,
『천안시지』 상, 1997. 127~128쪽. 이 글에서 사용하는 천안지역은 한말 목천·천
안·직산과 전의군 일부를 포함한다. 곧 오늘날 천안시 전역과 유사한 행정구역
이었다.
4) 김영우, 「한말의 사립학교에 관한 연구(Ⅱ)」, 『교육연구』 3, 공주사범대학 교육연
구소, 1986 ; 민병달, 『천안독립운동사』, 천안문화원, 1995 ; 이정은, 『유관순』, 독립
기념관, 2004, 142~149쪽 ; 김형목, 「한말 충청도 야학운동의 주체와 이념」, 『한국독
립운동사연구』 18, 한국독립운동사연구소, 2002, 45~48쪽 ; 김형목, 「한말 국문야
학의 성행 배경과 성격」, 『한국독립운동사연구』 20, 한국독립운동사연구소, 2003,
166~169쪽 ; 김형목, 『대한제국기 야학운동』, 경인문화사, 20005, 164~165·343~347쪽.

교육 보급은 이러한 분위기와 맞물려 진전을 거듭할 수 있었다.

근대교육운동은 사립학교설립운동과 야학운동을 중심으로 전개되었다. 주민 부담에 의한 '의무교육' 시행 논의는 지역민의 근대교육에 대한 관심을 유도하는 '기폭제'였다. 직산지역 사립학교와 야학은 이러한 방식에 의하여 추진되었다. 계몽론자들에게 문명사회 건설을 위한 최우선 과제는 근대교육 보급에 의한 민지계발로 인식되고 있었다. 사립학교설립운동은 이러한 상황 속에서 급속한 확산과 아울러 내실화를 도모하는 계기를 맞았다. 교육시설 정비나 전문강좌에 의한 교과목 편성 등은 당시 상황을 그대로 보여준다.

야학은 근로청소년에게 근대교육에 대한 수학기회 확대이자 향학열을 일깨우는 요인이었다. 무산아동이나 청소년의 적극적인 호응에 의한 야학운동으로 진전은 이와 무관하지 않았다. 직산은 야학에 의한 근대교육이 성행한 대표적인 지역 중 하나였다. 국문야학·노동야학생은 300여 명에 달하는 등 근대교육기관으로서 확고한 위상을 확보하였다. 이에 비하여 다른 지역은 매우 부진한 실정이었다.[5]

이곳 근대교육은 부국강병을 위한 시무책 일환으로 추진되었다. 운영주체는 전·현직 군수를 포함한 관리, 재산가·교사·학생 등 이른바 지방유지 등이었다. 특히 지방관은 계몽운동을 주도하는 등 문명사회 건설에 앞장섰다. 일부 지방관은 근대교육 보급을 구실로 불법적인 행위를 마다하지 않았다. 일진회원 등 친일파도 이러한 분위기 조장에 앞장섰다.[6] 보수유림

---

5) 직산과 목천은 옛날 천안과 전의와 뚜렷하게 대비를 이룬다. 전자는 근대교육운동이 활발하게 추진된 반면 후자는 '상대적'으로 활성화되지 않았다. 그런데 천안 주민들은 국채보상운동에 매우 적극적으로 동참하는 상황이었다. 이러한 원인이나 배경 등은 추후에 별도로 고찰하고자 한다.
6) 『매일신보』 1910년 9월 29일 「解散 一進의 數爻」.
   충청남북도 일진회원은 2,307명이었다. 이는 경상도 2,065명, 전라도 1,073명과 비교하면 결코 적은 수치는 아니다. 당시 회원 14만여 중 절대 다수는 서북지방으로 9만 3천여 명에 달하였다.

등의 근대교육에 대한 부정적인 인식은 이와 무관하지 않았다. 하지만 근대교육운동은 주민들로 하여금 사회적인 존재성을 각인시키는 동시에 항일의식을 일깨웠다.

2. 계몽단체 활동과 인식변화

갑오농민전쟁 당시 충남지방은 격전지로서 많은 피해를 입었다. 제2차 갑오농민전쟁 중 치열하게 전개된 목천 세성산전투는 이를 반증한다.[7] 농민전쟁 참여는 새로운 사회질서에 대한 동경과 아울러 반일의식을 새삼스럽게 고취시켰다. 이어 일본군과 청군 사이에 전개된 성환전투도 외세의 위력을 절감하는 계기였다.[8] 일본군은 민가에서 군수품을 자의로 징발하는 등 만행을 저질렀다.

미국인과 일본인 광산주인은 임금 체불과 가혹한 노동력을 징발하는 등 민족적인 차별을 일삼았다. 직산금광 광부는 저렴한 임금과 열악한 작업환경 개선을 요구하며 파업을 마다하지 않았다.[9] 이는 표면적인 요구조건으로 궁극적인 요인은 외세의 부당한 수탈에 대한 저항이다. 작업 현장에서 반외세 저항은 일상사로서 이미 일찍부터 배태되고 있었다.[10] 의병진은 직산금광을 습격하는 등 반일활동을 전개하였다. 현지 미국인은 이들을 배척하지 않을 뿐만 아니라 오히려 우호적인 입장이었다.[11] 일본군은 이러한

7) 일기자, 「戰史上으로 본 忠淸南道」, 『개벽』 46, 개벽사, 1924 ; 김병준, 「역대반역 자열전, 民衆으로 이러난 甲午大變亂」, 『별건곤』 14, 1928.
8) 최남선, 「청일전쟁」, 『육당 최남선전집』 5, 현암사, 1973, 348쪽.
9) 『직산군광부작변사사안』 규장각21274 ; 김윤식, 『속음청사』, 광무 8년 갑진조 ; 이배용, 『한국근대광업침탈사연구』, 일조각, 1989 ; 성환문화원, 『일제의 직산금광침탈사』, 1998.
10) 『황성신문』 1905년 9월 12일 잡보 「木川礦斃」 ; 국사편찬위원회, 「布哇勞動者 募集에 關한 件」, 『통감부문서』 6, 1909년 6월 11일자.

사태를 우려하는 등 적개심을 드러내었다.

한편 천안은 일찍부터 교통요충지로서 널리 알려진 곳이다.12) 우리에게 친숙하게 다가오는 흥겨운 '천안삼거리' 이미지는 이러한 역사적인 배경에서 비롯되었다. 경부철도 부설로 소정리는 크게 변모하는 상황이었다.13) 물화 집산과 편리한 유통망은 장시 개설로 이어지는 등 기존 商圈에 대한 재편을 초래하였다. 철도 주변은 새로운 도회지로서 부각되는 동시에 변화 상황이 집약된 생활공간이었다. 崔南善의 「京釜鐵道歌」는 이러한 변화를 직접적으로 인식의 산물 중 하나였다.14) 한말 상권 변화는 인구 이동을 촉진시키는 요인이나 다름없었다.

변화는 천안·목천·직산읍내 시가지 정비와 더불어 가옥세 징수로 이어졌다. 이는 지역사회의 중심지로서 근대적인 도시정비를 위한 일환이었다.15) 한국 식민지화를 위한 법령정비와 더불어 일본인들 주거지도 형성되었다. 일인 관리들은 자의적으로 치안·행정권을 행사하는 무소불위에 가까운 존재였다. 지방관은 이러한 불법행위를 저지하기는커녕 오히려 이에 편승하고 있었다.16) 일부 잡류배도 일본인과 부동하는 등 폐단을 드러내었다. 경부철도에 편입된 토지보상 대금에 대한 갈취는 대표적인 사례 중 하나이다.17)

러일전쟁 발발을 전후하여 國亡에 대한 위기의식은 고조되어 나갔다. 계몽운동 활성화는 이와 맞물려 진전되는 계기를 맞았다.18) 천안청년회는 崔

11) 국사편찬위원회, 「韓國駐箚軍參謀長」, 『한국독립운동사자료(의병편 Ⅵ)』13, 1909.
12) 개벽사, 「엄벙이 충청남도를 보고」, 『개벽』46, 1924, 114쪽.
13) 『황성신문』1909년 4월 15일 잡보 「小井大場」.
14) 최남선, 「京釜鐵道歌」, 『육당 최남선전집』5, 347쪽.
15) 『각사등록』1907년 2월 10일, 3월 8일 ; 대동학회, 「관보적요」, 『대동학회월보』15, 36쪽.
16) 황현, 『매천야록』, 광무8년 갑진조 ; 『만세보』1906년 11월 29일 잡보 「修理費難辦」; 『大韓每日申報』1906년 4월 28일 잡보 「網戶網民」; 『대한매일신보』1909년 1월 15일 잡보 「보조원의 횡픽」; 『황성신문』1909년 9월 15일 잡보 「稷其魚肉」.
17) 『황성신문』1907년 9월 17일 잡보 「天安地段價分給」·「雜奸莫售」.

益鉉과 閔忠正公 등에 대한 추모제를 실시하는 등 순국선열에 대한 애국정
신을 높이 찬양하였다. 국권수호를 위한 노력은 주민들의 자발적인 참여로
이어졌다. 직산인 沈夏澤·李泰衡과 목천 朴龍來 등은 최익현 운구에 필요
한 장례비 마련을 위한 의연금 모금에 앞장섰다.[19] 이는 유림계는 물론 지
역민에게 충절의 중요성을 일깨우는 계기였다. 한말『이순신전』·『을지문
덕전』등 국난극복에 앞장 선 위인전 발간도 이러한 상황과 맞물려 진행되
었다.[20]

　이러한 가운데 대한자강회 직산지회는 충남지방 유일한 지회로서 설립
인가를 받았다. 직산지회청원서에 대하여 본회는 1907년 2월 18일 임시평
의회에서 柳瑾을 시찰위원으로 피선하였다.[21] 이에 앞서 본회는 강화·인
천·동래·직산·고령 등지 부윤·군수 등에게 지회원 활동에 대한 지원을
요청하는 공함을 보냈다. 이는 정부로부터 인가를 받은 합법적인 단체임을
강조하기 위함이었다.[22] 유근은 직산지역 시찰한 결과를 3월 16일 통상회
에 보고하였다. 南宮薰 동의에 의하여 직산지회는 설립인가를 받았다. 그
런데 당시 임원진은 물론 지회원 명단조차 파악할 수 없다.[23] 대한자강회
를 계승한 대한협회 직산지회 지회원 대부분이 이들이 아닌가 추측된다.
해산 직후에 지회로서 설립인가된 사실은 이러한 가능성을 보여주기 때문
이다.[24]

　이를 계승하여 1907년 11월 10일 창립한 대한협회도 지회 설립에 노력을

18)『황성신문』1905년 9월 13일 논설「愛國이 由於開明」.
19)『황성신문』1907년 1월 12일 잡보「義不可勸」.
20) 서우,「을지문덕전」,『서우』2, 1907, 36~37쪽 ; 김봉희,『한국 개화기 서적문화연
　　구』, 이화여대출판부, 1999, 168~174쪽.
21) 편집부,「본회회보」,『대한자강회월보』9, 45쪽 ;「본회회계보고」,『대한자강회월
　　보』10, 72쪽.
22) 편집부,「본회속보」,『대한자강회월보』8, 72쪽.
23) 편집부,「본회회보」,『대한자강회월보』10, 44~45쪽.
24) 유영렬,『애국계몽운동 1- 정치사회운동』, 한국독립운동사편찬위원회, 2007, 63~64쪽.

기울였다. 지회 설립에 관한 규정은 대한자강회 지회규정과 유사하였다. 이 단체는 대한자강회 지회의 기존 조직을 그대로 인수하는 가운데 대중운동으로 전환을 모색하는 계기였다. 우후죽순처럼 확산되는 사립학교설립운동은 이를 추진시키는 기폭제나 다름없었다. 특히 국채보상운동은 민중으로 하여금 시세변화에 따른 사회적인 자기존재성을 일깨우는 요인이었다. 면단위에 설립된 분·지회를 포함한 100여 개소에 달하는 대한협회 지회수는 이를 반증한다.[25] 이러한 가운데 계몽운동은 지방으로 확산을 거듭하는 등 사실상 본격적인 궤도에 진입할 수 있었다.

충남 도내에 설립된 대한협회 지회는 부여·은진·홍주 금산·직산 등 5개소였다. 불행하게도 직산지회를 제외한 나머지 상황은 거의 파악할 수 없다. 본회는 제3회 총회에서 직산·평양·단천 등 11개 지회에 대한 설립을 인가하였다.[26] 직산지회 초기 임원진은 회장 任虩鎬, 부회장 崔漢用, 총무 閔玉鉉, 평의원 閔鍾善·任豊鎬·元虩淵 등 12명, 간사원 朴駿秉·金弘濟 등 10명 등이었다. 이들은 대한자강회 직산지회 회원으로 추정된다. 이후 지회원은 계몽운동 확산과 더불어 급속하게 증가되었다.[27] 12월 29일

---

25) 김항구, 『대한협회(1907~1910)연구』, 단국대박사학위논문, 1992, 80~83쪽.
　　 이 글에서 금산지회를 충북으로 파악하였다. 원인은 관할구역에 대한 착오에서 비롯되었다. 금산은 한말 충청남도 소속이었다.
26) 편집부, 「본회역사급결의안」, 『대한협회회보』 1, 41쪽 ; 「회중기사」, 『대한협회회보』 2, 58쪽.
27) 편집부, 「지회임원」, 『대한협회회보』 1, 58쪽 ; 「회원명부, 「지회회원(직산)」, 『대한협회회보』 2, 70쪽.
　　 국채보상운동을 주도한 김광제가 직산지회 간사라고 언급한 연구도 있다(이동언, 「김광제의 생애와 국권회복운동」, 『한국독립운동사연구』 12, 한국독립운동사연구소 ; 최종고, 「한국의 법률가상으로 본 김광제선생」, 『독립지사김광제선생유고집(증보판)』, 국채보상운동100주년기념사업, 2007). 이는 그의 초명이 弘濟나 洪濟라는 근거에 의거하여 추론하였다. 이곳에서 활동한 김홍제는 김광제와 전혀 다른 인물이다. 그는 국채보상운동이 전국적으로 전개될 즈음에 활동무대를 서울로 옮겼다. 이후 대한협회 시찰원으로 활동하는 등 직산에서 활동한 흔적은 전혀 나타나지 않는다.

조직회 개최에 즈음하여 민옥현은 「본회취지」, 임경재는 「조직방침」에 관한 연설로 청중들의 관심을 받았다. 지회는 본회에 부당한 堤堰洑稅에 대한 해결책을 요청하는 등 주민들 권익옹호에 나섰다.[28] 이는 주민들과 유대를 강화하는 가운데 계몽운동을 확산시키는 밑거름이었다.

목천군 유지도 기호흥학회 지회 설립인가에 노력을 기울였다. 이들은 본회에 자신들의 근대교육 보급을 위한 계획서와 함께 인가원을 제출하였다. 본회는 劉秉珌의 동의로 동년 8월 9일 통상회에서 시찰을 중지하고 설립인가 인허를 가결했다.[29] 이에 지회장은 임원과 조직 등을 보고하자, 본회는 9월 27일 특별총회를 통하여 승인하기에 이르렀다. 초기 임원진은 지회장 沈衡澤, 부회장 尹重燮, 총무 李廷來, 교육부장 權重謀, 재정부장 姜敏鎬, 회계 李鼎九, 서기 柳圭錫, 간사 姜大馨·金在政·任昌準·朴鎬陽·趙興鎬·洪鍾燦 등이었다.[30] 당시 지회원은 81명에 달할 정도로 대단한 규모였다. 지회는 지회장, 부회장, 총무, 서기, 교육부, 재정부, 회계, 간사, 찬무원, 평의원 등으로 구성되었다. 이러한 체제는 본회와 매우 유사하게 운영된 사실을 잘 보여준다.[31]

지회의 주요 활동은 역시 근대적인 교육기관의 설립·운영과 강연회·연설회 등에 집중되었다. 전통적인 교육기관인 사숙·서당 등의 폐지론은 이러한 가운데 널리 확산되는 분위기였다. 이들에게 사숙의 운영자들은 '村學究家'로서 약육강식이 지배하는 생존경쟁에 적응할 수 없을 뿐만 아니라 구학문에 매몰되어 국권회복과 민권신장을 도모할 수 없다고 인식되었다.[32]

28) 편집부, 「본회역사, 회중기사」, 『대한협회회보』 3, 59쪽.
29) 편집부, 「본중기사, 회사일람」, 『기호흥학회월보』 3, 50쪽.
30) 편집부, 「회중기사, 회사일람」·「회중기사, 지회임원급회원명부(목천군)」, 『기호흥학회월보』 4, 53·54쪽.
31) 이송희, 『대한제국말기 애국계몽단체 연구』, 이화여대박사학위논문, 1984, 124쪽.
32) 皇成子, 「雜俎; 私塾을 一切打破」, 『기호흥학회월보』 1, 40~41쪽 ; 김형목, 「기호흥학회 충남지방 지회 활동과 성격」, 『중앙사론』 15, 한국중앙사학회, 2001, 43쪽.

한편 충청도 유지신사들은 도내 54개 군에 대한 「國債報償義助勸告文」을 1907년 3월 7일자 『대한매일신보』에 게재하였다. 주요 내용은 다음과 같다.

> 백성이 있은 연후에 나라가 있고 나라가 있은 연후에 백성의 안락함이 있음은 고금 천하에 변함없는 당연한 이치이다. 오늘날 백성이 있어도 안보를 이루지 못하면 국가는 쇠약해지고 국가가 있어도 부강하지 못하면 백성은 망할 수밖에 없다. …(중략)… 다행히 대구에서 단연회가 시작되어 서울에서 기성회가 설립되니 이는 우리 동포의 제일 가는 의무이며, 이 일이 성사되는 날에는 우리 동포의 제일 행복이다.
> 본인 등이 손벽을 치고 춤출 듯 좋아하며 기쁨을 이기지 못하여 우리 충청도가 다른 지방에 뒤질 수 없다고 생각하는 고로 떳떳하게 알린다. 남녀노유를 물론하고 술과 담배를 끊어 힘껏 의연하여 기필코 국채를 갚아 다시 국권을 회복하면 신선스러운 우리 마을에 화창한 봄날이 대대손손으로 이어질 것을 의심하지 않는다. 태평화합한 상서로운 기운이 2천만 동포에게 회생할 것이니 이는 국가의 행복이자 백성의 행복이 아니겠는가.[33]

권고문 발표를 전후로 충청도 일대 각군 유지들도 국채보상소 조직과 아울러 의연금 모집에 나섰다. 이들은 국채보상을 국민적인 의무사항임을 강조하였다. 「호서협성회국채보상의연권고문」도 도민들에 대한 애국심을 분발시키는 계기였다.[34] 주요 활동가들은 동서고금 역사에서 구체적인 애국적인 활동을 제시하였다. 전현직 관료와 지방관은 이러한 활동에 대한 격려와 아울러 지원을 아끼지 않았다.

직산군수 郭璨은 유지들의 국채보상수집소 활동을 적극적으로 지원하였다.[35] 1,000환에 달하는 모금에 자극을 받은 그는 국채보상운동 선전을 위한 연설회장에서 자신의 월급 40환을 의연하는 등 후원을 아끼지 않았다.

---

33) 대구상공회의소, 『국채보상운동사』, 1997, 127~128쪽.
34) 대구상공회의소, 『국채보상운동사』, 131~134쪽.
35) 『황성신문』 1907년 3월 16일 잡보 「稷守義捐」·「渾家義捐」·「郡主特義」.

대한협회 직산지회원 등도 지방관리 활동을 지지하고 나섰다. 이는 주민들에게 커다란 감동과 아울러 적극적인 동참을 유도하는 계기였다.[36] 성환학소동 崔斗卿 가족 전원 동참과 고용인들의 의연은 이를 반증한다. 최두경은 그리 넉넉하지 않은 경제생활인데 가사를 방매하여 50환을 의연하였다. 이에 아들 崔性學은 2환, 부인 서씨는 은반지 1개(시가 2냥5전), 모친 이씨는 은비녀 1개(시가 1냥2전)를 기부했다.

경위학교 학생들은 이에 적극적으로 동참하는 분위기였다.[37] 더욱이 고용인 廉英麟·尹福釗도 각각 1환과 10전을 의연하는 등 주민들에게 널리 회자되었다. 林炳郁도 「국채보상장려사」를 발간·반포하는 등 적극적으로 이에 동참하였다. 그는 문중 남녀노소들에게 동참을 호소하여 상당한 지원을 얻었다.[38]

천안군 심상정·조경희 등의 義務會 조직도 이와 무관하지 않다.[39] 아산·목천·청안 유림들 동참은 국채보상의 중요성을 다시금 일깨우는 계기였다. 이들은 국민으로서 '당연한' 의무를 실행하는 일환으로 생활정도에 따라 매호 3~6냥씩을 차등 부과하였다. 목적은 시세변화를 주민들에게 직접 인식시키는 동시에 경쟁적인 참여를 유도하기 위함이었다. 물론 일부는 강제적인 의연금 징수에 대한 비판과 아울러 참여를 거부하기에 이르렀다. 그러나 이들은 본래 목적한 바를 끝까지 관철시켰다.

상인층의 적극적인 동참도 의연금 모금을 활성화시키는 요인이었다. 천안시장 상인들도 역시 능력에 따른 의무금 배렴에 경쟁적으로 호응하는 분위기였다.[40] 이러한 모금방식은 대부분 농촌지역에서 별다른 거부감 없이

---

36) 『황성신문』 1907년 4월 19~20일 광고, 6월 1일 광고, 6월 8일 잡보 「國債報償會消息一束」, 6월 18일 광고, 6월 25일 광고, 9월 22일 광고 ; 『大韓每日申報』 1907년 4월 19일 광고, 9월 1일과 4일 광고.
37) 『황성신문』 1907년 6월 1일 광고.
38) 『황성신문』 1907년 3월 12일 잡보 「出義爭先」, 3월 14일 잡보 「稷山義金收集」, 9월 22일 광고 「稷山郡西愁院」.
39) 『황성신문』 1907년 3월 28일 잡보 「國債發起人及 趣旨一束」.

그대로 통용되었다. 향촌공동체 원리는 1862년 농민운동과 1894년 갑오농민전쟁을 비롯하여 국채보상운동에 도입됨으로써 진가를 발휘할 수 있었다. 즉 현실적인 상황을 고려한 전통적인 모금방식은 주민들의 자발적이고 경쟁적인 참여를 유도하는 요인이었다.[41] 천안지역에 조직된 체계적인 의연금 모집을 위한 국채보상소는 〈표 1〉과 같다.

<표 1〉 천안지역 국채보상소 현황

지역별	발기인	보상소 명칭	전거
충남북	김상익·노재민·홍순유·노명호	호서국채보상기성의무사	대3.7,3.17-19
충남		호서협성회	대5.19-21
직산	민옥현·김세제·임경재·오혁근·임긍호 등 27인	국채보상금수집소	황3.11,3.14,3.16,6.8, 1908.4.10
천안	심상정·조경희 등 15인	국채보상의무회	황3,28
전의	신호영·이창규 등 9인	국채보상동심사	황4.8

계몽활동과 국채보상운동 참여는 민중으로 하여금 현실인식을 심화시키는 계기였다. 의연금 동참은 부분적이나마 모순된 현실을 이해할 수 있었기 때문이다.[42] 특히 여성들은 이를 통하여 사회적인 자기존재성을 확인하는 동시에 사회적인 책무를 인식할 수 있었다. 학생들도 미약하나마 제국주의 속성을 이해하는 한편 대응책도 모색하기에 이르렀다. 일제강점기 학생들의 민족운동해방사상 주도적인 역할은 이러한 역사적인 경험에서 비롯되었다.

---

40) 『황성신문』 1907년 4월 4일, 4월 10일 광고, 4월 19일 광고, 26일 광고, 5월 15일 광고, 5월 18일 광고, 8월 20~21일 광고 ; 『大韓每日申報』 1907년 8월 16일 광고.
41) 김형목, 「한말 수원지역 계몽운동과 운영주체」, 『한국민족운동사연구』 53, 한국민족운동사학회, 2007, 20쪽.
42) 『大韓每日申報』 1907년 3월 24일 잡보 「排斂費可」 ; 『황성신문』 1907년 3월 29일 잡보 「林氏全家捐義」.

3. 교육운동 전개와 실태

1) 사립학교설립운동

지방자치론은 천안군민 수백 명을 회원으로 하는 인민대의회 결성으로 귀결되었다. 목적은 행정일반에 관한 사항을 관민이 협의 실행하기 위함이었다. 임원진은 회장 沈相鼎, 부회장 金溶國, 평의장 洪承國 등으로 구성하였다. 이에 동참한 인원이 수천 명에 달할 정도로 대단한 호응을 얻었다.[43] '주민에 의한, 주민을 위한' 지방행정은 시세변화와 더불어 모색되는 계기를 맞았다. 천안군수 安琦善은 무명잡세를 폐지하는 등 시세변화에 부응하고 있었다. 그는 褓負商이나 官奴 등이 장시에서 거두는 잡세를 일시에 혁파하는 등 상업활동에 대한 지원을 아끼지 않았다.[44] 이러한 선정은 주민들 결집에 의한 바람직한 사회여론 조성으로 이어졌다.

군회는 지방자치와 맞물려 시행되는 계기를 맞았다. 주요한 결의 사항은 다음과 같다. ① 본회의는 매월 1차씩 회의를 개최하여 자치행정을 실시한다. ② 남녀를 무론하고 국문을 진심으로 연구하기 위하여 군수가 적당한 방법을 강구한다. ③ 교육은 급무이므로 학교를 세울 터이니 군수는 각 면민을 訓諭한다. ④ 漏戸·隱口는 우매악습이니 인민이 呈訴코자 하는 사람은 원고호적을 帖呈하여 호적에 漏하는 자는 권리를 박탈한다. ⑤ 정원과 황무지에 식목하되 개인은 10주 이상을 植栽하도록 군수가 期圖한다. ⑥ 무녀 등의 혹세무민하는 폐단을 엄금한다.[45] 이는 여론 수렴에 의한 주민들 불편사항을 제거하는 동시에 민지계발을 위한 근대교육 보급에 있었다. 생활안정과 식림의식 고취 등도 주요한 과제 중 하나였다.

---

43) 『大韓每日申報』 1907년 5월 21일 잡보 「懸河筆舌」 ; 『황성신문』 1907년 5월 20일 잡보 「天安大議會」, 8월 5일 잡보 「天郡自治」.
44) 『황성신문』 1907년 9월 17일 잡보 「痛革舊弊」.
45) 『황성신문』 1907년 8월 5일 잡보 「天郡自治」.

계몽론자들에게 지방자치제 시행을 위한 전제조건은 민지계발을 위한 의무교육 시행이었다. 직산군 三東面 9개 동리 인사는 의무교육 시행에 필요한 의연금 모금활동으로 600여 원을 모집하였다.[46] 이들은 이를 기초로 사립학교 설립계획을 대내외에 공포하기에 이르렀다. 직산지역 근대교육운동 확산과 진전은 이러한 배경에서 말미암았다.

학교설립과 농사개량도 이와 관련성 속에서 전개되었다.[47] 전의군수는 식산사업의 하나로 식림사업에 주목하였다. 그는 면장과 동장을 설유하여 소나무 이식을 적극 권장하고 나섰다. 이에 8만여 주에 달하는 소나무가 식재되는 등 대단한 성과를 거두었다.[48] 식림사업은 산림자원을 보호하는 동시에 안정적인 연료를 수급하기 위한 일환이었다.

계몽단체 활동과 국채보상운동 진전 등은 근대교육 활성화로 귀결되었다. 온양·아산·천안 3개 군민들은 연합으로 농공학교 설립을 학부에 청원하였다.[49] 이러한 노력도 학부나 지방관 관심 부족으로 성사되지 않았다. 다만 새롭게 변화하려는 노력은 이를 통하여 엿볼 수 있다. 직산 崔斗卿은 변화하는 시세에 적극적으로 부응한 실천가였다. 그는 근대교육을 위한 구체적인 방안을 제시하는 등 실천적인 면모를 유감없이 보여주었다.[50] 전가족의 국채보상운동 참여도 이러한 인식에서 비롯되었다.

목천군수 南啓錫은 학생들에게 향학열을 고취시키는 등 이에 동참하고 나섰다. 그는 3년 전에 설립한 幷進學校가 재정난에 직면하자, 관내 면장과 군주사 등과 합의한 후 의연금을 갹출하였다.[51] 또한 관내를 순회하면서 학부형과 자산가 등에게 학교운영 참여도 권유하는 등 재정 마련에 노력을

---

46) 『황성신문』 1909년 1월 6일 잡보 「三東面義務敎育」.
47) 『황성신문』 1907년 7월 24일 잡보 「天倅初攷」.
48) 『황성신문』 1909년 5월 23일 잡보 「全郡殖産事業」.
49) 『大韓每日申報』 1906년 4월 19일 잡보 「設校請願」.
50) 『황성신문』 1907년 1월 7일 기서.
51) 『황성신문』 1909년 3월 21일 잡보 「興湖其興」.

기울였다. 興湖學校는 이러한 상황과 맞물려 발전할 수 있는 토대를 마련할 수 있었다.[52]

직산군주사 오국영은 일찍부터 근대교육 보급에 노력을 아끼지 않았다. 그는 학부에서 훈도를 파견하기 전에 명예교사로서 열성을 다하였다. 어학·산술을 중심으로 한 교수는 학생들에게 근대교육의 중요성을 일깨우는 요인이었다.[53] 신사유지의 자발적인 참여는 주민들에게 근대교육에 대한 인식을 새롭게 각인시켰다. 아울러 학생들도 학습활동은 물론 사회운동 동참을 유도할 수 있었다.

직산 성환 유지들은 청소년을 일깨우기 위하여 흥환학교를 설립하였다. 이들은 명예교사로서 자원을 마다하지 않는 등 학생들 적극적인 참여를 유도했다.[54] 또한 중장기적인 계획은 학부에 대한 승인서 제출로 이어졌다. 의성학교 개칭과 아울러 교사 신축도 단행하는 등 교육내실화에 노력을 경주했다. 성환 의성학교에 대한 의연금 모집 당시 경쟁적인 참여는 이곳 교육열을 어느 정도 짐작할 수 있다. 한응이·민옥현·최두경·원긍연·김봉각 등은 이를 주도한 중심인물이었다. 이들은 의친왕을 교장으로 추대하는 등 전국적인 주목을 받았다. 심지어 일본수비대장도 의연에 동참하는 등 적극적인 지원을 아끼지 않았다.[55]

직산군수 池喜烈은 근대교육에 매우 적극적인 입장이었다. 그는 經緯學校·義成學校 유지를 위한 대책을 관내 주민들과 협의하는 등 관심을 유도하였다. 소유 전답에 따라 부과하는 '의무교육비'는 주민들 결의로 의하여

---

52) 『大韓每日申報』1908년 8월 2일 잡보 「並校試驗」；『대한매일신보』1910년 7월 1일 잡보 「흥호학교장취」.
53) 『황성신문』1909년 7월 7일 잡보 「吳氏熱心」.
54) 『황성신문』1906년 8월 21일 잡보 「成歡興校」；『大韓每日申報』1906년 8월 22일 잡보 「成歡私立學校」, 11월 23일 잡보 「歡校情況」.
55) 『大韓每日申報』1908년 6월 23일 광고 「稷山郡成歡義成學校捐助金」, 7월 5일 잡보 「興校復起」, 9월 30일 잡보 「稷山郡의 開校」；『대한매일신보』1908년 7월 5일 잡보 「직산학교유지」, 10월 22일 잡보 「의친왕의 연보」.

시행되는 계기를 맞았다.[56] 부재지주에 대한 '의무교육비' 수취는 유지들이 날인한 증명서를 가지고 의성학교 교사 全俊基와 경위학교 학감 任景宰를 파견할 정도였다. 공주관찰사 金嘉鎭 등이 이에 적극적으로 호응함으로써 사립학교설립운동은 보다 진전하는 계기를 맞았다.[57] 학부도 물리학기계를 기부하는 등 이들을 격려하였다. 民團도 이러한 분위기에 편승하여 조 200여 석과 기타 詩契 100환을 연부하는 등 재정적인 기반을 구축할 수 있었다[58].

천안군수 안기선은 유지 등과 영진학교 설립을 주도하였다. 이들은 乾元節 경축 행사를 개최하는 등 학생들에게 국가의식과 자긍심을 고취시켰다. 학령아동 입학율은 사립학교 설립과 더불어 급속하게 증가되는 추세였다. 한편 安國善은 이곳을 지나다가 향학열을 북돋우는 연설을 한 다음 연필ㆍ석판 등 학용품 일체를 지원하였다.[59]

근대교육에 대한 관심은 천안인 成樂春을 통하여 부분적이나마 엿볼 수 있다. 그는 향학열에 불타 무작정 상경하였으나 학비가 없어 뜻을 이룰 수가 없었다. 이에 학무국장 윤치오는 학비 전액을 지원하는 등 향학열을 북돋아주었다.[60] 희소식은 현지 학생들을 크게 자극하는 등 근대교육 확산으로 이어졌다. 반면 여학교 설립은 대단히 부진한 상황을 면치 못하였다. 현지 계몽론자 중 여성교육에 대한 언급조차도 없었다.[61] 한말 천안지역 근대교육기관은 〈표 2〉와 같다.

---

56) 『대한매일신보』 1908년 10월 1일 잡보 「경위교흥왕」 ; 『황성신문』 1909년 4월 8일 잡보 「經校有望」, 9월 4일 잡보 「庶圖有終」, 9월 15일 잡보 「校長有人」.
57) 『황성신문』 1909년 1월 19일 잡보 「稷校方針」.
58) 『황성신문』 1909년 12월 29일 잡보 「忠南特色」.
59) 『황성신문』 1908년 3월 13일 잡보 「天安盛況」.
60) 『황성신문』 1908년 11월 5일 잡보 「尹氏助學員」.
61) 『황성신문』 1909년 9월 16일 논설 「女子教育界의 大缺點」.

〈표 2〉 1906~1910년 천안지역 사립학교현황[62]

년도	학교명	소재지	설립·교사	교과목/학생수	전거
1906	흥환학교	직산	김동규, 민연훈;교장	보교과정 / 40	大1906.8.22,11.23; 황1906.8.21,12.3, 1907.12.8;『충청남북도각군소장』
	일어학교	천안 읍내	심상정	일어/ 다수	황1906.2.28
	농공학교	천안	유지신사	농업학 중심/	大1906.4.19
1907	장명보성학교	목천	洪思軾;교감	보통과정/ 다수	황11907.1.23.2.71.24,8.15
	진명학교	목천 구산	박재곤;교감	신구학	대1910.7.16
	병진학교; 흥호학교	목천 갈전면	남계석;교장, 이정래;교감, 한우석;학감, 유치성·류규석;교사, 강대형;회계	고등과, 심상과/ 수십 명	황1909.3.21 大1908.8.2 대1910.7.1
1908	영진학교	천안	安喬善; 군수와 유지제씨	보통과정/ 다수 안국선 연설과 기부	황1908.3.13
	대동학교	전의	유지제씨	보교과정/ 다수	황1909.6.2
	사숙	직산 서리	閔載祺	한문·국문·산술·작문 / 수십 명	대1908.6.3 大1908.6.18
	흥환학교; 의성학교	직산	의친왕(한응리);교장, 강호도;부교장, 민옥현(최두경);교감, 남상순·민재기·이용성·민계동·전춘기;교사	보교과정/ 7~80	황1908.7.2.,8.30 10.22,1909.2.7,2.13 3.2;대1908.7.5,10.1 10.22;大1908.6.23 7.5, 9.30
	경위학교	직산	민철훈;교장,池喜烈;군수,徐光前;교사	보교과정/ 70 국채보상 참여	大1908.9.30,1909 1.15,4,20,6.3 대1908.10.1,10.22 1909.4.20;황1907 6.3,1908.1.22,1909 4.3,4.8,9.4,9.15 12.29,1910.1.9.,3.16 『기호』10-37~38
	대성학교	직산 보도원		의병 공격/ 50	황1909.7.27

62) 〈표 2〉의 大는『大韓每日申報(국한문혼용판)』, 대는『대한매일신보(한글판)』, 황은『황성신문』,『기호』는『畿湖興學會月報』등을 각각 의미한다.

1909	영미의숙	천안 소동면 미죽리	李東薰·金敦黙	보통과정/ 80	大1909.3.20 『기호』9-43
	사립보통학교	직산	김병원(민철훈); 교장,	보교과정/ 다수	대1909.9.25,9.26 大1909.9.26. 황1909.6.30
	보명학교	목천	趙鼎植·洪承哲	보통과정/ 40	大1909.6.22. 『기호』12-44
	병천학교	목천		보교과정/ 수십명	大1909.6.24 대1909.6.25 『기호』12-45
1910	광동학교	전의 동면 노계	孫昌奭·鄭寅哲	보교과정/ 30	大1910.1.9
	녹동학교	목천 이동	趙世增·李恒林·金思悳· 李在弘·尹達燮·李瑗夏	보교과정/ 70	大·대1910.6.24
	명진학교	목천 이동 영지 예수교회		보통과정/ 다수	대1910.7.9
	修身學校	목천 수산 발산	李禹珪	보통과/ 수십명	대·大1910.3.6

〈표 2〉는 당시 설립된 '주요' 근대교육기관을 의미한다. 1909년 10월말 현재 충남지방 공사립보통학교는 112개교였다. 반면 서당(개량서당을 포함 : 필자주)은 686개소에 달하였다.[63] 이곳 사립학교설립운동의 주요한 특징은 크게 다음과 같이 구분·파악할 수 있다.

첫째, 대부분은 초등교육 과정이었다. 이는 운영주체의 인식과 궁극적인 지향점을 보여준다. 곧 소수 우수한 인재양성보다 대중에게 일상사에 필요한 '보통지식' 보급이 주안점임을 의미한다. 문맹퇴치를 중시하는 가운데 민족의식·국가의식 등은 매우 중시되었다. 이는 근대교육 전반에 대한 미흡한 인식과 무관하지 않다. 또한 현실적인 여건도 크게 작용하였다. 엄밀한 의미에서 중등교육 시행은 여러 제약적인 요인으로 사실상 불가능한 실정이었다. 초등교육도 이를 담당할 '적절한' 교사진 충원마저 제대로 이루어지지 않았다.

---

63) 『大韓每日申報』 1909년 11월 13일 학계 「書堂何多」.

둘째, 중장기적인 운영계획이 거의 없었다. 우후죽순처럼 설립되는 교육기관에 부응한 사범교육 부재는 이러한 상황과 무관하지 않다. 물론 일부 학교는 재정적인 확충과 '의무교육비'를 징수하였다. 이는 소수에 불과할 뿐 대부분은 기부금이나 의연금에 크게 의존하고 있었다. 폐교지경에 처하였다는 보도는 이러한 저간의 사정을 보여준다.

셋째, 여자교육기관이 전무한 점이다. 이는 지역적인 특성을 어느 정도 반영한다고 볼 수 있다. 사립학교 운영주체는 아직 근대교육을 통한 남녀 평등권 실현까지 인식하지 못하였다. 인근 공주나 진천 등지에는 일찍부터 여학교에 의한 근대교육이 시행되었다.[64] 이는 선교활동 일환이었다. 근대 여성교육에서 개신교 역할에 대한 긍정적인 평가는 여기에 있다.

마지막으로「사립학교령」시행 이후 사립학교설립운동은 발흥한 사실이다. 이는 지역적인 특성을 반영한 결과에서 비롯되었다. 보수적인 경향이 강한 이곳은 계몽운동도 늦게 시작된 만큼 전개과정도 지연될 수밖에 없었다. 기호사립 등에 대한 비판은 이를 반증한다.[65] 하지만 전반적인 흐름은 다른 지역에 결코 미진하지 않았다.

2) 야학운동

한편 근대교육운동은 사립학교설립운동과 더불어 야학운동도 병행되기에 이르렀다. 주경야독에 의한 수업 진행은 성인이나 근로청소년에게 근대교육 수학 기회 확대로 이어지는 등 주요 관심사로서 부각되었다. 전근대 지배층의 전유물이자 특권은 시대변화와 더불어 변모하였기 때문이다.

직산군 월경리 원긍연은 吳漢泳·金東植 등의 협조로 사립학교를 설립하

---

64) 공주영명중고등학교, 『영명100년사』, 2007, 84~89쪽.
65) 『大韓每日申報』 1908년 4월 9일 잡보「畿湖興學會에서 畿湖人士에게 발송훈 全문이 如左호니」.

였다.66) 서울 거주 전목사 吳錫泳은 학용품 일체를 학생들에게 지원하는
등 향학열을 북돋웠다. 관내에 소재한 사립학교 임원들도 야학 설립에 앞
장섰다. 이들의 노력으로 무려 300여 명에 달하는 야학생이 출석하는 등 대
성황이었다. 언론은 이에 대한 극찬을 아끼지 않았다.

> 南來人의 確信을 聞혼즉 稷山郡內 私立學校에셔 任員諸氏가 不顧家事而
> 熱心敎育홈으로 學徒가 日增月加ᄒ야 其光榮됨이 可謂大希望이 有치 안
> 타 謂키 難혼 中에 又設夜學ᄒ고 農夫樵童을 面而論之ᄒ고 晝而勸之ᄒ
> 야 盡力敎育홈으로 夜學人員이 現在 三百餘人이라더라.67)

이처럼 야학을 통한 근대교육은 사립학교설립운동을 무색하게 하는 등
향학열을 고조시켰다. 야학은 근대교육기관으로서 각인되는 한편 널리 확
산되는 계기였다. 문맹한 성인이나 근로청소년에게 야학은 오늘날 사회교
육기관인 '평생교육원'으로서 의미를 지닌다.

동군 유지신사는 경위학교 부설로 국문야학교를 설립하였다. 교사진은
경위학교 교사들로 구성되었다. 주요 교과목은 국어·한문·작문·산술 등
이었다. 동군 山井里 의성학교 학원인 閔啓東은 자기 집에 야학을 설립하
였다. 그는 사숙에 재학 중인 학생과 초동목수를 2반으로 나누어 국어·한
문·어학·산술 등을 가르쳤다.68) 관내 전통교육기관의 '개량서당'으로 전
환은 야학에 대한 주민들의 호응 속에서 이루어졌다. 직산군수 지희열은
법률강습소를 설립한 후 직접 교사로서 활동하는 등 야학운동을 추동하였
다. 성숙한 시민사회는 철저한 준법정신 준수에서 비롯된다는 입장에서 이
를 운영하였다.69)

66)『황성신문』1908년 4월 25일 잡보「元氏倡學」, 4월 26일 잡보.
67)『황성신문』1908년 12월 22일 잡보「壯哉夜學」.
68)『황성신문』1909년 3월 2일 잡보,「英年有志」.
69)『大韓每日申報』1909년 1월 12일 잡보「稷倅勸學」;『황성신문』1910년 4월 7일 잡
보「民牧과 講師」; 편집부,「학계휘문, 稷守勸學」,『기호흥학회월보』10, 395쪽.

성환수비대 통역관보 김교용도 의성학교에 야학을 병설하여 청년자제를 가르쳤다. 개교 2~3일 만에 30여 명이나 출석하는 등 대단한 호응을 받았다. 그는 개학일에 즈음하여 연필·노트 등 학용품 일체도 무상으로 제공하였다. 열성적인 강의와 지원은 관내 미담으로서 널리 칭송되는 분위기였다.[70] 이러한 분위기는 확산을 거듭함으로써 야학운동의 발전을 위한 밑거름이었다.

전의군 동면 孫昌奭·鄭寅哲는 광동야학교를 설립하였다. 초동목수 30여명은 일시에 호응하는 등 설립자를 흥분시켰다. 교과과정은 국어·한문·산술 등을 중심으로 하는 공립보통학교와 유사하였다. 광동학교 교사들의 명예교사로서 자발적인 활동은 생도들 향학열을 고취시켰다. 당시 설립된 야학현황은 〈표 3〉과 같다.

〈표 3〉 한말 천안지역 야학현황[71]

야학명	위치	설립자	교사진	교과목	학생수	출전
국문야학교	직산 월경리	원긍연·오한영·김동식	유지제씨	국문·산술	군내; 300	황1908.4.25,4.26,12.22
국문야학교	직산 경위학교내	유지제씨	경위학교교사	국문	60	大1909.1.15,4.20 대1908.4.20,10.1 황1908.12.22,1909.12.4 12.9,12.29.19,3.20:『기월』10-37~38쪽
야학회	직산 산정리	민계동; 교사	좌동	국한문·어학·산술	20	황1909.3.2
야학	직산 성환 의성학교내	김교용; 성환수비대통역관	좌동	보통과정	30	황1909.2.13
광동야학교	전의 동면 광동학교내	손창석·정인철	광동학교교사	보교과정	초동목수; 30	대1910.1.8 大1910.1.9
법률강습소	직산	지희열; 군수	좌동	법률학·법률대요	다수	大1909.1.12. 황1910.4.7.:『기월』7-39

---

70) 『황성신문』1909년 2월 13월 잡보「稀罕郡主事」.
71) 〈표 3〉은 김형목, 『대한제국기 야학운동』, 343~347쪽을 중심으로 정리하였다. 대는 『대한매일신보(한글판)』, 大는 『대한매일신보(국한문혼용판)』, 황은 『황성신

〈표 3〉에 나타난 현상적인 특징은 다음과 같이 정리할 수 있다. 첫째로 직산은 다른 지역보다 야학운동이 활발하게 전개되었다. 이는 금광개발과 밀접한 관련성을 지닌다. 19세기 말부터 외국인에 의한 금광개발은 외래문화에 대한 인식을 새롭게 하는 계기였다. 주민들은 새로운 변화에 부응하는 지름길로 근대교육에 주목하였다. 야학은 빈민자제나 근로청소년을 위한 가장 현실적인 교육기관이었다. 20세기 초반 朴殷植이 야학에 주목한 이유도 바로 여기에 있다.[72]

둘째로 지역적인 편재성을 들 수 있다. 경부선 개통 이후 천안은 급격한 변화와 아울러 지역중심지로서 변모를 거듭하였다. 상업과 교통중심지로서 변화는 인구증가를 수반했다. 특히 지방자치를 위한 인민대의제는 이러한 양상을 그대로 보여준다. 선행적인 조건은 바로 민지계발을 위한 근대교육 보급이었다. 노동자를 위한 근대교육 보급은 바로 야학 시행으로 귀결되지 않을 수 없었다. 그럼에도 야학은 전혀 실시되지 않았다. 이는 야학에 대한 인식 부족에서 비롯된 것이 아닌가 추측할 뿐이다.

셋째로 주도층은 지방관리나 교사 등이었다. 지방관리는 흥학을 자신들의 주요한 치적 중 하나로서 인식하고 있었다. 이들은 계몽단체 조직, 사립학교설립운동·국채보상운동 등을 주도하거나 지원하였다. 원긍연은 대한협회 직산지회원이자 평의원이었다.[73] 그는 한글의 유용성에 창안하여 국문야학을 설립하였다. 이후 군내 노동야학이 우후죽순처럼 설립되는 등 교육열을 고조시켰다. 300여 명에 달하는 야학생은 이를 통하여 교육 수혜를 널리 받을 수 있었다. 직산군수 지희열은 관내 계몽운동을 주도하였다. 경위학교 설립과 교장으로서 재임은 주민들에게 근대교육의 중요성과 급무

문』, 『기월』은 『기호흥학회월보』를 각각 의미한다.
72) 김형목, 「1898~1905년 야학의 근대교육사상 의의」, 『한국민족운동사연구』 48, 한국민족운동사학회, 2006, 53~54쪽.
73) 편집부, 『대한협회회보』 1, 58쪽 ; 『대한협회회보』 2, 70쪽.

임을 일깨우는 기폭제였다. 그는 근로청소년과 성인을 위한 법률강습소를 설립·운영에 앞장섰다. 이는 근대시민으로서 준법정신의 중요성을 강조하기 위함이었다.[74]

4. 근대교육사상 위치

지방관은 1906년을 전후하여 근대교육 시행을 자신들의 주요한 행정업무로서 인식하였다. 지방관 주도에 의한 사립학교설립운동 활성화는 이러한 가운데 이루어졌다.[75] 이곳 지방관들도 이와 흐름에 부응하는 등 근대교육 시행에 적극적이었다. 개신유학자들도 시세 변화와 더불어 신학문의 중요성을 인식하기에 이르렀다. '유지신사'나 '지방명망가' 등은 이러한 계층을 의미한다. 궁극적인 목적은 민도에 부합한 문명사회 건설이었다.

전의 대동학교 「권학가」는 운영주체의 근대교육에 대한 인식을 고스란히 담고 있다. 주요 내용은 다음과 같다.

> 大東학校 학徒들라 / 이닉말슴 드려보쇼
> 太平盛代 敎育들은 / 詩賦表策 工夫로세
> 靑年文章 道學業은 / 進仕及第 所憑일세
> …(중략)…
> 不학無識 豪蕩子닉 / 借文借筆 軋學로세
> 飽食暖衣 逸居ᄒ고 / 新舊學問 全昧로세
> 國家發業 슬프도다 / 虛文崇尙 쓸대업닉
> 文明時代 知識업서 / 郡守觀察 속두ᄒᄂᆞᆫ
> 如此ᄒ고 困窮ᄒᄂ들 / 誰怨匪우 ᄒ잘소냐

---

74) 국사편찬위원회, 「지희열」, 『대한제국관원이력서』, 1972.
75) 유한철, 「1906년 광무황제의 사립학교 조칙과 문명학교 설립 사례」, 『한국독립운동사연구』 3, 한국독립운동사연구소, 1988, 138~144쪽.

腐敗舊習 不變ㅎ면 / 國家前途 어이홀고
어화우리 학도들아 / 一心쓰셰 一心쓰셰
三千疆土 五百宗社 / 우리肩上 擔着일셰
忠君愛國 目的삼아 / 어셔밧비 進步하셰[76]

　이들은 시대에 부응한 '실학'의 중요성을 강조하였다. 虛文 · 虛學에 대한
비판과 배척은 이러한 인식에서 비롯되었다. 학문은 '단순한' 지식이나 문
장을 깨우치는 것이 아니라 시대정신을 擔持할 수 있는 정신교육임을 역설
했다. 국가가 위기에 처한 당시 '실학'은 상무교육과 과학기술교육이었다.
1909년 춘계운동회 개최시 유지인사의 수많은 학용품 답지는 이러한 인식
과 무관하지 않았다.[77]

　원긍연 등이 세운 국문야학도 이러한 인식을 잘 보여주고 있다. 설립취
지서의 주요 내용은 다음과 같다.

　　夫有國必有敎오 有敎必有文이니 此所以世界各國에 皆有國文ㅎ야 以敎
　　其國人ㅎ야 培養自國之精神者也라 國無精神則 而國이 不强ㅎ고 人無精
　　神한 而人이 必亡ㅎ나니 國文之爲文이 豈徒在於代人宣言之具而已也哉
　　아 嗟夫我國의 由來弊習이 崇拜他國하고 自國精神을 消却ㅎᄂ니 浮簿無
　　識之徒가 反賤視自國國文ㅎ고 以尊客事大로 確作公理ㅎ야 滔滔皆是라
　　莫之能救ㅎ니 寧堪慨歎가 所以國統中世에 竟失自由自立之力ㅎ야 以之
　　損國威損國光者ㅣ 幾百年矣라 …(중략)… 本人等이 不願淺識不文之嫌
　　ㅎ고 愛國愛族之血誠를 不能自己ㅎ와 刱立國文夜學ㅎ고 聘師敎授이온
　　바 以祖國精神으로 爲基礎ㅎ고 共公總義로 爲特色ㅎ야 不問年齡之高下
　　와 界分之如何와 識字之有無ㅎ고 但志願入學者는 旁通廣募ㅎ와 工者 賈
　　者 諸同胞는 庶幾翼贊同情ㅎ야 共躋文明仁壽之域ㅎ야 上以奠國權於盤
　　泰之固ㅎ고 不以保種族於競爭之中ㅎ실지어라.[78]

76)『大韓每日申報』1908년 3월 28일 잡보「全校盛況」.
77)『황성신문』1909년 6월 2일 잡보「大東運動」.
78)『황성신문』1908년 4월 26일 잡보「國文夜學」.

곧 문자는 각 나라의 애국정신을 고취하는 근원이다. 국가정신이 없는 나라는 결코 부강할 수 없는 동시에 멸망할 수밖에 없다. 이는 조국의 중요성을 인식하지 못한 채 외국을 숭배하는 사대성이 팽배하기 때문이다. 애국정신의 근원은 곧 자국어를 제대로 익히고 사용하는 데 있다. 이러한 취지에 따라 국문야학을 설립한다고 그는 역설하였다. 이들의 노력은 관내 각 마을마다 국문야학을 실시하는 계기였다. 신문이나 학회지 등은 이를 대대적으로 보도하는 등 이들에 대한 격려를 아끼지 않았다.

한글에 대한 관심은 식민지화에 대한 위기의식과 더불어 고조되었다. 국문학교 설립계획이나 국문야학 성행은 이러한 사실을 반증한다.[79] 한글에 대한 관심은 교육열 고조로 이어졌다. 노동야학은 이러한 상황과 맞물려 발전을 거듭하기에 이르렀다. 이는 단순한 지식습득 차원에만 머물지 않고 새로운 '노동자상'을 창출하기에 이르렀다. '노동가치'·'임금' 등 노동자와 관련된 사회적인 인식변화는 이와 맞물려 진행되었다.

한편 文明學校를 비롯한 인근 진천 관내 5개 학교와 연합하여 목천 병천학교에서 개최된 운동회는 성황을 이루었다. 참가한 수백 명 학도들은 정정당당한 경쟁과 늠름한 기상은 주민들 탄성을 자아내었다.[80] 이처럼 운동회는 학생들에게 상무정신을 일깨우는 현장이있다. 주민들도 참여를 통하여 시세변화에 부응한 새로운 생활문화를 창출하는 계기를 맞았다.

성환 의성학교 학생 50여 명과 임원 20여 명 등은 순종황제 즉위1주년을 맞아 제등행렬 등 대대적인 경축행사를 벌였다.[81] 주민들 적극적인 호응은 사회구성원으로서 자기 존재성을 인식하는 계기였다. 이는 근대교육에 대한 높은 관심과 지원으로 이어졌다. 생활 정도에 따른 '의무교육비' 징수에

---

79) 김형목, 「한말 국문야학의 성행 배경과 성격」, 『한국독립운동사연구』 20, 한국독립운동사연구소, 2003 참조.
80) 기호흥학회, 「학계휘문, 文校運動」, 『기호흥학회월보』 12, 45쪽 ; 『대한매일신보』 1909년 6월 25일 잡보 「진천학교운동」.
81) 『황성신문』 1908년 8월 30일 잡보 「義校盛況」.

의한 사립학교 운영은 이와 같은 성격을 그대로 보여준다. 교장인 영국인 선교사 夫在烈은 일본인 환영을 위한 일장기 게양을 거부하였다. 일본 경찰과 헌병의 강요에도 자신의 주장을 끝까지 철회하지 않았다.[82] 이는 학생들에게 한국인으로서 자긍심을 고취시키는 계기였다.

반면 근대교육 시행상 주민들간 갈등을 조장하는 부정적인 측면도 적지 않았다. 의병의 학생 포살은 근대교육에 대한 일반인 인식과 관련하여 주요한 의미를 지닌다.[83] 측량학도에 대한 피살도 의병들의 근대교육에 대한 인식을 반영하는 부분이다. 직산에서 측량학을 실습하던 학도 4명은 의병진의 공격을 받아 2명이 사망하였다.[84] 측량학교는 이를 계기로 급격한 학생 감소로 폐교하지 않을 수 없었다. 대립·갈등은 불심을 조장하는 등 사회적인 불안을 일으키는 요인 중 하나였다.

직산지역 계몽운동을 주도한 군수 지희열은 학교보조금을 핑계로 토색질을 행하였다. 근대교육에 대한 부정적인 인식은 이러한 상황과 무관하지 않다.[85] 이는 지역민의 근대교육에 대한 인식 부족 등 여러 요인에 의하여 파생되었다. 강제적인 근대교육 시행은 주민들 불만을 초래하는 요인 중 하나였다.[86] 이와 더불어 '한일합방' 직후 天長節 행사도 대대적으로 실시하는 등 식민체제로 포섭되었다. 지방관 계몽운동 참여와 한계는 여기에 그대로 나타난다.[87]

일진회 지회원의 불법행위와 일본어에 치중된 학교 운영은 근대교육 진전을 방해하는 요인이나 다름없었다.[88] 러일전쟁 이후 일본어 학습 열풍은

---

82) 국사편찬위원회, 「義成學校長 英國人宣敎師 夫在烈의 日章旗揭揚 拒否의 件」, 『통감부문서』 6, 1909년 9월 1일자.
83) 『대한매일신보』 1909년 4월 30일 잡보 「학싱포살」.
84) 『大韓每日申報』 1908년 11월 11일 잡보 「測量員被殺」 ; 『대한매일신보』 1908년 11월 11일 잡보 「측량학원포살」.
85) 『대한매일신보』 1909년 2월 18일 「원망이 만하」.
86) 『大韓每日申報』 1909년 1월 12일 「稷倅勸學」.
87) 『매일신보』 1910년 11월 12일 잡보 「稷山의 天長節」·「忠南美擧」.

이를 반증한다. 이들은 지방관에 대한 협박을 서슴지 않는 등 '무소불위'로 발호하였다.[89] 일부 인사의 개화를 빙자한 풍기문란 등은 근대교육에 대한 부정적인 이미지로 각인시켰다. 전통적인 윤리관에서 일탈된 행위는 비난 대상이었다.[90] 이는 근대교육 전반에 대한 불신을 초래하고 말았다. 또한 일인교사 파견에 의한 학교운영권 장악도 부정적인 영향을 미쳤다. 이들은 단순한 일본어 보급에 그치지 않고 민족적인 우월감에 의한 한국인 생도들에게 모멸감을 무의식중에 부식시켰다.[91] 1909년 이후 사립학교설립운동 부진은 이러한 상황과 맞물려 있었다.

5. 맺음말

천안지역은 19세기 후반부터 급격한 사회변동을 초래하였다. 동학·기독교 전래, 금광개발과 일본인거류지 형성, 일진회 활동, 대한자강회·대한협회 직산지회와 기호흥학회 목천지회 설립인가, 경부선 개통, 의병전쟁 확산, 인민대의제·의무교육회 조직 등은 변화를 초래하는 요인이었다. 이는 주민들 일상사 변화와 더불어 급변하는 상황이었다.

일본인거류지 형성도 주민들에게 일상사에서 외래문물을 직접 체험시키는 계기였다. 금광 개발 이후 일본인 유입은 급속하게 이루어졌다. 이들은 「민단법」에 의거한 자치규약을 제정하는 한편 심상소학교 설립을 통한 '의무교육' 실시에 노력하였다. 이는 근대교육에 대한 관심 고취시키는 요인

---

88) 『황성신문』 1905년 9월 12일 광고 「日語雜誌社」.
89) 『大韓每日申報』 1905년 9월 7일 잡보 「天倅綜明」, 1906년 2월 3일 잡보 「會員借解」, 4월 12일 잡보 「被虐流離」, 6월 26일 잡보 「會員行悖」.
90) 『대한매일신보』 1907년 12월 12일 잡보 「홍씨방탕」.
91) 『황성신문』 1909년 5월 8일 잡보 「普通學校選實區域」, 6월 30일 잡보 「副訓導와 日敎師發遣」.

중 하나였다. 반면 일본인에 의한 토지침탈·고리대금업 등은 반일의식·항일의식을 일깨웠다. 후기 의병전쟁 확산은 이러한 배경과 맞물려 있었다.

대한자강회·대한협회 직산지회나 기호흥학회 목천지회는 전·현직 관리와 자산가·교육가 등을 중심으로 조직되었다. 강연회·토론회 등 계몽활동과 주민들의 자발적인 사회운동 참여는 사회적인 존재성을 새삼 일깨우는 계기였다. 계몽론자들은 국채보상운동·사립학교설립운동·야학운동 등 문화계몽운동을 주도하였다. 지방자치제 시행을 표방한 인민대의제나 의무교육회 조직도 이들 주도로 이루어졌다. 민지계발은 계몽단체의 최우선적인 과제나 다름없었다.

이곳 국채보상운동은 비교적 일찍부터 시작되었다. 중심적인 인물은 전현직관리·자산가·개신유학자·상인 등이었다. 대부분 모금 방식은 향촌공동체 운영에 의한 배분이었다. 곧 '의연금=의무금'이라는 인식은 당시 보편적일 만큼 확산되었다. 마을이나 문중 단위로 전개된 자발적·경쟁적인 동참은 이를 반증한다. 상인들의 적극적인 참여는 주민들로 하여금 '국채=국망'이라는 인식을 확산시켰다. 고용인 廉英麟·尹福釗 의연은 주민들에게 널리 회자되었다.

근대교육은 사립학교에 의하여 주도되었다. 이곳을 대표하는 사립학교는 경위학교·의성학교·대동학교·흥호학교 등이었다. 대부분은 초등교육과정이었다. 교과목 편성은 이러한 사실을 잘 보여준다. 목천 진명학교나 직산 서숙 등은 전통교육과 근대교육을 절충하는 등 현실적인 여건을 고려하였다. 반면 심상정이 설립한 천안 일어학교는 일본어를 전문적으로 가르쳤다. 대부분 일어학교가 그러하듯이, 이는 많은 문제점과 한계성을 지닐 수밖에 없었다.

학교는 시세변화를 일깨우는 현장이자 지역사회 여론을 조성하는 생활공간으로서 자리매김하였다. 학부형회·찬성회 등은 재정적인 지원과 아울러 학생들에게 사회적인 책임감을 일깨워 주었다. 교육내실화는 교과과정

개편 등을 통하여 진전을 거듭하였다. 고등과 설치는 교사양성을 위한 기반이었다. 그런데 재정 부족으로 이마저도 여의치 않았다. 의성학교장 부재열은 일본인 환영식을 위한 일장기 게양을 거부하는 등 학생들에게 항일의식을 고취시켰다.

문화계몽운동 확산과 더불어 향학열은 날로 고조되었다. 빈민자제나 근로청소년을 위한 방안은 야학 운영으로 이어졌다. 근로청소년에 대한 수학기회 확대는 현실인식과 가치관을 크게 변화시켰다. 노동·노동자 등에 대한 긍정적인 평가는 이와 무관하지 않다. 근대교육은 이러한 가운데 확산과 더불어 발전을 거듭할 수 있었다.

병식체조나 연합운동회 개최 등은 상무정신 고취로 귀결되었다. 특히 운동회는 오락적인 요소와 아울러 근대교육의 필요성을 일깨우는 현장이었다. 학생들의 질서정연한 대오와 늠름한 기상은 관중들로 하여금 탄성을 자아내기에 충분하였다. 행사 이후 개최된 강연회는 건전한 생활문화 조성은 물론 건설적인 여론을 형성하는 기반이었다. 적극적인 주민들 참여·지원에 의한 연합운동회는 이러한 사실을 분명하게 보여준다. 변화에 부응한 새로운 민중문화는 이러한 과정에서 창출될 수 있는 계기를 맞았다. 민족의식·항일정신 등은 일제강점기 민족해방운동을 추진시키는 요인이었다.

제3장
한말 서산지역의 국권회복운동

1. 머리말

1990년대 이후 한국사학계의 두드러진 변화는 '지역학'에 대한 높은 관심
과 미시사에 입각한 연구 경향이다. 지방화시대에 부응한 이러한 변화는
지역민의 정체성 확립과 애향심 고취와 무관하지 않다. 올바른 '지역학' 정
립은 역사무대를 지배층 중심과 수도권 중심이라는 낡은 역사인식을 극복
한다는 점에서 환영할 일이다.[1] 그런데 열의와 달리 학술적으로 심화된 지
역사 연구는 일부 지역을 제외하고 아직 걸음마 단계에 불과하다. 구체적
인 방법론 부재와 '낭만적인' 현실인식은 이와 같은 상황을 초래하는 주요
한 요인 중 하나이다.

---

1) 이해준·손형부 외,『전남지방사서설』, 김향문화재단, 1990 ; 역사문화학회,『지
   방사와 지방문화 1』, 1998 ; 역사문화학회,『지방사와 지방문화 4』, 2001 ; 한국사
   연구회 편,『한국지방사 연구의 현황과 과제』, 경인문화사, 2000 ; 호서사학회 편,
   『호서지방사연구』, 경인문화사, 2003 ; 김진식,「W.G, 호스킨스의 지방사이론」,
   『기전문화연구』23·24, 인천교대 기전문화연구소, 1994 ; 조성을,「경기지역의
   지방사 연구현황과 과제」,『경기사학』3, 경기사학회, 1999 ; 이윤갑,「생활세계로
   서의 지방사회와 지방사 연구」,『대구사학』64, 대구사학회, 2001 ; 장동표,「지역
   사학회의 발전방향과 지방사 연구」,『역사와 경계』42, 부산경남사학회, 2002.

서산지역에 대한 연구도 이러한 수준에서 크게 벗어나지 않았다. 전통시대는 물론 근현대사에 관한 객관적인 사료에 근거한 사실도 제대로 규명하지 못하였다.[2] 가장 기초적인 자료인 구술사 수집·정리는 이제 시작 단계에 불과할 뿐이다. 더욱이 공간된 자료의 수집·정리도 비슷한 실정임을 부인할 수 없다. 이는 서산지역에 한정된 문제는 결코 아니다. 부진한 자료정리는 궁극적으로 지역사 연구에 대한 관심을 반감시키지 않을 수 없다. 자료집 발간이나 새로운 연구방법론 모색의 중요성은 바로 여기에 있다.

이 글은 기존 연구 성과를 토대로 한말 서산지역 국권회복운동을 조명하는 데 중점을 두었다.[3] 의병전쟁·계몽운동·국채보상운동 등으로 크게 대별되는 민족운동은 일제강점기 민족해방운동으로 계승·발전되었다. 식민지라는 '미증유'의 역사적인 경험은 현실인식을 심화시키는 '기폭제'나 다름없었다. 그런 점에서 한말 국권회복운동(국권수호운동 : 필자주)에 대한 실체 규명은 중요한 의미를 지닌다. 사회변동과 이에 따른 대응책은 당시 상황과 밀접하게 맞물려 있었기 때문이다.

먼저 의병전쟁 전개 과정을 살펴보았다. 이곳 출신으로 유명한 의병장은 거의 찾아볼 수 없다. 하지만 홍주의병진을 비롯한 群小 의병진 가담을 통

2) 김상기, 「대전 충남지역 독립운동사 연구현황과 과제」, 『중산정덕기박사화갑기념 한국사학논총』, 동간행위원회, 1996 ; 신영우, 「충청지역의 지방사 연구현황과 과제」, 한국사연구회 편, 『한국지방사 연구의 현황과 과제』, 경인문화사, 2000 ; 유철인, 「충남 서산지역의 전통 만들기, 변화에 대한 문화적 대응」, 『지방사와 지방문화』 3-1, 역사문화학회, 2000 ; 이은우, 「서산지역의 향토사 연구현황과 자료」, 『충청문화연구』 창간호, 충남대 충청문화연구소, 2008.

3) 한말 서산지역 국권회복운동과 관련된 대표적인 논저는 다음을 참고하라.
서산시지편찬위원회, 『서산시지-서산의 역사』 2, 1988 ; 충청남도지편찬위원회, 『충청남도지(근대편)』 8, 2008 ; 이은우, 「서산, 태안의 항일독립운동사」, 『태안문학』 2, 1999 ; 김형목, 「기호흥학회 충남지방 지회 활동과 성격」, 『중앙사론』 15, 한국중앙사학회, 2001 ; 김형목, 「한말 충청도 야학운동의 주체와 이념」, 『한국독립운동사연구』 18, 한국독립운동사연구소, 2002 ; 김상기, 「서산지역 항일 독립운동의 전개」, 『서산문화춘추』 3, 서산문화발전연구원, 2008 ; 김상기, 「한말 정주원 의병의 항일투쟁」, 『충청문화연구』 창간호, 충남대 충청문화연구소, 2008.

하여 외세 침략에 적극적인 저항을 펼쳤다. 서산인의 항일의식은 이를 통하여 부분적이나마 엿볼 수 있다. 자신의 안위를 돌보지 않는 희생정신은 일제의 식민지화를 지연시키는 요인 중 하나로 작용했다. 국권수호를 위한 몸부림이자 파수꾼은 바로 의병전쟁이었다. 배일의식 고조와 식민지배에 대한 저항은 이러한 역사적인 연원에서 비롯되었다.

이어 자아의식·민족의식을 일깨운 근대교육에 주목하였다. 기호흥학회 서산지회와 해미지회는 이를 주도한 중심 단체였다.4) 강연회·토론회 등 계몽활동은 시세변화에 부응한 새로운 사회질서를 모색하는 주요한 계기로 작용하였다. 이는 사립학교나 야학 설립을 통한 근대교육운동 시행·보급으로 이어졌다. 활동가들 의도와 달리 근대교육운동은 전반적으로 부진함을 면치 못하였다. 상무정신을 고취시키는 동시에 시세변화를 일깨우는 '교육현장인' 연합운동회를 한 번도 개최하지 않은 사실은 이를 반증한다. 기록에 나타나지 않을 뿐 현지에서 실행될 경우도 전혀 배제할 수 없지만, 그러할 가능성은 거의 엿보이지 않는다. 더욱이 중장기적인 대안 부재는 소수 사립학교에 의한 근대교육으로 귀결되고 말았다. 근대교육운동 중 주요한 영역인 야학운동도 마찬가지 양상이었다.

마지막으로 자립경제를 향한 국채보상운동에 주목했다. 서산과 해미군민은 각각 2,000여 명과 1,800여 명이나 참여할 정도로 대단한 열의와 참여의식을 보여준다. 주민들의 지속적·적극적인 참여에도 뚜렷한 족적을 남기지 못하였다. 강한 族籍 기반에 의한 문중 단위로 진행된 모금활동은 다른 지역에 비하여 결코 뒤지지 않았다.5) 그런데 의연금 '횡령'이라는 불미스러운 사태는 주민들에게 실망감을 증폭시키는 요인이었다. 이는 계몽운동 전반에 부정적인 영향을 미쳤다고 생각된다.

---

4) 김형목, 「기호흥학회 충남지방 지회 활동과 성격」, 『중앙사론』 15, 38~39쪽.
5) 김형목, 「국채보상운동」, 『충청남도지(근대편)』 8, 264~266쪽.

한편 서산인은 다양한 민족운동 참여를 통하여 미약하나마 모순된 현실을 인식하는 등 결코 '사회적인 책무'에 소홀하지 않았다. 다른 지역에 비하여 선진적인 역할은 미진한 상황임을 부인할 수 없다. 이는 한말 서산지역 민족운동의 총체적인 역량인 점에서 의미를 지닌다. 일제강점기 민족해방운동은 이러한 전통을 계승·발전시키는 가운데 진전을 거듭할 수 있었다. 서산지역 국권회복에 주목한 이유도 바로 여기에서 찾을 수 있다.

2. 국권수호의 파수꾼 의병전쟁

충남지방 주요 의병전쟁은 1896년과 1906년 홍성을 중심으로 전개되었다. 전·중기 의병전쟁을 대표하는 이른바 홍주의병은 홍성·청양·당진·예산·서산 등 내포지역 주민들 참여 속에서 일어났다.[6] 1896년 홍주의병에 서산인도 다수 참여한 것으로 보인다. 내포지역을 중심으로 형성된 학맥을 기반으로 한 의병진 구성은 이러한 사실을 잘 보여준다.[7] 물론 참여자의 구체적인 역할이나 활동상 등은 제대로 파악할 수 없다. 내포지역과 서해안 일대에서 시속적으로 전개된 의병전쟁은 서산인의 항일투쟁을 부분적이나마 엿볼 수 있다.

孟達燮은 1906년 홍주의병진에 가담하여 혁혁한 전공을 세웠다. 홍주성전투는 중기 의병전쟁사에서 가장 치열하게 전개되었다.[8] 이는 의병전쟁

---

6) 의병전쟁 전반에 대한 내용은 다음 글을 참조하였다.
   김상기, 「서산지역 항일 독립운동의 전개」, 『서산문화춘추』 3, 2008 ; 김상기, 「한말 정주원의병의 항일투쟁」, 『충청문화연구』 창간호, 2008.
7) 김상기, 「한말 일제하 내포지역 기호학맥의 형성」, 충남대 내포지역연구단, 『근대이행기 지역엘리트 연구』 I, 경인문화사, 2006.
8) 유한철, 「홍주성의진(1906)의 조직과 활동」, 『한국독립운동사연구』 4, 한국독립운동사연구소, 1990 ; 이은숙, 『1905~10년 홍주의병운동의 연구』, 숙명여대박사학위논문, 2004.

의 전국적인 확산과 전투력 향상을 초래하는 주요한 계기였다. 그는 서산군 명천 출신으로 홍주성전투에 직접 참여하여 적극적인 항일전을 전개했다.9) 홍주성 퇴각 후에도 충남 정산·부여와 경기 죽산·양성·용인 등지에서 여러 차례 적과 교전을 벌였다. 부여 관아를 습격하여 죄수를 방면하는 한편 서산·공주 등지에서는 군자금 모집하는 등 대담한 활동을 펼쳤다. 소규모 부대에 의한 유격전을 방불케 하는 군사활동은 기동성을 수반하는 등 일본수비대 추적을 쉽게 따돌릴 수 있었다. 이는 활동 반경 확대와 더불어 敵地를 쉽게 습격하는 요인 중 하나였다. 불행히도 1910년 3월 일본경찰에 체포되어 이른바 내란·강도죄로 7월에 교수형으로 순국하고 말았다.10)

서산 출신 주요 의병장으로 최근 주목을 받는 인물은 崔九鉉이다. 그는 면천 출신으로 을사늑약을 목도한 다음 관직을 사직한 후 귀향하였다. 1906년 4월 기지시에 丙午倡義都所를 설치하는 동시에 서산·면천·당진·고덕 등지에 격문을 보내어 370여 명에 달하는 의병을 모군할 수 있었다. 倡義領導將에 추대된 그는 5월 10일 면천성을 공격하였으나 실패하여 의병 36명과 당진 소난지도로 들어갔다.11) 이때 서산의병 참모 金泰淳 등 28명의 의병 합세는 의병진 사기를 충천시키는 계기였다. 하지만 김태순에 관한 구체적인 활동상은 더 이상 확인할 수 없어 안타까울 뿐이다.

한편 1908년 5월 申甲順·李用白 등 30여 명은 총기를 휴대하고 해미군 천의면 승비리 南某 집에서 군자금 명목으로 200냥, 당진군 이주사 집에서 70냥을 모집하였다. 이들은 동년 6월에 해미군 일도면 상시평에서 일제 밀정을 체포·처형하는 등 항일의지를 불태웠다. 일진회원을 비롯한 친일세력은 신변 불안과 함께 의병 밀고 등 행동을 자제하지 않을 수 없었다.12)

---

9) 국사편찬위원회, 「暴徒逮捕 取調에 關한 件」, 『한국독립운동사자료(의병편)』 17.
10) 황현, 『매천야록』, 국사편찬위원회, 1955, 525쪽 ; 국가보훈처, 『독립유공자공훈록』 14, 2000, 283~284쪽.
11) 충남대 충청문화연구소, 「당진의병자료(최구현 의병장 묘지명)」, 『한말 당진의병전쟁 학술고증용역보고서』, 2004.

신갑순은 이 해 8월에 홍주경찰서에 체포되어 공주지방재판소에서 교수형을 선고받았다. 11월 경성공소원과 대심원에 공소하였으나 기각과 동시에 형이 집행되어 순국하였다.[13]

이곳에서 두드러진 의병전쟁을 수행한 대표적인 의병진은 바로 鄭周源 부대였다. 그는 경기 안성·죽산·용인·화성 등지를 중심으로 격렬한 항일전을 전개하는 등 적에게 심대한 타격을 주었다. 1908년 초에 「일진회 보아라」나 「각 면장에게 광고함」 등 경고문을 통하여 친일파에 대한 경고도 마다하지 않았다.[14] 그는 친일파의 매국적인 책동을 준엄하게 심판하는 등 구국항쟁에 대한 지원·동참을 주장하였다. 이후 서해안 당진을 중심으로 충남지방까지 활동 반경도 확대하기에 이르렀다.[15] 후기 의병전쟁사에서 서해안 일대는 주요한 '전투거점'이자 항일의식을 고조시키는 요인이었다.

해미군 부산면 원평리 출신 金雙奉 등은 이에 가담하여 해미·당진 일대에서 활약하였다. 정주원부대는 1908년 6월 15일 서산 동음암면 송내리에서 일본인 체신부 荒木臺藏을 살해했다.[16] 이튿날 이들은 면천군 감천면 삼화리 이장 집과 곡식 등을 방화하였다. 이 외에도 경기·충남 일대를 넘나들면 군자금 모금과 친일세력 처단에 앞장섰다. 일진회를 중심으로 조직된 自衛團은 자신들 정체를 은폐하는 등 신변 보호에 골몰하는 상황이었다.

서산지역에서 활동한 의병은 申奇右·李寬道·安命僉·申敬春·崔鍾成·張奭弘 등이다.[17] 신기석은 1908년 10월 14일 30여 명을 거느리고 서산군

---

12) 『大韓每日申報』1907년 11월 12일 잡보「自衛派團」, 11월 19일 잡보「十一部派團」.

13) 독립운동사편찬위원회, 『독립운동사자료집-별집』1, 344쪽 : 국가보훈처, 『독립유 공자 공훈록』9, 1991, 574쪽.

14) 『暴徒에 關한 편책』, 홍비수 제122-1호(1908년 3월 1일), 「暴徒ノ貼紙二關スル件, 부속문서 一進會見ㅋ」(국가기록원 소장).

15) 독립운동사편찬위원회, 『독립운동사자료집』3, 502~505쪽 ; 독립운동사편찬위원 회, 『독립운동사자료집』별집-1, 157~158·387쪽 ; 독립운동사편찬위원회, 『독립 운동사(의병운동사)』1, 1972, 532~735쪽.

16) 김상기, 「항일의병전쟁」, 『충청남도지(근대편)』8, 309~316쪽.

17) 독립운동사편찬위원회, 『독립운동사(의병운동사)』1, 535쪽.

獨串을 통과하자, 면천헌병분견소는 이들을 추격했다. 하지만 종적을 위한 추격은 저들의 의도와 달리 실패하고 말았다. 당진군 출신 신경춘은 서산·해미·당진 일대를 중심으로 활동을 전개하다가 일부 부하들이 전사하는 불행을 겪었다. 이후에도 20여 명으로 구성된 의병진은 서산·해미에 빈번하게 출몰하는 등 항일투쟁을 멈추지 않았다.[18]

이곳 의병전쟁은 서해안을 배경으로 전개되었다. 남양만을 중심으로 당진·화성 등지에서 기의한 의병진과 연대는 활동 반경을 확대하는 요인이었다.[19] 게릴라전과 주민들 지원은 전투력을 배가시킴으로써 주민들 참여나 지원을 유도할 수 있었다. 지형·지물을 이용한 군사활동은 일본군에게 많은 타격을 주는 동시에 전투력을 유지하는 비결 중 하나였다. 정주원을 비롯한 외지 출신 의병진이 1910년까지 지속적이고 활발한 전투를 전개할 수 있었던 요인은 이와 무관하지 않다. 외세에 대한 경각심은 주민들로 하여금 구국항쟁에 자발적인 참여와 지원을 유도하는 밑거름이었다.

3. 민족의식을 일깨운 근대교육운동

1) 기호흥학회 지회의 활동

을사늑약에 의한 통감부 설치는 식민지화에 대한 위기의식을 고조시키는 '결정적인' 요인이었다. 대한자강회·대한협회 등 정치·사회단체는 각지에 지회설립을 인가하는 등 계몽세력을 결집시켰다.[20] 활동영역 확대와 세력기반 강화를 위한 이러한 활동은 민지계발을 일깨우는 기제로서 작용

---

18) 『大韓每日申報』 1908년 11월 6일 잡보 「地方消息」.
19) 김도형, 「의병운동」, 『화성군지』, 화성문화원, 1992.
20) 유영렬, 『애국계몽운동』 I, 한국독립운동사편찬위원회, 2007, 52~68쪽.

하였다. 충남지방에 설립된 대한자강회 직산지회나 대한협회 홍주·은진·
정산·부여·직산지회 등은 이를 반증한다.[21]

한편 재경 거주 지방인사를 중심으로 각종 학회도 조직되었다. 서우·한
북흥학회를 비롯한 교남학회·호남학회·동학회 등은 대표적인 단체였다.
기호흥학회도 이러한 분위기 속에서 조직되는 계기를 맞았다. 이 단체는
기호지방 흥학과 민지계발을 목표로 1908년 1월 19일 서울에서 鄭永澤·李
禹珪 등의 발의로 창립되었다.[22] 기호인의 결집에 의한 학회 조직은 시대
변화에 부응하려는 몸부림이자 현실대응책이었다. 구체적인 실천방안은 사
립학교 등 근대교육기관 건립, 지방에 인재 파견, 회보 발간·보급 등이었
다.[23] 이는 치열한 생존경쟁시대에 부응한 시무책으로 국권회복이라는 원
대한 목표와 맞물려 있었다.

취지서는 "학업을 권장하며 회보를 간행하여 일반인사의 지식 주입하는
가운데 관내 교육을 발전시킬" 것임을 거듭 천명하였다. 근대교육을 통한
시세 변화에 부응하는 동시에 주체적인 기호인으로서 자주·자립할 수 있
는 능력 배양은 궁극적인 지향점이었다.[24] 이는 당시 계몽단체의 공통적인
목표이자 주요 활동영역이나 다름없었다. 전통교육에 대한 '냉혹한' 비판은
이러한 당시 분위기 속에서 전개될 수 있었다.

기호흥학회의 회원자격은 대한제국 남자로서 경기도와 충청남·북도 내
에 본적이나 주거하는 만 20세 이상인 품행이 단정한 사람이었다. 入會時
에는 회원 2인의 보증과 입회금 1환을 첨부하여 회장의 인준을 받도록 규

---

21) 김형목, 「계몽단체 조직과 활동」, 『충청남도지(근대편)』 8, 245쪽.
22) 『大韓每日申報』 1908년 1월 18일 광고, 1월 19일 잡보 「畿湖興學」, 1월 22일 잡보
「畿湖興學會盛況」.
23) 편집부, 「본회기사, 지방에 발송흔 공함」, 『기호흥학회월보』 1, 48쪽 ; 『大韓每日
申報』 1908년 4월 9일 잡보 「畿湖興學會에서 畿湖人士에게 발送흔 全문이 如左
하니」.
24) 편집부, 「본회취지서」, 『기호흥학회월보』 1, 1~2쪽 ; 『大韓每日申報』 1908년 1월
19일 잡보 「畿湖興學會趣旨書」.

정하였다. 퇴회시에는 사유를 진술하고 입회증서와 會卷 반납을 의무적인
사항으로 삼았다. 회원은 月捐金 10전씩을 납부하는 통상회원, 60원에서
300원을 기부하는 특별회원, 300원 이상에 해당하는 재산기부자인 특별찬
성회원 등으로 구분했다. 이는 기호인의 적극적인 참여와 부족한 재정 확
보 차원에서 기획되었다. 회원 권리는 본회 발전을 위한 의견 제출, 본회
임원의 선거와 피선거권, 총회에서 발언과 표결권 등이었다.25) 회원 구분
은 사회적인 영향력이 강한 인물을 영입하려는 의도에서 비롯되었다. 실제
로 이들은 재정뿐만 아니라 지회 운영에 절대적인 영향력을 미치는 인물들
이었다.

　지회 설립규정은 "본회는 서울에 두고, 지회는 경기도와 충청남·북도에
隨宜 설립한다(본회규칙 제4조)"이었다. 지회 설립인가에 대한 청원은 1908
년 4월부터 시작되었다. 이에 본회는 대상 지역에 권유위원이나 시찰위원
등을 파견하여 구체적인 현황을 파악하였다. 이들이 보고한 시찰보고서에
준하여 임시회의나 총회 등을 통하여 지회설립을 허가했다. 주요 내용은
회원수, 현재까지 구체적인 활동 상황, 운영비 조달 현황, 향후 사업계획 등
이었다. 1909년 12월 초 현재까지 인가된 지회 총수는 19개소였다.26) 이 중
충남에 인가설립된 지회는 8개소에 달하였다. 충북이 4개소에 불과한 사실
과는 대조를 이룬다.

　충남지방에 제일 먼저 설립인가를 받은 지회는 서산지회로 1908년 5월
10일이었다. 朴相會 등 76명이 지회설립을 청원하자, 본회는 시찰을 중지하
고 지회설립을 認許하였다.27) 임원진은 지회장 金永年, 부회장 任命宰, 총
무 尹喆憲, 평의장 金永求·李範淳 등 15인, 교육부장 朴容燮, 재정부장 鄭
一燮, 회계원 徐丙彦, 서기원 李啓肇, 간사원 金容奭·鄭東鎬 등이었다. 지

---

25) 편집부, 「회중기사, 본회규칙」, 『기호흥학회월보』 6, 54~55쪽.
26) 김형목, 「기호흥학회 충남지방 지회 활동과 성격」, 『중앙사론』 15, 41쪽.
27) 편집부, 「회중기사, 會社一覽」, 『기호흥학회월보』 2, 56쪽.

회장 김영년은 지회원 명부와 향후 주요 활동계획 등을 본회에 보고하였다. 본회는 지회 활동의 활성화를 위한 여러 방안을 강구하는 등 세력기반 확충에 노력을 기울였다.

동년 7월 12일 해미와 공주지회 설립도 인가되었다. 본회는 해미군과 공주군에 흥학권유위원으로 李春世와 洪彌周를 각각 파견하였다.[28] 이들 시찰보고에 대하여 본회는 설립인가를 승인했다. 해미와 공주 지회원·임원진이나 주요 부서 등은 현재 거의 파악할 수 없다. 설립인가 당시 지회원수와 일부 지회원 명단만이 알 수 있을 뿐이다.[29] 다른 지회의 상황을 볼 때, 지회 구성원은 지방관을 비롯한 이곳 유지신사인 '지방명망가'임을 쉽게 추정할 수 있다.

지회 재정은 대부분 지회원의 월연금과 유지들 기부금 등으로 충당되었다. 본회에서 그 지역에 소재한 기부전답 수익금을 배부하는 경우도 있었다. 그런데 지회 재정 상황이나 운영 등에 관한 구체적인 실상은 전혀 알 수 없다. 「지회 설립인가」 규정은 명분에 불과할 뿐 실제는 이와 너무도 다르게 운영되었기 때문이다. 더욱이 수익금이나 지출금 등 재정에 관한 자료는 '흔적'조차 찾을 수 없는 현실에서 기인한다.

모든 계몽단체가 직면한 재정적인 어려움은 서산지회나 해미지회 역시 예외가 아니었다. 설립인가 당시 표방한 바와 달리 지회의 전반적인 활동 위축은 궁극적으로 만성적인 빈약한 재정에서 비롯되었다.[30] 지출비 중 중요한 부분은 관내 사립학교 설립·후원비나 지회 운영비 등이었다. 신문·

---

28) 편집부, 「회중기사, 회사일람」, 『기호흥학회월보』 2, 57~58쪽 ; 『大韓每日申報』 1908년 9월 23일 잡보 「儒生과 會員」.
29) 해미군지회 회원 중 명단을 알 수 있는 사람은 현재까지 36명 중 3명에 불과하다. 金容學·尹世永·朴斗杓 등은 바로 이들이었다. 계몽운동과 관련하여 지회원을 파악과 이들의 활동에 관한 사실 규명도 주요한 과제이다.
30) 김형목, 「자강운동기 한성부민회의 의무교육 시행과 성격」, 『중앙사론』 9, 한국중앙사학회, 1997, 76~77쪽.

잡지 · 학회지 등 구독료도 운영비에서 중요한 부분을 차지하였다고 생각
된다.

지회의 주요 활동은 역시 근대교육기관 설립이나 후원 등에 집중되었다.
이는 전통적인 교육기관인 사숙 · 의숙 대한 폐지나 개량으로 이어졌다.[31]
일제강점 이후 전개된 서당개량화는 이와 같은 역사적인 배경에서 비롯되
었다. 지회원들은 사숙 운영자들을 '村學究家'로서 약육강식 지배하는 생존
경쟁시대에 적응할 수 없을 뿐만 아니라 구학문에 매몰되어 국권회복과 민
권신장을 도모할 수 없는 존재로서 인식하였다. 곧 의무교육에 입각한 근
대교육만이 국권회복을 도모할 수 있다는 논리나 다름없었다. 이는 사립학
교설립운동을 진전시키는 배경 중 하나로 작용했다. 물론 이들 중 일부는
이러한 인식에서 크게 벗어나지 못하는 상황이었다. 1920년대 전개된 형평
운동은 문화계몽운동과 관련하여 시사하는 바가 크다.

2) 사립학교에 의한 근대교육

시무책 일환으로 몇몇 선각자에 의하여 간헐적으로 제기되던 의무교육
론은 러일전쟁 발발 이후 급속하게 확산되었다. 國亡에 대한 위기의식은
광범위한 근대교육 시행으로 귀결되는 분위기였다. 국권수호를 위한 방안
중 하나는 개인의 능력 배양을 통한 민족이나 국가적인 '힘'을 결집이었다.
각종 계몽단체나 학회 등은 이를 시급한 현안으로서 부각시키는 등 스스로
영역 확대를 도모하였다. 대한자강회가 제출한 「의무교육안」은 中樞院에서
의결되었다. 당시 지배층도 근대국가 수립을 위한 필수적인 요인으로 의무
교육에 주목하고 있었다. 이른바 '강제교육(强迫敎育 : 필자주)'으로 일컬어
지는 의무교육론은 당시 발간된 각종 신문 · 학술지 · 잡지 등에 빈번하게

---

31) 『만세보』 1906년 9월 13일 잡보 「嚴禁私塾」; 皇成子, 「私塾을 一切打破」, 『기호
홍학회월보』 1, 40~41쪽.

게재됨으로써 국민적인 관심을 불러 일으켰다.32) 府郡을 단위로 주민 부담에 의한 '의무교육'은 이러한 상황과 맞물려 급진전되기에 이르렀다.

이곳에서 전개된 근대교육운동도 이와 비슷한 상황이었다. 다만 보수적인 지역적 특성을 반영하듯, 다른 지방에 비하여 사립학교설립운동은 조금 늦은 시기에 이루어졌다. 일부 학교는 운영비를 생활정도에 따라 차등 부과하는 '의무교육비'로서 충원하고 있었다.33) 계몽활동가들은 '근대교육 시행=국권회복운동=국민적인 의무'로 인식할 만큼 높은 관심을 보였다. 그런 만큼 사립학교 설립기금은 사회적인 존재로서 응당 책임져야할 의무적인 사항이나 다름없었다.34) 주민들의 자발적이고 경쟁적인 동참은 당시 분위기를 상징적으로 보여준다.

> …(상략)… 況此時는 古昔과 特異ᄒ야 世界各國이 文明을 相向ᄒ야 雖一夫一婦라도 學術을 敎習지 못ᄒ면 開進上에 大關係가 有ᄒᆷ으로 國家에서 學校를 葱立ᄒ고 敎育을 專務ᄒᄂᆡ 官民中富厚ᄒᆫ 者ᄂᆫ 資金을 優合ᄒ야 私立學校를 設ᄒ고 子弟를 勸敎ᄒ야 才藝를 成就케 ᄒ되 만일 其子弟가 懶逸ᄒ야 一技도 成業지 못ᄒ면 棄人으로 歸ᄒ고 愛情을 不施ᄒᄂᆞ니 此ᄂᆫ 其敎育의 勇力ᄒᄂᆞ 緣故라. …(하략)…35)

『독립신문』·『황성신문』·『제국신문』 등은 사립학교 설립에 의한 근대교육 시행을 강조하고 나섰다. 부국강병을 위한 '시무책=근대교육 시행'이라는 분위기도 조성되고 있었다.

서산지역 최초 근대교육기관은 韓聖才에 의하여 1899년 2~3월 경에 설립된 사립학교였다. 그는 해미남문 밖에 학교를 설립하여 주·야학으로 학생

---

32) 김형목,『대한제국기 야학운동』, 경인문화사, 2005, 77~89쪽.
33)『大韓每日申報』1906년 12월 14일 잡보「南方有人」.
34)『大韓每日申報』1907년 1월 8일 잡보「兩氏慈善」, 1월 21일 잡보「李門設校」, 1월 23일 잡보「德.郡設校」.
35)『황성신문』1899년 4월 4일 논설.

들을 모집하여 가르쳤다. 구체적인 교과과정이나 학생수 등과 관련된 기본적인 현황조차도 파악할 수 없다. 다만 그의 교육활동에 대한 평가는 상당히 호의적인 분위기라고 보도되었다.[36]

이어 해미에 거주하는 유생들도 자본금을 鳩聚치하여 사립학교를 설립하였다. 군수는 이러한 사실을 학부에 보고하면서 공립소학교로 인가를 요청했다.[37] 하지만 학부는 공립학교로 인가하지 않았다. 충남지방 공립소학교 중 해미나 서산 지역 교원 임용에 대한 전무한 상황은 이를 반증한다.[38] 해미 유지신사들은 시세변화에 부응하는 일환으로 海明學校를 세웠다. 운영비는 군에 소속된 校畓을 기반으로 의연금 모금에 의하여 충당하려는 계획이었다. 이들은 각 가정을 방문하여 자제들 입학을 권유하는 등 노력을 아끼지 않았다.[39] 근대교육에 대한 인식 변화은 점차 관내로 확산되는 등 주민들 최대 관심사로 부각되었다.

서산군 유지도 廣英學校·豊田學校를 설립·운영하는 등 근대교육 보급에 노력하였다. 풍전학교가 경비난에 직면하자, 유지 沈在憲·尹承五·趙東淵·李鍾淪 등은 瑞寧學校로 명칭을 변경하여 계속 운영했다. 이에 尹情學·金在一·李命求·韓達源 등은 자발적인 의연금 모집을 주도하고 나섰다.[40] 주요 교과목은 한글을 비롯하여 일어·영어 등이었다. 서산군수 朴

---

36) 『황성신문』 1899년 4월 5일 잡보 「海郡美事」. 서산지역 최초 근대교육기관으로 1906년 설립된 廣英學校로 서술하였다(서산군지편찬위원회, 『서산군지』, 360쪽). 심지어 내포지역 최초 사립학교를 1905년 설립된 덕산군 외면 明新學校라고 언급하는 경우도 있다(정내수, 「한말 일제하 내포지역의 신교육보급과 항일학생운동」, 『근대이행기 지역엘리트 연구』 I, 588쪽). 이는 사실에 부합되지 않는다. 해미지역은 일찍부터 천주교 전래와 더불어 근대문물에 대한 관심이 상당히 고조된 분위기였다. 그런 만큼 유학자들도 변화에 부응하려는 방향을 모색하는 가운데 사립학교에 의한 근대교육 시행에 매우 적극적이었다(조광, 「19세기 해미지방에서의 서학신봉」, 『소헌 남도영박사 고희기념 역사학논총』, 민족문화사, 1993).
37) 『황성신문』 1901년 11월 28일 잡보 「請認學校」.
38) 이성옥 역, 『구한말 근대학교의 형성』, 경인문화사, 2006, 36쪽.
39) 『황성신문』 1909년 5월 26일 잡보 「海明將進」.

承浚은 이를 대대적으로 홍보하는 등 지원을 아끼지 않았다.[41] 특히 일본
인 학생과 갈등은 한국인 학생들에게 동류의식을 강화하는 요인이었다. 일
본인 순사의 교사 金東汝 구타에 분개한 학생들은 전부 자퇴하였다.[42]

德津浦 천도교인 朴準用은 전첨사 朴東鎭과 1906년 5월에 德興學校를 설
립한 이래 운영비 일체를 전담하였다. 교과목은 지지 · 역사 · 산술 · 일어
등으로 초기 출석생은 30명에 달하는 성황이었다.[43] 이후 교세 확장과 더
불어 교사로 일본인 津山淸市를 청격하는 등 출석 생도만도 40여 명이었다.
설립자는 빈민자제 7명에게 衣食마저 제공하는 등 향학열을 고조시켰다.
관내 인사는 그의 교육 · 자선사업에 대한 찬사와 아울러 지원을 아끼지 않
았다.[44]

이러한 활동은 근대교육을 확산 · 보급시키는 자극제로 작용하였다. 해미
군 거주하는 閔丙直 · 유선종의 徽文義塾 입학 등은 이를 반증한다.[45] 하지
만 전반적인 사립학교설립운동은 부진을 면치 못하는 상황이었다. 노동야
학도 해미에 일부 운영될 정도로 유사한 분위기였다. 해미군수 李起元은
향교 내에 명륜학교를 설립한 후 자신의 월급 중 50원을 의연하였다. 그는
각 동리를 순행하면서 근대교육의 중요성을 역설하는 등 면학분위기 조성
에 노력했다. 열성적인 활동에 감화된 주민들은 곳곳에 노동야학을 설립하
는 등 이에 부응하였다.[46] 다음 기사는 그의 근대교육 시행에 대한 열정을
보여준다.

40) 『황성신문』 1908년 4월 23일 광고 「瑞山郡瑞寧學校補助諸員」 ; 『大韓每日申報』
　　1908년 3월 6일 잡보 「瑞山志士」.
41) 『황성신문』 1908년 4월 23일 광고.
42) 『황성신문』 1910년 4월 17일 잡보 「凌踏如此」.
43) 『만세보』 1906년 9월 15일 잡보 「朴氏設校」, 12월 9일 잡보 「內浦始開」.
44) 『만세보』 1907년 3월 1일 잡보 「朴氏熱心敎育」.
45) 『대한매일신보』 1909년 1월 10일 잡보 「賊律同歸」.
46) 『황성신문』 1910년 2월 4일 잡보 「美倅美績」 ; 김형목, 『대한제국기 야학운동』,
　　346쪽.

…(상략)… 도임흔 이후로 ᄉ무에 각근홀쑨더러 그고을 향교안에 학교
를 설립ᄒ고 그학교 유지홀 방침에 되ᄒ여 자긔월급에셔 돈 오십환을 의
연ᄒ엿고 ᄯᅩ 각면과 각동리에 친히 ᄃᆞ니면셔 집마다 효유ᄒ며 사름마다
권면흔 결과로 학도가 빅여명에 니르러셔 그학교 졍황이 날마다 흥왕ᄒ
고 그경닉 로동ᄒᄂᆞᆫ 인민들도 모다 감화ᄒ여 로동야학교를 만히 셜립ᄒ
엿다더라.47)

군수의 노력에 의하여 향교 내에 설립된 명륜학교는 서산지역을 대표하
는 교육기관으로 발전을 거듭하였다. 고조된 향학열은 각동리마다 노동야
학교 설립으로 이어지는 등 시세 변화를 절감시키는 교육현장으로 활용되
는 계기를 맞았다. 대한제국기 서산지역에 설립된 '대표적인' 근대교육기관
을 정리하면 〈표 1〉과 같다.

〈표 1〉 대한제국기 서산지역 근대교육기관 현황48)

설립년	학교명	소재지	설립자	교사진	교과목	출전
1899	사립학교	해미 남문	한성재	한성재	주야학	황1899.4.5
1901	사립학교	해미 읍내	유생제씨			황1901.11.28
1905	일신학교	해미	군수,유지제씨	이순규;교장 채상만;부교장 고용만;일어	일어/30	만1907.1.15
1906	광영학교	서산	김병년 등		보교과정	대1910.4.16. 『충남』·『서산』
	덕흥학교	서산 덕진포	박동진·박준용	진산청시;일어	지지·역사·산 술·일어/40	만1906.9.15,12. 9,19,1907.07.3.1
1907	풍전학교	서산	한동벽 등		보교과정	『충남』·『서산』
1908	서령학교	서산	한?승·심재헌 윤승오·조동연	좌동	한문·영어 /다수	『충남』;大1908. 3.6;황1908.

47) 『大韓每日申報』 1910년 2월 12일 학계 「海倅勸學」 ; 『대한매일신보』 1910년 2월
5일 학계 「희미군슈의치적」.

			이종륜·오세영 이현교			4.23,1910.4.17
1909	해명학교	해미	신사제씨	좌동		황1909.5.26
	명륜학교	해미 향교내	이기원	유지제씨	보고과정 /100	大1910.2.12. 대1910.2.5
	노동야학교	해미 관내 다수	이기원(군수)	유지제씨	각 동리	황1910.2.4. 대1910.2.5. 大1910.2.12

　근대교육운동은 기호흥학회 서산과 해미지회의 활동으로 활성화되는 계기를 맞았다. 지회원들이 스스로 사립학교를 설립·지원한 사실은 이를 반증한다. 통상회·강연회·토론회 개최는 주민들에게 근대교육에 대한 관심을 배가시켰다. 특히 군수를 중심으로 지방관의 열성적인 흥학을 위한 활동도 자제교육에 대한 각성으로 이어졌다. 이러한 분위기는 시세 변화를 인식하는 동시에 "아는 것이 힘"이고 "배워야 산다"라는 사실을 새삼스럽게 일깨웠다.49) 이는 곧 교육열 고조로 나타나는 등 주민들 현실인식을 심화시키는 요인이었다. 1909년 11월 말경 충남도내에 설립된 110여 개교 공·사립학교와 686개소에 달하는 서당·개량서당 등은 이를 반증한다.50)

　서산지역 근대교육은 극소수 사립학교에 의하여 이루어졌다. 당시 학교는 시세변화를 일깨우는 체험현장이자 지역사회 여론을 조성하는 '생활공간'이었다.51) 학부형회·찬성회·찬무회 등은 재정적인 지원과 아울러 학

---

48) 필자는 대한제국기 이후 서산지역 행정구역 변천에 관한 사항을 잘 이해하지 못한다. 당시 태안이나 당진 등지에 설립된 사립학교는 제외하였다. 잘못 서술된 부분은 차후에 수정하고자 한다. 황은 『황성신문』, 大는 『대한매일신보(국한문판)』, 대는 『대한매일신보(국문판)』, 만은 만세보, 충남은 『충남교육사』, 서산은 『서산군지』를 각각 의미한다.
49) 김형목, 「기호흥학회 충남지방 지회 활동과 성격」, 『중앙사론』 15, 43쪽.
50) 『大韓每日申報』 1909년 11월 13일 잡보 「書堂何多」.
51) 김형목, 「한말 화성지역 계몽운동의 성격」, 『동국사학』 45, 동국사학회, 2008, 82·97쪽.

생들에게 사회적인 책무를 일깨워주는 社會公論場이나 마찬가지였다. 유감
스럽게도 이와 같은 변화는 서산지역에서 거의 찾아볼 수 없었다. 더욱이
일신학교나 덕흥학교처럼 일본어 교수는 식민교육정책을 수용한 측면에서
심각한 문제가 아닐 수 없다.[52] 1910년대 일본어 보급을 위한 國語講習會
(所)는 이러한 역사적인 연원에서 시작되었기 때문이다. 설립 당시 이 학교
에 대한 평가는 상당한 의미를 부여할 정도였다.

> 忠淸南道에는 學校 名色이 絶無ᄒ야 道內人이 新學問을 何等物인지 漠
> 然不知하더니 …(중략)… 該氏는 內浦境內에 破天荒훈 有志紳士이라.
> 讚賀不已ᄒ거니와 該 道內의 喬木世家에서 朴氏의 誠心을 萬分一이라도
> 摹倣하야 人材養成ᄒ기를 擔任ᄒ면 民國에 幸福이어날 指名ᄒ는 大家에
> 셔는 好古ᄒ는 心 과 愛財.ᄒ는 癖이 牢確ᄒ니 德興學校에 贊成이나 할
> 는지 알 수 업다더라.[53]

이러한 표현은 약간 과장된 측면을 보인다. 주지하듯이 내포지역은 천주
교 전래와 더불어 일찍부터 종교계 사립학교 등에 의하여 근대교육이 시행
되었다. 그럼에도 덕흥학교를 내포지역 근대교육 '효시'로 강조한 이유는
전통학문에 안주하는 기득권층의 각성을 촉구하기 위함이었다. 현실적인
여건을 고려한 보도 기사는 현지인을 각성시키는 커다란 자극제나 다름없
었다.

---

52) 『만세보』1906년 9월 15일 잡보 「語科反對」.
   일본어도 외국어로서 선진문물을 수용하는 수단으로서 중요성을 부정할 수 없
   다. 다만 러일전쟁 발발을 전후하여 도래한 '일본어만능시대'는 식민지화로 귀결
   된 점에서 심각성을 간파할 수 있다. 일본어는 친일세력을 양성하는 동시에 모국
   어인 한글을 말살하려는 의도에서 보급되었기 때문이다. 통감부 당국자는 초등
   교육기관인 사립학교조차 수업시간을 확대하는 등 일본어 보급에 심혈을 기울였
   다. 식민교육정책 근간은 사실상 통감부시기에 이미 입안·시행되었다고 해도
   과언이 아니다.
53) 『만세보』1906년 12월 9일 잡보 「內浦是開」.

4. 자립경제를 향한 국채보상운동

대구에서 시작된 국채보상운동 소식은 신문과 口傳 · 商人 등을 통하여
일시에 전국적으로 파급되었다. 계몽활동가들은 이를 추진할 중심기구로서
국채보상소 설립과 아울러 「취지서」를 발표하는 등 국민적인 관심을 유도
하였다.[54] 의연활동은 신분이나 사회적인 지위에 상관없이 적극적인 호응
을 받았다. 일부 일진회 회원도 동참할 정도로 극소수 친일파나 매판자본
가 등을 제외한 국민적인 성원 속에서 전개되었다.[55] 심지어 국내에 거주
하는 일본인조차도 동참하는 상황으로 이어졌다.

충남인들도 예외는 아니었다. 아산에 거주하는 과부도 20원이라는 거금
을 제국신문사로 보냈다.[56] 이는 국채보상운동사상 대표적인 미담 사례로서
전국민적인 주목을 받았다. 특히 金光濟가 보령 출신이라는 점도 크게 작용
하였다.[57] 이는 충남인의 자립경제에 대한 지대한 관심사와 더불어 운동을
추동시키는 요인이었다. 홍주지역 의병전쟁을 주도하다가 對馬島로 유배를
당한 文奭煥의『馬島日記』에서 저간의 상황을 부분적이나마 엿볼 수 있다.[58]

충청도 유지신사는 3월 초순 도내 전 주민에 대한 「國債報償義助勸告文」
을 발표하였다. 주요 내용을 살펴보면 다음과 같다.

> 백성이 있은 연후에 나라가 있고 나라가 있은 연후에 백성의 안락함이 있
> 음은 고금 천하에 변함없는 당연한 이치이다. 오늘날 백성이 있어도 안보
> 를 이루지 못하면 국가는 쇠약해지고 국가가 있어도 부강하지 못하면 백

---

54) 김형목, 「애국계몽운동」, 『충청남도지(근대편)』 8, 261쪽.
55) 대동월보사, 「부록, 三和港一進會」, 『대동보』 2, 1907.6, 45쪽.
56) 『大韓每日申報』 1907년 2월 26일 잡보 「夫人愛國」.
57) 석남김광제선생유고집발간위원회, 『독립지사 김광제선생 유고집, 민족해방을 꿈
　　꾸던 선각자』, 대구상공회의소, 1997 ; 이동언, 「김광제의 생애와 독립운동」, 『한
　　국독립운동사연구』 12, 한국독립운동사연구소, 1998.
58) 문석환, 『마도일기-한국독립운동사자료총서』 22, 한국독립운동사연구소, 2007,
　　17~18쪽.

성은 망할 수밖에 없다. …(중략)… 다행히 대구에서 단연회가 시작되어 서울에서 기성회가 설립되니 이는 우리 동포의 제일 중요한 의무이며, 이 일이 성사되는 날에는 우리 동포의 제일 행복이다.

본인 등이 손벽을 치고 춤 출듯이 좋아하며 기쁨을 이기지 못하여 우리 충청도가 다른 지방에 뒤질 수 없다고 생각하는 고로 떳떳하게 알린다. 남녀노유를 물론하고 술과 담배를 끊어 힘껏 의연하여 기필코 국채를 갚아 다시 국권을 회복하면 신선스러운 우리 마을에 화창한 봄날이 대대손손으로 이어질 것을 의심하지 않는다. 태평화합한 상스러운 기운이 2천만 동포에게 회생할 것이니 이는 국가의 행복이자 백성의 행복이 아니겠는가.[59]

권고문 발표 이후 충청도 각 군 유지들은 국채보상소 조직과 아울러 의연금 모집에 적극적이었다. 이들은 국채보상을 국민적인 '의무'로 강조할 정도였다. 한산군 주사 金商翊·盧在民 등도 「호서국채보상기성의무사취지서」를 발표하는 등 대대적인 모금활동에 나섰다. 이들은 취지서를 통하여 경기도 등지 인근지역과 연대를 통한 의연금 모금을 호소하였다.[60] 또한 절대적인 금연이 아니라 국채를 보상하는 그날까지 '한시적인' 단연임을 강조하기에 이르렀다. 이는 주민들의 적극적인 참여·분발을 촉진시켰다.

이우영 등 주도에 의한 「호서협성회국채보상의연권고문」도 주민들에게 애국심을 진작시켰다.[61] 이들은 동서고금 역사에서 구체적이고 애국적인 활동을 제시하여 국권회복 의지를 일깨웠다. 전·현직 관료와 지방관은 이에 대한 격려와 아울러 지원을 아끼지 않았다. 의연모금은 사실상 이들에 의하여 주도되는 분위기였다.

상인층 동참도 모금활동을 활성화시키는 요인이었다. 충남지역 8읍 보부상 수천 명은 각기 의연금을 갹출하는 등 이에 부응하고 나섰다.[62] 대표자

---

59) 『大韓每日申報』1907년 3월 7일 잡보 「國債報償義助勸告文, 湖中紳士等」; 대구광역시, 『국채보상운동100년주년자료집-대한매일신보 편』3, 국채보상운동기념사업회·대구흥사단, 2007, 82쪽.

60) 『大韓每日申報』1907년 3월 17·19일 잡보 「湖西國債報상期成義務社趣旨書」.

61) 『大韓每日申報』1907년 5월 19·21일 잡보 「湖西協成會國債報償義捐勸告文」.

는 직접 상경하여 중앙국채보상소에 모금한 금액을 전달하였다. 천안장시 상인층은 역시 각자 능력에 따른 의무금을 배려하는 등 적극적으로 호응하는 분위기였다.[63] 서천군 상무사 회원이나 공주 유성상민계도 이러한 방식을 활용하였다. 도내 각 장시일은 사실상 의연금을 모금하는 현장이나 다름없었다. 한산·비인·서천 3개군이 연합한 국채보상기성무사 발기인 중 상무사 두령 安伯三·金文甫·洪九益 동참은 이를 반증한다.

해미군은 지리적인 위치 등으로 인하여 인근 지역에 비하여 약간 늦은 4월 중순 경부터 시작되었다. 군수 李洵珪를 비롯한 지방관리와 유지들은 마을 단위로 모금 활동을 전개하였다. 일시적으로 주민들은 300여 명이나 호응하는 등 상당한 의연금 집적으로 이어졌다.[64] 이도면 우현리에 거주하는 李道濟 의연금 동참은 모범적인 사례로서 널리 회자되었다. 그는 원래 애주가였으나 국채보상 소식을 듣고 금주한 돈 1원을 출연하였다. 이에 그의 소실은 반지를 팔아 4원에 달하는 거금과 집안 형인 이민제는 빈한한 형편에 구화 80전을 의연했다.[65]

유지신사 蔡相晩·尹命秀·池東臣·李基南·李培根 등은 國債報償義務社를 조직하여 본격적인 모금활동을 전개하였다.[66] 주민들은 경쟁적으로 호응하는 등 모금 분위기 확산에 크게 이바지했다. 이들은 의연금 232원 73전을 곧바로 황성신문사로 우송하였다. 이는 주민들에게 경쟁심을 일깨우는 주요한 계기였다.[67] 『황성신문』 8월 22~23일 광고란에 나타난 집송인원과 액수는 당시 열의나 관심도를 잘 보여준다.

---

62) 『大韓每日申報』 1907년 3월 28일 잡보 「褓商義捐」.
63) 김형목, 「한말 천안지역 근대교육운동의 성격」, 『한국독립운동사연구』 30, 한국 독립운동사연구소, 2008, 93~94쪽.
64) 『황성신문』 1907년 4월 22~3일 광고 「海美郡府內」.
65) 『大韓每日申報』 1907년 5월 5일 잡보 「斷飮出捐」;도면회·사문경 편,『『대한매일신보』로 보는 한말의 대전·충청남도』, 다운샘, 2004, 152~153쪽.
66) 『황성신문』 1907년 4월 29일 잡보 「美郡美士」.
67) 『大韓每日申報』 1907년 6월 6일 잡보 「海美郡國債報償義務社趣旨書」.

부산면 보현동에 거주하는 이씨 일가인 李聖儀·允儀·龍儀·善儀 등은 신화 7원을 자발적으로 의연하였다.[68] 집성촌을 중심으로 한 의연금 모집은 대단한 성과를 거두었다. 고북면 관내에서 동리별로 모금한 상황은 강한 族籍 기반에 의하여 운영된 사실을 엿볼 수 있다.[69] 특히 향촌공동체 운영 원리는 국채보상운동에 본격 도입됨으로써 진가를 발휘할 수 있었다. 일도면 주민들 모금은 이와 같은 분위기를 쉽게 엿볼 수 있다.[70] 즉 현실적인 상황을 고려한 전통적인 모금방식은 주민들의 자발적이고 경쟁적인 참여를 유도하는 요인이었다.[71] 이는 12월말까지 지속되는 등 단기간 활동에 그치지 않았다. 특히 해미군의 경우에는 지역별 의연금 명단과 액수 등을 통하여 지역적인 분위기를 어느 정도 엿볼 수 있다.

반면 서산에서 모금활동은 5월 말경에 본격적으로 시작되었다. 朴東鐸 등 180여 명은 신화 300원을 황성신문사로 보냈다.[72] 7월에는 600여 명이나 참여하는 등 대성황이었다. 동리 단위나 문중별 모금도 병행되어 신화 380여 원을 모금할 수 있었다.[73] 그런데 해미에 비하여 전반적인 활동상은 부진한 상황이었다. 참여 인원이나 의연금 모금액이 결코 적다는 관점은 아니다. 부진한 원인 중 하나를 거론하면 의연금을 부정적으로 처리한 경우에서 찾을 수 있지 않을까 한다. 의연금 관리인은 모금한 2만 5천 냥을 곧바로 국채보상총합소에 납부하지 않았기 때문이다. 이에 70여 동리 주민들은 사태를 관망할 정도로 소극적인 입장이었다.[74] 투명한 의연금 관리에 대한 사회적인 여론은 모금활동보다 더 중요한 활동임을 엿볼 수 있다. 관내

---

68) 『황성신문』 1907년 10월 1일 광고 「海美 夫山面 普賢洞」.
69) 『황성신문』 1907년 12월 22일 광고 「海美 高北面 上道」.
70) 『황성신문』 1907년 12월 17일 광고 「海美 一道面」.
71) 김형목, 「한말 수원지역 계몽운동과 운영주체」, 『한국민족운동사연구』 53, 한국민족운동사학회, 2007, 20쪽.
72) 『황성신문』 1907년 6월 7일 광고 「瑞山郡」.
73) 『황성신문』 1907년 7월 16~18일 광고 「瑞山郡」, 8월 12일 광고 「瑞山郡」.
74) 『大韓每日申報』 1907년 6월 26일 잡보 「綠何遲滯」.

모금 현황을 정리하면 〈표 2〉와 같다.

〈표 2〉 서산지역 국채보상 의연금 모금 현황[75]

지역명			의연자수	의연액수	전거
서산	군내		李秉在 등 230	139환60전	
	군내		朴東鎭 등 233	300환	황1907.6.7
	군내		韓泰源 등 303		황1907.7.16
	군내		金錫基 등 502		황1907.7.17
	군내		朴建玉 등 414	384환19전	황1907.7.18
	군내		李秉世 등 38	100환	황1907.8.6
	군내		李秉在 등 222	139환60전	황1907.8.12
해미	부내면		李洵珪 등 38	54환30전	황1907.4.22
	남면	億대里	徐相鶴 등 32	9환10전	황1907.4.22
		新興里	金正元 등 9	1환90전	황1907.8.22
		上前川	昔弘基 등 25	5환90전	
		新良里	韓駿東 등 11	5환20전	
		堰內里	李東根 등 14	2환40전	
		加佐洞	金補鉉 등 8	90전	
		上下垈山	金鳳斗 등 7	70전	
		上陽洞	李厚榮 등 13	1환60전	
		石橋里	李泰容 등 12	2환	
		貴密里	金應祥 등 49	11환41전	
		下前川	沈軒植 등 12	1환70전	
		七星岩	金九鉉 등 13	2환	
		新坪	韓世東 등 8	1환20전	
		新基里	金宜龍 등 12	2환10전	
		下舊里	李弘敎 등 24	5환	
		上舊里	金乾鉉 등 6	55전	
		猪城里	金順弼 등 30	5환5전	
		新南里	韓哲東 등 16	2환40전	
		石浦里	金正汝 등 33	5환49전	
		下應坪	金敬集 등 7	1환30전	
		上應坪	鄭在夏 등 7	2환80전	
		雄梳城	申弼均 등 20	3환80전	
		堂山里	金光鉉 등 13	1환90전	
		機池里	金斗鉉 등 13	1환50전5리	

75) 모금액수는 원과 환으로 병기되어 정확한 액수를 파악하기는 힘들다. 다만 참여 인원에 나타나듯이 군내 주민 대다수가 참여한 상황임을 간파할 수 있다. 당시 참여 분위기는 여기에 그대로 나타난다.

염솔면	三谷里	成禹鏽 등 20	3환40전	황1907.4.23
	天官里	尹在殷 등 15	3환95전	
	鉢伊坊	尹相禹 등 10	2환20전	
	三相坪	鄭成煥 등 31	9환20전	황1907.8.22
국채보상의무소		蔡相晩 등	232환73전	황1907.4.29
동면	城內里	魯壯夏 등 2	80전	황1907.8.22
	上基洞	동민	1환	
	下造山里	金弼世 등 16	1환90전	
	下柳谷洞	동민	50전	
	龍岩里	安權 등 2	70전	
	上造山	동민	1환70전	
서면	井谷里	李振和 등 17	4환	황1907.8.22
	下長旨	朴弼和 등 10	2환	
	古峙里	金炳甲 등 9	2환10전	
	升仙洞	李建榮 등 17	2환45전	
	上杜洞	동민	11환	
	沙器所里	李寅正 등 24	12환	황1907.8.23
동면	深谷	金德明 등 42	10환10전	황1907.4.22
	晩陽里	李範九 등 14	1환90전	
	堂山里	李重國 등 14	3환10전	
	上柳谷	동민	2환20전	
	皇朝村	李重三 등 14	4환	
	日洛洞	李重徹 등 11	3환65전	
	休岩里	李文浩 등 13	3환80전	
	新興里	동중인	7환	
	冬巖里	安錫周 등 46	12환40전	황1907.4.23
	水源洞	姜在右 등 29	4환45전	
	槃溪里	李仁浩 등 16	2환30전	
고북면	下道	趙興敎 1	1환	황1907.4.23
	花城里	許仙 등 15	9환10전	
	倉里	金良和 등 8	1환30전	
	上井谷	朴昌葉 등 23	3환	
	上箭里	金基鳳 등 8	1환10전	
	後洞	朴聖三 등 5	50전	
	下箭里	金光燁 등 12	2환20전	
	堂山里	金石斗 등 16	2환70전	
	新里	朴光容 등 14	1환90전	
	獨只里	金星辰 등 12	1환38전	
	固亭洞	朴相益 등 11	1환60전	
	新機里	趙鍾漢 등 4	1환40전	
	烽山里	嚴鼎燮 1	10환	
일도면	면민	李敏友 등 69	15환20전	황1907.12.17

	부산면	牛峴洞	동민	7환75전	황1907.8.22
		義峴洞	동민	1환50전	
		元上洞	동민	1환70전	
		胎峰洞	동민	3환80전	
		館基洞	동민	40전	
		東巨里	동민	90전	
		元坪	金容學 1	5환	
		元坪	동민	7환	
		普賢洞	李聖儀 등 4	7환	황1907.10.1
	고북면 상도	新善里	金鼎熙 등 15	13환	황1907.8.22
		梅嶺里	金根培 등 17	2환50전	
		塔洞	李明淳 등 17	4환	
		山直里	金彭石 등 10	1환30전	
		桃千洞	동민	2환50전	황1907.8.23
		倉洞	동민	1환	
		會山洞	吳秀鎬 등 10	2환	
		龍岩洞	동민	2환	
		加口里	金景浩 등 16	4환80전	
		長善里	牟學信 등 5	1환80전	
		隱洞	崔東勳 등 13	2환90전	
		連下里	金孟甫 등 12	1환90전	황1907.12.22
		桂谷里	金公日 등 17	3환	
		木寺洞	李燦 등 21	1환95전	
		新松里	金敎吉 등 5	2환	
		寒淵里	趙鍾潤 등 15	2환	
	고북면 하도	金島	文善五 등 13	11환98전5리	황1907.8.23
		下井谷	李重昊 등 27	18환10전	
		巨馬里	卞性春 등 3	1환20전	
		松內里	李愚烈 등 9	1환70전	
		新垈里	李重昇 등 14	2환50전	
		南井里	朴基燁 등 31	7환15전	
		峰山里	嚴柱衡 등 20	5환30전	
		峰山里	서당학동	2환	
		小亭里	鄭性儀 등 7	1환40전	
		生川里	金顯鳳 등 33	5환30전	
		機浦里	崔中觀 등 31	7환30전	
		沙器所	金官五 등 13	1환85전	황1907.8.23
		楊川里	趙昌敎 등 14	3환60전	
		新興里	李箕範 등 21	4환35전	
		新機里	李周成 등 3	60전	
		猪城里	朴俊來 등 5	60전	191환84전

서산의 국채보상운동은 어느 한 지역에만 그치지 않았다. 학생들 자발적인 동참은 외세의 침략에 맞서 저항정신을 일깨우는 현장이었다.[76] 이들은 참여를 통하여 민족정신·국가정신의 중요성과 국권회복이 지닌 의미를 새삼 실감할 수 있었다.[77] 상인들의 대대적인 참여는 생존권을 위협하는 일제의 경제적인 침략상을 생생하게 목격하는 교육현장이나 다름없었다. 또한 여성들 동참은 사회적인 존재성과 자기정체성을 부분적이나마 인식하는 계기였다.[78] 3·1운동 이후 여성들의 사회운동 참여는 이와 맞물려 있었다.

이러한 열기와 달리 국채보상운동은 일제의 탄압과 지도부의 안일한 대응 등으로 외형상 좌절되고 말았다. 의연금 보관을 둘러싼 지도층 내분과 갈등은 효과적인 지역별 모금활동을 견인할 수 없었다.[79] 일제는 이러한 분위기를 조장하는 등 민족적인 역량을 반감시키는 데 혈안이었다. 양기탁·베델 등 언론활동에 대한 통제는 이를 반증한다.

민중은 직접 참여를 통하여 미약하나마 간악한 일제의 침략상을 새삼스럽게 인식할 수 있었다. 이들은 자립경제에 의한 자주적인 독립국가 건설을 위한 국권회복운동 일환으로 동참하였다. 3·1운동 등 지난한 경험은 민중으로 하여금 민족해방운동 주력군으로서 성장시키는 밑거름이었다. 국채보상운동이 갖는 진정한 의미도 바로 여기에서 찾을 수 있다. 즉 경제운동 차원을 넘어 독립국가 시민으로서 '참된' 생활은 궁극적으로 지향한 바였다. 사회적인 존재로서 민권의식도 이와 같은 경험을 통하여 스스로 체득하였다. 일상사에서 체험은 사회적인 책무에 대한 관심 고조로 귀결될 수밖에 없었다.

---

76) 『황성신문』 1907년 8월 23일 광고 「海美郡(續), 高北上道 書堂學童」.
77) 윤완, 『대한제국말기 민립학교의 교육활동연구』, 한결, 2001, 222~231쪽.
78) 김형목, 「대한제국기 화성지역 계몽운동의 성격」, 『동국사학』 45, 80쪽.
79) 조항래, 「한말 대구국채보상운동의 위상과 역사적 의의」, 『국채보상운동사』, 대구광역시, 1997, 324~335쪽.

5. 맺음말

　서산지역은 19세기 후반부터 급격한 사회변동을 초래하였다. 동학·기독교 전래, 서해안을 중심으로 한 해상교통 발달, 의병전쟁 확산, 기호흥학회 서산과 해미지회 설립인가 등은 변화를 초래하는 요인이었다. 내재적인 요인과 외부 세계와 소통 등은 새로운 사회질서 모색과 더불어 가치관을 변화시켰다. 이는 일상사 변화 속에서 점차 사회적인 변동을 초래하는 분위기로 이어졌다.

　포구나 장시를 중심으로 형성된 일본인거류지도 주민들에게 외래문물을 직접 체험시키는 현장이었다. 이들은 「민단법」에 의거한 자치규약을 제정하는 한편 심상소학교 설립을 통한 '의무교육' 실시에 노력하였다. 이는 주민들로 하여금 근대교육에 대한 관심 고취시키는 요인 중 하나였다. 반면 일본인에 의한 토지침탈·고리대금업 등은 반일의식·항일의식을 일깨우는 현장이었다.

　후기 의병전쟁 확산은 이러한 배경과 맞물려 있었다. 일제의 야만적인 폭력에 의하여 의병전쟁은 수많은 사상자를 낸 채 소기의 성과를 거두지 못하였다. 하지만 외세 침략에 맞선 자주 독립의지를 일깨우는 등 일제강점기 불굴의 저항정신으로 계승되었다. 이곳 의병전쟁의 역사적인 의의는 바로 여기에 있다.

　기호흥학회 서산·해미지회는 전·현직 관리와 자산가·교육가 등을 중심으로 조직되었다. 강연회·토론회 등 계몽활동과 주민들의 자발적인 사회운동 참여는 사회적인 존재성을 새삼 일깨우는 계기였다. 계몽론자들은 국채보상운동·사립학교설립운동·야학운동 등 문화계몽운동을 주도하였다. 민지계발은 계몽단체의 최우선적인 과제나 다름없었다.

　근대교육은 사립학교에 의하여 주도되었다. 이곳을 대표하는 사립학교는 해명학교·서령학교·일신학교 등이었다. 대부분은 초등교육 과정이었다. 교과목 편성은 이러한 사실을 잘 보여준다. 일부는 영어나 일어 등 어학을 중심으로 가르치는 경우도 있었다. 그런데 근대교육운동은 전반적으로 부진함을 면치 못하였다. 극소수에 불과한 사립학교나 야학 등은 이러한 사실을 그대로 보여준다. 이는 근대교육에 대한 인식 부족과 이를 주도하는 중심적인 세력 부재에서 원인을 찾을 수 있지 않을까 한다. 즉 상무정신을 일깨우는 연합운동회가 한 번도 개최되지 않았다는 사실은 의미하는 바가 크다.

계몽운동 확산과 더불어 향학열은 날로 고조되었다. 빈민자제나 근로청소년을 위한 방안은 야학 운영으로 이어졌다. 근로청소년에 대한 수학기회 확대는 현실인식과 가치관을 크게 변화시켰다. 노동·노동자 등에 대한 긍정적인 평가는 이와 무관하지 않다. 그런데 이마저도 여의치 않았다. 해미군수 이기원 영향을 받은 일부 주민들에 의한 노동야학이 운영될 뿐이었다. 이는 주민들 상호간 교류에 의한 시세 변화에 부응하기에 역부족이었다.

이곳 국채보상운동은 천안·홍성·예산 등지에 비해 비교적 늦게 시작되었다. 중심적인 인물은 전현직관리·자산가·개신유학자·상인 등이었다. 대부분 모금 방식은 향촌공동체 운영에 의한 배분이었다. 곧 '의연금=의무금'이라는 인식은 당시 보편적일 만큼 확산되었다. 마을이나 문중 단위로 전개된 자발적·경쟁적인 동참은 이를 반증한다. 상인들의 적극적인 참여는 주민들로 하여금 '국채=국망'이라는 인식을 확산시켰다. 소중한 경험은 일제강점기 서산지역 민족해방운동을 견인하는 밑거름이었다.

제4장

한말 청주지역 근대교육과
지역운동사상 의의

1. 머리말

러일전쟁 발발과 을사늑약 전후로 근대교육은 새로운 전환기를 맞았다. 식민지화에 대한 위기의식은 자강·계몽단체 활성화로 귀결되었다. 이러한 단체는 국권회복을 표방하는 가운데 근대교육에 적극적이었다. '한일합방' 직전까지 설립된 6,000여 개교에 달하는 사립학교나 야학 등은 이와 밀접한 연계 속에서 이루어졌다.[1] 물론 지역에 따라 운영된 교육기관은 많은 편차를 보인다. 그러함에도 근대교육은 이전보다 확산·보급될 수 있었다. 계몽론자들은 이를 "사회적인 책무이자 의무"로서 인식·실천하였다.

국권회복운동 일환으로 전개된 근대교육운동은 지금까지 외형상 상당한 연구 성과를 거두었다. 근대교육사나 민족운동사 연구 진전은 이러한 사실

---

[1] 국사편찬위원회,『한국독립운동사』1, 탐구당, 1965, 359쪽 ; 김형목,「사립흥화학교(1898~1911)의 근대교육사상 위치」,『백산학보』50, 백산학회, 1998, 289~290쪽 ; 김형목,『대한제국기 야학운동』, 경인문화사, 2005, 90쪽.
『대한매일신보』1909년 6월 20일 잡보「교육계 물론」에서 5천여 개교로 파악하였다. 이는「사립학교령」시행 이후 사립학교가 폐교되거나 통·폐합된 상황을 반증한다.

을 잘 보여준다. 자강단체 활동과 운동가에 관한 연구와 더불어 교육이념, 운동주체의 성격 등은 대부분 밝혀졌다. 하지만 지역별 사례연구는 아직 '걸음마' 단계에 불과하다. 주요 학교나 개신교 활동과 관련하여 근대교육 실상을 규명한 수준에서 크게 벗어나지 않았다. 청주지역도 예외는 아니다. 기존 연구는 근대교육기관 실태조차 제대로 파악하지 못하였다.[2] 대한제 국기 충북지방 근대교육운동·야학운동과 국채보상운동 등을 통하여 근대 교육 실태는 개괄적으로 분석되었다. 이는 계몽운동 전반을 이해하는 데 많은 시사점을 던져준다.[3]

충청도는 서울·경기·황해·평안도 등지에 비해 계몽운동이 전반적으 로 부진했다. 이는 지역적인 특성과 사회적인 분위기 등과 무관하지 않았 다. 청주를 포함한 충북지방은 후기 의병전쟁 중심지였다. 의병들은 대체 로 근대교육에 비교적 부정적이었다.[4] 의병전쟁 격화에 따른 사회적인 불 안으로 계몽운동은 부진할 수밖에 없었다. 식민지화에 대한 위기의식은 점 차 극복되기에 이르렀다. 특히 개신유학자나 '개명한' 지방관은 근대교육 보급에 열성적이었다. 이들은 기호흥학회 청주지회를 조직하는 한편 국채

2) 청주지편찬위원회, 『청주지』, 청주시, 1961 ; 충청북도지편찬위원회, 「충북의 신교 육 발달상황」, 『충청북도지』, 충청북도, 1975 ; 독립운동사편찬위원회, 「민족교육 의 전개와 항일투쟁」, 『독립운동사·문화투쟁사』8, 1974 ; 김영우, 「한말의 사립학 교에 관한 연구(Ⅱ)」, 『교육연구』3, 공주사범대학, 1986.
3) 전순동·최동준, 「일제기 청주지방의 민족교육운동-청남학교를 중심으로-」, 『중원 문화논총』2·2, 1999 ; 김형목, 「한말 충청도 야학운동의 주체와 이념」, 『한국독립 운동사연구』18, 한국독립운동사연구소, 2002 ; 김형목, 「한말 충북지방의 사립학 교설립운동」, 『한국근현대사연구』23, 한국근현대사학회, 2002 ; 김형목, 「충청지 역」, 『대한제국기 야학운동』, 경인문화사, 2005 ; 김형목, 「충청북도 국채보상운동 의 지역운동사상 의의」, 『한국민족운동사연구』69, 한국민족운동사학회, 2011 ; 김 형목, 「한말 충북지역의 국권회복운동」, 『역사와 담론』68, 호서사학회, 2013.
4) 『大韓每日申報』1907년 11월 13일 잡보 「敎員砲殺」 ; 김희곤, 「안동 협동학교의 독 립운동」, 『우송조동걸선생정년기념논총』Ⅱ, 나남, 1998; 박민영, 「1908년 경성의병 의 편성과 대한협회 경성지회」, 『한국근현대사연구』4, 한국근현대사연구회, 1996 ; 박민영, 『대한제국기 의병연구』, 한울, 1999에 재수록 ; 김형목, 「함경북도 경성의 사립함일학교유지계」, 『한국독립운동사연구』55, 한국독립운동사연구소, 2016.

보상운동을 전개하는 데 앞장섰다.

이 글은 한말 청주지역 근대교육의 전개양상과 역사적 위상을 파악하는 데 중점을 두었다. 우선 근대교육에 대한 인식변화와 교육열 고조라는 측면에서 살펴보았다. 설립취지와 달리, 대부분 사립학교는 민지계발에 치중되었다. 곧 "사립학교설립운동=국권회복"보다는 시세 변화에 따른 능력배양을 위한 실력양성에 목적을 두었다. 이어 전개양상도 살펴보았다. 교과목은 국한문·산술·습자·역사·지리·외국어(주로 일어 : 필자주) 등 공립보통학교와 유사하였다. 일부는 부분적으로 축소·시행되었다. 향교 내 설립된 명륜학교는 전통교육에 치중하면서 산술·역사·지리 등을 추가하는 정도였다.[5] 외형적인 교과목 편성과 달리 민족의식을 일깨우는 교사들도 있었다.

마지막으로 근대교육이 청주지역에서 차지하는 역사적인 의의를 파악하였다. 운영주체는 지방관리·교사·실업가·개신유학자 등 지역유지와 선교사였다. 이는 적극적인 항일보다 합법적인 영역에서 전개되는 배경이었다. 하지만 "교육은 백년대계"라는 격언처럼 현상만으로 의미를 평가할 수 있는 '단순한' 문제가 아니다. 다양한 변수가 이면에 상존하고 있기 때문이다.

2. 현실인식 심화와 근대교육 대두

1890년대 중반 시작된 근대교육은 부국강병을 위한 시무책 일환이었다. 야학도 근대교육기관의 한 영역으로 운영되는 등 교육적인 수혜의 저변을 넓혔다. 더불어 근대교육에 대한 인식도 미약하나마 확산되는 분위기였다. 협성회·만민공동회는 이러한 상황 변화를 이끄는 중추적인 역할을 자임하

---

5) 김형목, 「한말 충청도 야학운동의 주체와 이념」, 『한국독립운동사연구』 18, 2002 ; 김형목, 「한말 충북지방의 사립학교설립운동」, 『한국근현대사연구』 23, 2002.

였다.[6] 토론회·강연회 주제는 대부분 근대교육이나 민지계발과 관련되었다. 『협성회회보』·『매일신문』·『독립신문』·『황성신문』 등은 근대교육과 관련된 사례를 상세하게 보도하였다.[7] 기사 중 민족이나 민족주의 강조는 이러한 의도와 맞물려 있었다.

근대교육 중요성은 일찍이 朴泳孝에 의하여 의무교육(일명 强迫敎育 : 필자 주)으로 제기되었다. 보수적인 지배층은 별다른 관심조차 두지 않았다. 朴殷植은 민중교육론 일환으로 學區에 의한 의무교육을 주창하였다. 특히 빈민 자제나 노동자·농민을 위한 근대교육기관으로 야학에 주목했다.[8] 그럼에도 근대교육은 답보상태를 면치 못하였다. 다만 근대교육 시행을 위한 각종 교육법령 정비는 새로운 변화를 초래한 점에서 의미를 지닌다. 1904년 흥학 조칙은 분위기 반전을 견인하는 촉매제였다.[9]

을사늑약 전후로 근대교육 활성화를 위한 다양한 의무교육론은 개진되었다. 새로운 지식인층 형성은 이를 가능하게 하는 요인이었다. 군·면을 단위로 시행된 의무교육은 학구를 기준으로 삼았다. 강화도·김해·해주·의령·평양·포천·안악 등지에서 시행된 의무교육은 지방자치제를 위한 일환이었다.[10] 활동가들은 지방자치제 시행에 앞선 기초적인 과제를 민지계발로 인식하였다. 근대교육을 통한 지적 능력은 지방자치제 실현을 위한

---

6) 김동면, 「협성회의 사상적 연구」, 『사학지』 15, 단국대, 1981 ; 정영희, 「협성회 연구」, 『논문집』 9, 인천대, 1985 ; 김호일, 「개화·애국계몽기의 학생운동」, 『한국근대 학생운동사』, 선인, 2005.

7) 김형목, 「사립흥화학교(1898~1911)의 근대교육사상 위치」, 『백산학보』 50, 백산학회, 1999, 295쪽 ; 정영희, 「사립흥화학교에 관한 연구」, 『실학사상연구』 13, 무악실학회, 1999, 114~115쪽.

8) 박은식전서편찬위원회, 『박은식전서』 중, 단국대출판부, 1975, 23쪽 ; 신용하, 『박은식의 사회사상연구』, 서울대출판부, 1982, 70~74쪽.

9) 『고종실록』 권44, 1904년 5월 23일.

10) 김형목, 「자강운동기 한성부민회의 의무교육 시행과 성격」, 『중앙사론』 9, 중앙대, 1997, 87~90쪽 ; 김형목, 「대한제국기 강화지역의 사립학교설립운동」, 『한국독립운동사연구』 24, 2005.

기반이자 지름길이었다. 특히 향회·민의소·농회 등과 각종 계몽단체는 이를 주도하는 데 앞장섰다.[11]

청주지역 근대교육운동도 이와 비슷한 상황이었다. 다만 지역적인 특성을 반영하듯, 시기가 조금 늦었을 뿐이다. 사립학교 설립주체는 전·현직 지방관리나 교사·개신유학자·선교사 등 다양하였다. 운영비 대부분은 기부금·의연금 등으로 충당되었다. 일부지역은 주민의 생활정도에 따라 차등 부과하는 일종의 '의무교육비'였다. 관내 노동자 전원은 피교육생으로 수용되는 변화의 분위기가 감지되고 있었다.[12]

유생들도 시세 변화와 더불어 근대교육의 필요성을 점차 인식하기 시작하였다. 특히 1905년 사립학교 설립의 확산에 따라 분위기는 조성되었다. 이는 성리학적 분위기나 영향력이 비교적 미약한 서울과 서북지방에서 남부지방으로 파급되어 나갔다. 유생들은 향교를 근대교육기관으로 전환하는 한편 부속 전답 등을 학교운영비 재원으로 충당하였다. 각지의 명륜학교는 향교를 기반으로 설립된 대표적인 경우이다. 물론 이러한 과정에서 갈등을 초래하는 경우도 적지 않았다.

문중을 단위로 하는 이른바 '문중학교'도 설립되었다. 1901년 신규식·신채호·신백우 등은 문중자제의 근대교육을 위한 문동학원을 세웠다. 이들은 학생들을 많이 모집할 수 있는 문의와 미원의 중간 지점에 설립하였다. 시세 변화를 주민들에게 널리 알리는 동시에 근대학문을 보급하기 위함이었다.[13] 일부 사숙·의숙 등도 근대학문을 교과목으로 수용하는 등 변화되고 있었다.

11) 김형목, 「한말 해서지방 야학운동의 실태와 운영주체」, 『백산학보』61, 백산학회, 2001, 220쪽.
12) 『大韓每日申報』1909년 12월 2일 학계「忠郡有校」; 김형목, 「한말 충북지방의 사립학교설립운동」, 『한국근현대사연구』23, 38쪽.
13) 『황성신문』1908년 5월 13일 잡보「開明花樹」, 5월 14일 논설「高靈申氏의 學契 影響」, 5월 15일 잡보「靈川學契」, 5월 24일 잡보「興學勸告」.

개신교 전래와 더불어 선교사업 일환으로 근대교육 보급에도 박차를 가한다. 20세기 접어들면서 개신교가 청주에 전래되었다. "밀러(閔老雅 : F. S. Miller-필자 주)씨와 김홍경씨가 1904년 청주에 도착하였을 때 그들은 도시의 매우 훌륭한 청년들이 이미 소년들을 위한 학교를 하나 시작하고 있음을 발견하였다."14) 당시 운영된 사립학교는 1904년 설립된 광남학교(청남학교 전신 : 필자 주)였다. 다른 기록에 의하면 광남학교 설립시기를 1903년 파악한 경우도 있다. 이에 따라 새로운 문물과 더불어 근대교육이 시행될 수 있는 기반은 구축되었다.15) 청주를 중심으로 괴산 등지에 설립된 개신교계 사립학교는 이를 반증한다.

심지어 친일단체조차도 근대교육에 동참하는 상황이었다. 제국실업회 충북지회도 상권보호 등을 구실로 조직되었다. 부대사업인 회원들 자제교육은 학교 설립 · 운영으로 이어졌다. 지회장은 공금을 횡령하는 등 교육을 핑계로 협잡질을 일삼았다.16) 일진회 청주지회도 주민들 보호에 나섰다. "일진회에서 대구지회 개회 시찰차로 총대 몇 사람을 금일 파송하였는데, 이번 청주지회 被打事로 해총대 回路에 청주에 들어가 조사 질문하려고 전보를 보내더라."17)

한편 1908년 5월부터 충남 서산지회가 설립되었고 충북지방에도 기호흥학회 지회가 조직되었다. 본회는 공함을 통하여 취지를 전달하는 한편 학교 설립을 적극적으로 권장하고 나섰다.18) 흥학은 지방관의 주요한 책무로

---

14) 한국기독교장로회 충북노회 역사편찬위원회, 『충북노회사료집』, 1998, 53쪽.
15) 전순동 · 최동준, 「일제기 청주지방의 민족교육운동」, 『중원문화연구』 2 · 3, 충북대 중원문화연구소, 96~97쪽.
16) 『大韓每日申報』 1909년 5월 28일 잡보 「李氏落科」.
17) 『황성신문』 1905년 3월 2일 잡보 「派員察會」.
18) 편집부, 『기호흥학월보』 1, 48쪽 ; 『기호흥학회월보』 2, 56쪽 ; 『大韓每日申報』 1908년 4월 9일 잡보 「기호흥학회에서 기호인사에게 발송흔 전문이 여좌흐니」 ; 『황성신문』 1908년 4월 7일 잡보, 「흥학회 권유, 기호흥학회에서 일반인사에게 권유홈이 여좌흐니」.

서 인식되는 동시에 시급한 과제 중 하나였다. 지방관리들의 적극적인 참
여는 이와 같은 변화와 더불어 진전되는 계기를 맞았다.

1909년 12월 현재까지 설립인가된 기호흥학회 지회는 19개였다. 충남 8
개소, 경기 7개소, 충북 4개소 등 충남에 가장 많이 설립되었다.[19] 충북지방
에 인가된 지회는 충주 · 청주 · 제천 · 영동 등이었다. 사립학교설립운동 진
전은 이러한 배경 속에서 가능하였다. 지회원들은 학교 설립 · 운영자이거
나 후원자 · 교사 등이었다.[20] 이들 대부분은 바로 근대교육운동의 주체나
다름없었다. 그런데 다른 정치사회단체 지회는 전혀 조직되지 않았다. 반
면 사회적인 멸시 · 천대를 받던 불구자도 사립학교 설립에 의연금을 기꺼
이 제공하였다. 야장과 백정도 은사금을 사립학교설립기금으로 기부하는
등 분위기를 반전시켰다.[21] 이는 교육에 대한 지대한 관심사를 그대로 보
여준다.

이와 더불어 야학운동도 진전되었다. 점원이나 노동자를 위한 '야학과'나
'야학교'의 운영은 교육수혜의 확대를 초래하였다. 즉 자신의 의지 여하에
따라 종래 특권층의 전유물인 교육수혜는 민중에게 가능할 수 있었다. 가
정부인들은 문맹 굴레로부터 벗어나는 계기였다.[22] 물론 이는 극히 제한된
지역에서 나타나는 특성이다. 한글에 대한 관심과 상용화를 위한 한글연구
는 이러한 상황과 맞물려 진전되었다. 국문야학(한글야학 : 필자 주) 성행
은 한글에 대한 고조된 관심사를 반증하는 부분이다.[23]

「사립학교령」 이후 야학은 점차 근대교육기관으로서 확고한 영역을 차

---

19) 김형목, 「기호흥학회 충남지방 지회 활동과 성격」, 『중앙사론』 15, 한국중앙사학
    회, 2001, 41~42쪽.
20) 김형목, 「한말 충청도 야학운동의 주체와 이념」, 『한국독립운동사연구』 18, 51~53쪽.
21) 『황성신문』 1909년 5월 4일 잡보 「兩氏其人」, 5월 7일 잡보 「簿校成立狀況」.
22) 『만세보』 1906년 10월 12일 논설 「女子敎育會의 知識程度」 ; 김형목, 「한말 · 1910
    년대 여자야학의 성격」, 『중앙사론』 14, 한국중앙사학회, 2000, 47~49쪽.
23) 『大韓每日申報』 1908년 1월 26일 논설 「國文學校의 日增」 ; 『대한매일신보』 1908
    년 1월 29일 론설 「국문학교의 증가」.

지하기에 이르렀다.[24] 야학은 1913년까지 법령에 의한 통제를 전혀 받지 않았기 때문이다. 물론 일제는 이를 이용하는 등 식민교육정책을 지속적으로 추진하였다. 청주를 비롯하여 제천·충주·직산·옥천 등지에 수십 개의 노동야학·국문야학이 설립·운영되었다.[25] 근대학문을 수학한 학령아동과 노동자는 수백 명에 달하였다. 배움에 대한 목마름은 야학에 대한 관심과 아울러 향학열 고조로 이어졌다.

근대교육 보급을 위한 교육단체 조직에 부응한 호서인들 활동도 활발하였다. 윤병섭·최병창 등은 취지서를 공포하는 등 분발을 촉구하고 나섰다.[26] 민지계발을 위한 지름길은 우선적인 과제로서 근대교육 보급을 중시하였다. 재경유학생들로 조직된 호서학생친목회는 귀향활동 일환으로 교육운동에 동참하고 나섰다.[27] 이들은 고향에 설립된 사립학교·강습소·야학의 명예교사로 활동하거나 직접 교육기관을 설립·운영하였다. 이는 주민들에게 근대교육의 중요성을 알리는 첨병이었다. 소중한 체험은 일제강점기 야학운동을 추진하는 정신적인 유산이나 마찬가지였다.

한편 「산림령」 시행은 측량기사에 대한 수요가 일시에 급증하였다.[28] 당시 전국 각지에는 측량강습소나 학교 부설로 측량속성과가 속속 설치·운영되었다. 일제의 토지침탈에서 벗어나려는 현실적인 필요에 의하여 이루어졌다. 보성학교 부설인 측량과 운영도 역시 이러한 상황에서 비롯되었다. 특히 문중을 단위로 운영된 학교는 측량과를 운영하는 경우가 많았다.[29]

이러한 분위기 속에서 청주지역 교육운동은 진전을 거듭하였다. 계몽운동이 전반적으로 미진한 속에서 충북지방에서 운영된 1909년 10월말 현재

---

24) 김형목, 「한말 충청도 야학운동의 주체와 이념」, 『한국독립운동사연구』 18, 45~48쪽.
25) 김형목, 「옥천의 근대교육운동」, 『옥천군지-역사와 전통』 Ⅱ, 104~105쪽.
26) 『大韓每日申報』 1907년 7월 14일 잡보 「湖西學會趣旨書」, 7월 19일 잡보 「賀湖西興學會又」.
27) 『대한매일신보』 1910년 5월 26일 학계 「호셔학회소문」.
28) 『황성신문』 1908년 6월 11일 논설 「林業科의 必要」, 6월 13일 잡보 「林業法의 注解」.
29) 『대한매일신보』 1908년 10월 8일 잡보 「김씨종중설교」.

교육기관은 이를 보여준다. 서당 686개소에 재학생 4,916명, 공사립보통학교 102개교에 재학생 5,472명 등이었다.[30] 교원은 총 330명이었다. 서당은 숫자상 절대 다수를 차지하지만, 수용인원은 그리 많지 않았다. 한국사·지리나 산술 등을 교과목으로 채택하는 일부 개량서당도 운영되었다. 반면 사립학교는 5,500여 명에 달하는 학령아동을 수용하는 등 근대교육기관으로서 확고한 위치를 차지하기에 이르렀다. 공교육 부진은 이와 변화를 초래하는 요인이었다.

3. 근대교육의 전개 양상

을사늑약 이전까지 사립학교에 의한 근대교육은 전반적으로 부진한 형편이었다. 1901년 청주군 유생 申興雨 등은 향교 내에 학교를 설립하였다. 그는 운영비 조달은 물론 직접 학생들을 모집하여 가르치는데 열성을 다했다. 학부는 그를 교원으로 임명하는 동시에 지원을 아끼지 않았다.[31] 이후 사립학교 설립에 의한 근대교육은 별다른 진전이 없었다. 근대교육에 대한 인식은 아직 지역사회에 파급되지 않은 사실을 반증한다.

일본어 보급에 중점을 둔 '일어학교'는 성행하는 분위기였다. 1904년 청주군 金原培는 자담으로 일어학교를 세웠다. 松下彦熊을 교사로 연빙하자, 40여 명 학도는 일시에 호응하였다.[32] 이듬해 李周瓊·朴海淑은 진천군 閒川市에 '일어학교'를 설립한 후 山本登을 교사로 초빙하였다. 인근 거주자 중 입학지원자는 다수에 달했다.[33] 옥천군 淨土敎會長인 洪承弼도 사립학

30) 『大韓每日申報』1909년 11월 13일 학계「書堂何多」; 김형목, 「한말 충북지방의 사립학교설립운동」, 『한국근현대사연구』23, 42쪽.
31) 『황성신문』1901년 5월 9일 잡보「敍任及 辭令」.
32) 『황성신문』1904년 5월 10일 잡보「私立日校」; 김형목, 「한말 충북지방의 사립학교설립운동」, 『한국근현대사연구』23, 2002.

교를 설립한 후, 관아 건물을 교실로 사용할 수 있도록 제공을 요청하고 나섰다.[34] 이 학교는 정토교 포교와 함께 일어를 중점적으로 가르치는 '일어학교'였다.

이러한 분위기는 유지신사들을 자극시키는 계기였다. 괴산군수 민영은은 속성과와 보통과로 구성된 始安學校를 설립하는 등 근대교육 보급에 노력을 기울였다. 입학연령은 속성과 20세 이상과 보통과 8세 이상인 자로 제한하였다. 나이를 하한선만 규정한 이유는 청소년들에게 보다 많은 수학기회를 부여하기 위함이었다. 출석 학생만 90여 명에 달할 정도로 대단한 호응을 받았다.[35] 학교장은 설립자인 군수가 겸임하였다. 전참서 洪範植·우영명과 전군수 민치완·송순명 등은 의연금 모금에 적극적이었다. 서울 거주 鄭永澤은 찬성장으로 활동하는 등 근대교육 확산에 크게 이바지했다.[36] 서울에서 전개되는 소식은 현지인들을 크게 자극시켰다.

군수 민영은과 서울 거주하는 정영택 등은 1905년 청호학교를 설립했다. 학교가 경비난에 직면하자, 민영은의 1천 원을 비롯하여 참령 윤영성과 해미군수 민영희 등은 1백 원 기부금을 의연금으로 내었다. 전·현직 관리 110여 명도 동참하는 등 재정적인 기반을 확대할 수 있었다. 교과 과정은 중학과·사범속성과·고등소학과·심상소학과 등으로 편성하였다. 중등교육·사범교육·초등교육을 겸비한 '종합교육기관'이었다.[37] 이러한 교육과정 운영은 재정 부족과 부족한 교원 등에서 기인되었다.

33) 『황성신문』 1905년 8월 24일 잡보 「鎭川日校」.
34) 『황성신문』 1905년 8월 1일 잡보 「沃倅報告」 ; 김형목, 「계몽운동」, 『옥천군지-학문과 전통』 II, 2015.
35) 『황성신문』 1905년 9월 4일 잡보 「槐郡設校」.
36) 『황성신문』 1905년 9월 23일 광고 「槐山郡守 閔泳殷氏가 私立始安學校를 設ᄒᆞ얏ᄂᆞᆫ듸 其補助金이 如左ᄒᆞ니」.
37) 『황성신문』 1906년 1월 31일 광고 「淸州私立淸湖學校 第一回 義捐錄」, 7월 31일 잡보 「淸校夏試」 ; 이용철, 「대한제국기 민영은의 관직활동과 계몽운동」, 『한국독립운동사연구』 54, 2016, 11~12쪽.

이 학교는 이듬해 9월 보성중학교로 개칭과 아울러 중등교육기관으로 승격되었다. 주요 학과목은 수신·한문·작문·역사·지리·박물·이학·화학·도서·법학·농학·체조·일어·영어·창가 등이었다. 수업기간은 4년, 입학자격은 15세 이상 30세 이하였다. 입학 시험과목은 국문·한문·독서·작문·지지·역사·산물 등이었다. 기숙사를 운영하는 등 학생들에게 편의를 제공하였다. 교장은 학교 설립을 주도한 정영택이 맡았다.[38] 다만 교과목을 담당한 교사에 관한 기록이 전무하여 구체적인 교육 실태를 파악할 수 없는 부분이 아쉽다.

보성중학교 교직원과 학생들은 장기적인 교육 발전을 지원하는 교우회를 조직하였다. 발기인 정영택을 비롯하여 이장로·임겸재·정태은 등이었다. 의연금 수금소는 서울 종로 황성신문사 내에 두었다. 취지서 주요 내용은 다음과 같다.

> …(상략)… 今日校友로써 限ᄒ고 暇日로써 報答의 義務가 急務홈이로다. 立會의 名義를 守ᄒ야 寸效를 得혼즉 書生의 受嘲를 免홀가ᄒᄂᆫ 바라. 學業의 完成은 學校가 鞏固홈에 在ᄒ고 友道의 輔益은 此會回가 發達홈에 在홀리로다. …(중략)… 大홉다 學問이여 重홉다 智識이여. 存亡生死를 招ᄒ고 逆善惡忠을 擇ᄒᄂᆫ 바라. 內로써 學問을 刻하며 苦하야 文明의 精神과 骨子를 立ᄒ고 外로써 智識을 廣하며 換ᄒ야 國家의 砥柱와 基礎를 固케홈이 吾輩의 責任이라. 四海의 人을 友ᄒ며 會홈이 此會로써 始홀지라. 心을 同ᄒ며 力을 戮ᄒ야 勉ᄒ며 進홀지어다.[39]

지식 보급·발달은 이 단체가 지향하는 바였다. 이는 국가 지주와 기초를 공고히 하는 기초 과정이었다. 임원은 회장 1인, 부회장 1인, 부장 각 1인, 각부 위원 2인, 회계원 2인, 각부 위원보 각 4인 등이었다. 부서는 문

---

38)『황성신문』1906년 9월 5~25일 광고「학원모집광고」.
39)『만세보』1907년 1월 17일 잡보「淸郡校友會」;『황성신문』1907년 1월 17일 잡보「淸州郡普成中學校校友會趣旨」.

예·무예·위생·서무로 구성되었다. 교우회는 회원간 친목 도모는 물론
관내 의무교육을 실시하기 위한 방안까지 모색하였다. 회원 자격은 교직에
종사하는 모든 이들에게 개방되었다.[40] 이는 지방에서 조직된 최초 학우회
라는 점에서 중요한 의미를 지닌다. 교우회는 중등교육은 물론 고등교육에
의한 인재 양성에 적극적인 관심과 후원을 아끼지 않았다. 일본유학생 단
지동맹에 대한 동정금 모금활동은 이를 반증한다.

> 嗚呼痛哉. 二十一人 同胞學生이여. 忠君愛國지誠으로 離親棄墓ㅎ고 留
> 學遠邦타가 經濟窘乏에 難遂素志ㅎ야 血心決議ㅎ고 斷指同盟ㅎ니 像想
> 其當場景況 則髮衝비裂에 血淚沽검이라. 若 我二千萬同胞 知其二拾一人
> 烈士之血性 則莫석萬金지財하고 부送慈善지금하야 使遂本志케하면 國
> 家幸甚 同胞幸甚.
> 淸州郡 普成中學校校友會
> 發起人 鄭永澤 리章魯 任謙宰 鄭泰殷
> 但 義捐金 領收所ᄂ 京城 鍾路 皇城新聞社內.[41]

　주민들의 자발적인 참여를 유도하기 위한 긴급광고였다. 또한 교우회 임
원진의 근대교육에 대한 관심도를 그대로 보여주는 대목이다. 군수 윤태흥
도 근대교육 보급에 대단히 적극적이었다. 그는 각 면장과 이장 등을 소집
하여 학령아동을 조사하여 보성학교로 입학을 권유하였다. 학령아동 중 경
비곤란으로 입학이 불가능한 경우에는 마을에서 이를 공동부담하게 했다.
인재양성을 위한 그의 노력은 '의무교육' 시행을 위한 기반을 구축하는 등
인식변화를 수반하는 계기였다.[42] 지방관의 적극적인 관심사는 근대교육
시행에 절대적인 요인이었다.

---

40)『만세보』1907년 1월 17~18일 잡보「淸郡校友會」.
41)『황성신문』1907년 1월 17일~2월 8일 광고「긴급광고」;『大韓每日申報』1907년
　　1월 23일~2월 1일 광고「긴급광고」.
42)『大韓每日申報』1907년 12월 25일 잡보「淸守獎學」.

광남학교는 방흥근·김태희·김원배 등에 의하여 개신교 전래와 더불어 설립되었다. 교실은 방흥근 사저를 제공하였으며, 학교장은 김태희가 맡았다. 설립 당시 학생은 15명으로 2개 반으로 나누어 교육하였다. 1907년 7명과 1909년 13명의 졸업생을 배출하는 등 근대교육기관으로 자리매김할 수 있었다. 1907년 졸업생 중 설립자인 방흥근이 고등과 졸업생으로 나타난다. 이는 근대교육에 대한 열망이 얼마나 대단한가를 보여주는 생생한 자료로서 주목된다.[43] 청주를 중심으로 선교활동을 전개하던 민노아는 학교설립자들과 자주 회합을 가졌다. 서울에서 경신학교를 운영한 경험은 학교 운영에 많은 조언을 줄 수 있었다. 학교가 경영난에 직면하자 1908년 민노아는 학교 운영권을 인수받아 청남학교로 명칭 변경과 동시에 교장으로 취임했다.[44] 또한 여성교육을 위한 여학교를 운영하는 등 여성에 대한 사회적인 편견을 불식시키는데 앞장섰다. 재정적인 확충은 교육내실화와 더불어 청주지역을 대표하는 교육기관으로 발전하는 밑거름이었다. 졸업생들은 일제강점기 이곳 문화·계몽운동을 주도하는 세력으로 성장하였다. 청주기독교청년회와 청주여자기독교청년회 강연회 개최나 야학 운영 등은 이를 반증한다.[45]

서면 덕촌 하동 정씨 집성촌에서는 덕신학교 이전 宗學稧가 조직되어 문중 자제 교육을 담당하였다. 이를 주도한 인물은 鄭在浩(1839~1899)였다. 종인들과 상의한 후 종학계를 조직하여 상세한 규약을 정비하고 학사를 마련하여 經史를 비치하였다. 1901년 5월 24일 간재 전우는 직접 청주로 와서 강회를 열었다. 강회에는 문하생 3~4백여 명이 참석하였다. 당시 이곳에는 정두현과 정해관의 里塾이 있었다.[46] 이를 기반으로 1906년 鄭淳萬 주도로

43) 전순동·최동준, 「일제기 청주지방의 민족교육운동-청남학교를 중심으로-」, 『중원문화연구』 2·3, 98쪽.
44) 한국기독교장로회 충북노회, 『충북노회사료집』, 101쪽.
45) 『기독신보』 1927년 11월 2일자, 1928년 10월 24일자.
46) 「간재선생연보」, 『간재선생전집』 권3, 보경문화사, 1984.

덕신학교는 운영되었다. 1909년 당시 교장은 정재봉, 교감 정태현, 교원 정두현·오완영 등이었다. 이후 오완영 대신 황홍주가 부임하였다. 1911년 당시 교장은 정윤종, 한문·역사·지지교사 정두현, 국어·체조·산술·작문·이과·도화·창가교사 신후영이 맡았다.[47] 덕신학교는 이때 제1회 졸업생을 배출하였다. 이곳을 대표하는 교육기관으로 발전을 거듭하던 덕신학교는 1919년 폐교되고 말았다. 폐교 이후 덕신학교 재학생들은 옥산공립보통학교로 편입되었다.[48]

청주지방재판소 서기와 군주사 등도 열성적이었다. 중심인물은 바로 서기 이조원, 번역관 박윤양·남보원, 군수사 고희승 등이었다. 이들은 보성학교 내에 법률을 전문으로 가르치는 강습소를 운영하였다. 당시 상황에 대한 다음 기사는 이들의 열성을 엿볼 수 있는 대목이다.

> 츙쳥북도 청쥬군 디방지판소 셔긔 리죠원 번역관 박윤양 남보원 군쥬ᄉ 고희승 졔씨가 그 고을 인민이 법률에 몽이흠을 개탄히 녁겨 법률과를 그곳 보셩학교에 셜립ᄒ고 명예로 열심교슈ᄒ다더라.[49]

이들은 자신들의 전문적인 법률지식을 보급하기 위하여 법률강습소를 설립하여 명예교사로 자원하였다. 법관양성소 출신으로 보성법률전문학교 부설로 법률강습소를 운영한 경험은 이를 추진하는 원동력이었다. 당시 임원진은 총무 안만수, 감독 고인석, 서기 김덕준·이조원, 간사원 정운락 등 3인, 재무원 유정렬 등 15인, 강사 이풍구 등 20인으로 구성되었다. 이들은 국채보상운동 참여와 대한협회 회원으로 활동하고 있었다.[50] 법률적인 무지로

---

47) 박걸순, 「정순만의 교육구국사상과 덕신학교」, 『덕은재(덕신학교) 복원 기념 학술세미나(발표문)』, 독립기념관 한국독립운동사연구소·충북대 중원문화연구소, 2016, 18~22쪽.
48) 정순만, 「덕신학교」, 『디지털청주문화대전』.
49) 『대한매일신보』 1909년 3월 19일 잡보 「관리열심」.
50) 『관보(2884)』 광무 8년 7월 21일 「학사」 ; 『황성신문』 1904년 7월 16일 잡보 「養成

인한 손해를 반감시키는 동시에 주민들 실생활에 도움을 주기 위함이었다. 이들은 이를 야학으로 운영하는 등 피교육생들에게 편의를 제공하였다.

산이외면 오창식·신응휴·김후곤 등도 신명학교를 설립하였다. 이들은 열성적으로 가르치는 한편 학생들에게 자긍심을 일깨웠다. "새로운 문명세계"를 건설하자는 가르침은 바로 교훈이었다. 특히 김후곤은 근로 청소년을 위한 야학교를 설립하는 등 근대교육 보급에 열성을 다하였다. "청주군 산외이면 지천동 신명학교교사 김후곤씨가 교비를 자담하여 특별히 1개교를 설립하고 총준한 자제를 모집하며 서적을 널리 구하였다. 血誠激勸에 一鄕이 翕從뿐 아니라 文明域에 開進發達을 自擔함에 其勇進無退함을 無不贊頌한다더라."51) 이러한 분위기는 관내로 파급되는 등 향학열 고조로 이어졌다. 상호간 교류는 미래에 대한 청사진을 설계하는 등 자신감을 배양시켰다.

산내이하면 삼산리 오용현·오영석·오한식·오창식·오정식 등 보성 오씨 문중은 청흥학교를 세웠다. '청흥'은 충청도를 대표하는 교육기관으로 발전을 염원하는 의미였다. 비록 문중학교였으나 다른 문중 자제들 입학까지 허용하였다. 개교한 지 불과 3개월만에 학도가 50여 명에 달할 정도로 대단한 호응을 받았다.52) 면장 오창식은 사무를 공정하게 처리하는 등 명성을 얻었다.

> 쳥쥬군 산닉이하면 삼산에 사난 오챵식씨가 면쟝으로 스무도 공평히 잘 볼 쑨더러 그동리 즈긔죵즁에 쳥흥학교를 셜립ᄒ고 각동에 잇난 죵인들과 타인들싀지라도 열심히 효유ᄒ여 입학케홈으로 학도가 수십여명이나 되고 그 학교 졍황이 츠츠 셩취된다더라.53)

卒業」, 8월 4일 관보「서임급 사령」, 1907년 6월 21일 광고, 1908년 6월 13일 잡보 「借校講習」; 편집부, 「회원명부, 본회회원」, 『대한협회회보』19, 1909.
51) 『황성신문』 1909년 5월 11일 잡보「新明校의 金氏」.
52) 『황성신문』 1910년 8월 17일 잡보「淸校其興」.

그의 열성적인 활동은 주민들로부터 적극적인 지원을 이끌어내는 에너 지원이었다. 학생들의 적극적인 호응은 이를 반증한다. 이 학교도 1915년까지 운영되는 등 근대교육 보급에 일익을 담당했다.[54] 외일하면장 박봉래는 교육활동에 적극적이었다. 그는 면내 가가호호를 방문하여 학령아동의 입학을 권유하였다. 또한 빈민자제를 위한 사립학교를 설립하는 등 헌신적인 활동을 펼쳤다.[55]

북면 오근리 김인성·이명세·김영식·이근세·김규일 등은 강신각과 부속 전답으로 청오학교를 설립했다. 근대교육의 필요성과 시급함을 인식한 이들은 마을 공동답을 재정적인 기반으로 삼았다. 군수 김대규는 관내를 순행하면서 의연금 모집에 노력을 기울였다. 지방관의 솔선수범하는 자세는 주민들 공감대를 형성할 수 있었다. 학생은 일시에 백여 명이나 호응하는 등 대성황을 이루었다.[56] 문중학교로 출발한 이 학교도 발전을 거듭할 수 있었다.

유생도 시대변화에 부응하는 일환으로 근대교육 동참을 마다하지 않았다. 향교나 전통교육기관으로 설립된 명륜학교는 당시 상황을 분명하게 보여준다. 이장규는 청주지역을 대표하는 한학자였다. 이러한 인식 변화와 명륜학교 설립은 청주뿐만 아니라 호서지역 유림계에 크나큰 영향을 미쳤다.

> 淸州郡 居 李章珪氏는 湖西名儒로 敎育이 時急홈을 慨然히 覺悟하고 不贍쳠흔 財産을 傾하야 金貨 四百五十圓을 該郡 明倫學校에 捐助하엿슴으로 該校 凡百이 日益振興하야 學員이 五十名에 達하엿는딕 李氏의 敎育上 熱心홈은 湖西儒林界에 嚆矢됨이라고 萬口讚揚흔다더라.[57]

---

53) 『대한매일신보』 1910년 7월 16일 잡보 「면장권학」.
54) 『매일신보』 1915년 4월 14일 지방통신 「충청북도 청흥학교 발전(청주)」.
55) 『대한매일신보』 1910년 6월 29일 학계보 「박씨셜교」.
56) 『대한매일신보』 1910년 4월 13일 학계 「청오학교셜립」.
57) 『大韓每日申報』 1910년 4월 10일 학계 「湖西喜聞」.

유학자의 근대교육기관 설립은 청주지역 최초로서 주목을 받았다. 물론 교육과정은 신·구학문을 절충함으로 사회적인 갈등을 완화할 수 있었다. 더욱이 운영비로 450환을 의연하는 등 재정적인 확충에 크게 이바지하였다.[58] 그에게 근대교육 시행은 사회적인 책무로서 인식되었다. 식민지화에 대한 위기의식은 변화를 추동시키는 밑거름이었다.

근대교육은 물론 순조롭게 진행되지 않았다. 일부 유학자들은 이를 저지하거나 방해하는 경우도 적지 않았다. 심산 金昌淑이 성주 청천서원에 사립성명학교를 설립하였다. 이때 현지 유생들은 "김창숙이 나고 청천이 망하고 말았다."라며 격렬한 어조로 비난했다. 이에 "누가 무어라고 해도 욕해도 좋다. 내가 어찌 내 선조를 잊으며 유림을 저버릴 수 있겠는가."라며 자신의 의도가 진정으로 이해되기를 바랐다.[59] 유생 이장규에 대한 모범적인 사례로서 찬사는 이와 무관하지 않았다.

> 오늘날 츙쳥북도는 교육의 진취흠이 다른 디방만 못흠이 만흔지라. 지금에 츙쳥북도 인수들은 그 졍신을 심히 분발ᄒ며 그 슈단을 심히 민렵하게 써야 가히 놈의 뒤에 써러지지 아니홀지니 오호ㅣ라. 졔씨는 힘쓸지어다. 지금 셰샹이 발겨셔 태양이 즁텬에 잇는 것굿흔 이째에 잇셔셔 오히려 태고현황씨의 시딕나 쑴을 쑤어서 슈화즁으로 드러가는 쟈가 잇는가. 우리는 이를 위ᄒ여 심히 두려워흠을 말지 아니ᄒ노라.[60]

더욱이 의병전쟁의 격화와 사회불안에 따른 경제난도 사립학교설립운동을 저지시키는 요인이었다. 일부 의병들은 학교나 교사·학생 등에 대한 공격을 서슴지 않았다. 더욱이 일제의 경제적인 침략에 따른 생존권 위협은 자제교육을 부차적인 문제로서 인식하지 않을 수 없었다.[61] 그럼에도 사립학

---

58) 『대한매일신보』1910년 4월 9일 잡보 「호중에 뎨일」.
59) 권기훈, 『심산 김창숙 연구』, 선인, 2007, 76~77쪽.
60) 『대한매일신보』1910년 4월 16일 론셜 「츙쳥북도를 향ᄒ여 흔 번 치하ᄒ는 말을 붓치노라」.

교설립운동은 확산되고 있었다. 청주지역 근대교육기관을 정리하면 〈표 1〉
과 같다.

〈표 1〉 대한제국기 청주지역 근대교육기관[62]

설립년도	학교명	장소	설립·운영자	학생수	출전
1901	문동학교; 문중학교	청주	신흥우·신채호 등		황1901.5.9;『단재전집』
1904	일어학교	청주	김원배,송하언웅; 일어	40	황1904.5.10
	광남학교; 청남학교	청주 청남문 밖	김태희·방흥근 김원배·김태희 (민노아);교장	15;초기	大1907.7.9-10.3;『청주 시지』;『졸업대장』
1905	청호학교	청주	민영은;군수 등 정영택;학교장	중학과 사범속성과 고등과 소학과	大1906.1.30,1.31,1907 1.20-2.1,5.2,12.25,1908 4.29;황1906.4.27,9.5 11.12;대1908.11.22
1906	보성중학교; 청호학교를 확대 승격	청주	민영은;군수 등 정영택;학교장	중등과정교 원양성	大1906.1.30.,1.31,1907 1.20-2.1,5.2,12.25,1908 4.29;황1906.4.27,9.5 11.12;대1908.11.22;만 1907.17-18
	덕신학교	청주 서면 덕촌	하동정씨 문중 정순만 정재봉;교장, 정태현;교감, 정두현·오완영·황 흥주·신후영;교사	다수	大1909.4.27;『삼세합고』 이근우의 졸업증·수업증 서·포증서
1908	문중학교	청주 산동	신씨문중,신태휴; 관찰사		대1908.6.5,6.11

61) 『만세보』1906년 9월 16일 논설「農産」, 10월 14일 논설「借款風說」, 10월 16일
논설「敎育費」, 10월 21일 논설「農形」, 10월 27일 논설「經濟界」, 12월 8일 논설
「民情」, 1907년 4월 27일 논설「窮極則通」.

62) 〈표 1〉의 大는『大韓每日申報(국한문혼용판)』, 대는『대한매일신보(한글판)』, 황
은『황성신문』, 매는『매일신보』을 각각 의미한다. ( ) 안은 후임자이다.

	연흥학교	청주 강서면	유지제씨		大1909.2.2
	보성학교; 잠업학교	청주	조병묵;교사		大1909.2.11;대1909.2.11 1910.5.13
1909	신명학교	청주 산외이면 지천동	오창식·신응휴·김후곤;교사		大1909.4.9.,5.11,1910. 4.16 대1910.4.21
	신명학교 지교	청주 산외이면 지천동	김후곤;교사		황1909.4.9,5.11
	명륜학교	청주	이장규 등	50	大1910.4.10
	법률전문강습소	보성학교 내	이조원;재판소서기, 박윤양·남보원;번역관		대1909.3.19
	사립학교	청주	실업가 등		황1910.1.14
1910	노동학교	청주	이상우;진위대군인	80	황1910.3.24;大1910. 3.25;대1910.5.24
	청오학교	청주 북면 오근리	김인성·이명세 김영식·이근성 김규일	100	大1910.4.10
	청흥학교; 문중학교	청주 산내하 삼산리	오용현·오영석 오한식·오창식 오정식	50	황1910.8.17 대1910.7.16 매1915.4.14

〈표 1〉은 당시 모든 사립학교를 망라하지 않았다. 개량서당을 비롯한 근대교육기관으로 전환된 의숙·사숙 중 상당수 누락되었기 때문이다.[63] 〈표 1〉에 나타난 학교는 당시 비교적 잘 '알려진' 교육기관이라고 짐작된다. 당시 신문 기사 대부분은 직접적인 취재에 의한 것이 아니라 수소문에 의해 이루어졌다. 그런 만큼 학교 관련 기사 중 상당수는 누락될 수밖에 없었다. 덕신학교에 관한 기사는 전혀 나타나지 않는다. 그런데 다른 기록을 통하여 덕신학교는 1906년 설립되어 1919년까지 13년간이나 유지되었다.

[63] 김형목, 「한말 충북지방의 사립학교설립운동」, 『한국근현대사연구』 23, 50쪽.

4. 지역운동사상 의의

　설립·운영주체는 전·현직 관리와 유지 등이었다. 이들은 지방사회에서 영향력을 미치는 인물로서, 사실상 여론을 주도하는 계층이었다. 이는 사립학교 설립하거나 후원자로서 역할을 자임하기에 이르렀다. 이들 중 주요 인물을 살펴보면 다음과 같다.

　민영은은 1901년 이래 충청북도 괴산군수·연풍군수·보은군수·음성군수·청안군수·진천군수·충주군수·청주군수와 충청북도 관찰사 서리를 역임하는 전형적인 관료였다. 1905년 괴산군수 재직시 시안학교를 세웠다. 과정은 속성과와 소학과로 출석생은 90여 명에 달하였다.[64] 청주군수 재직시에는 가옥 개선사업에 주민들의 자발적인 부역으로 성공리에 마무리되었다. 청호학교(이후 보성중학교로 발전) 설립하는 등 관내 근대교육 확산에 노력을 기울였다. 고등보통과 입학자격은 만 25~30세, 소학과 8~20세로 교육내실화를 위한 규정도 마련하였다.[65] 사범속성과와 고등보통과는 교사 양성을 위한 과정이었다. 관내 의무교육 시행 계획은 이와 맞물려 진전되었다. 청호학교는 충북을 대표하는 교육기관인 보성중학교로 발전을 거듭하였다. 그런데 '의무교육비' 강제 부과는 주민들 원성을 초래하는 요인이었다.[66]

　林業經營에도 힘써 1908년 이래 충청북도 청주군 와우산 일대 44정보에 낙엽송을 심었다. 청주군 북일면과 미원면에도 식수하여 이 공로로 조선총독부와 도청으로부터 여러 차례 표창을 받았다. 안중근의거 이후 일진회는

---

64)『大韓每日申報』1907년 5월 29일 잡보「田價請給」;『황성신문』1910년 1월 14일 잡보「校長快擧」.
65)『만세보』1906년 12월 4일 잡보「淸州民戶結搆」, 1907년 4월 27일 잡보「刑金證規相左」;『大韓每日申報』1906년 1월 30일 광고「學員募集」, 1월 31일 광고「淸州私立淸湖學校 第一回 義捐錄」, 1907년 12월 25일 잡보「淸守奬學」.
66)『만세보』1906년 8월 8일 잡보「淸倅取怨」.

'한일합방청원서'를 발표하는 망국적인 행위를 서슴지 않았다. 이를 계기로 각지 지회원들은 퇴회하는 등 임원진에 대한 적대감을 드러내었다. 교장 민영은은 학생들에게 일진회는 하나의 매국단체에 불과하니 전혀 현혹되지 말고 열심히 공부하라고 연설하였다. 생도 중 일진회원 자제들은 부모에게 이를 알리자, 즉각적인 일진회원들의 질문을 받았다. 그는 전혀 개의치 않고 자신의 입장을 밝힌 후 일진회원 자제들을 출교 처분하였다.[67] 특히 대한협회·기호흥학회·대동학회 회원으로 활동하는 등 계몽론자로서의 성격을 보여준다. 이러한 외형적인 활동과 달리 실제는 근대교육을 통하여 지지세력을 확보하는 데 있었다. 강제병합 이후 친일적인 활동은 이러한 사실을 분명하게 보여준다.[68]

신명학교 교장과 청흥학교 교감 등을 역임한 오창식은 1875년 2월 청주군 산내이하면에서 태어났다. 본관은 보성으로 부친은 오영호이다. 그는 보성부원군 오천복의 18세 손에 해당된다. 선조들은 이곳에 세거한 이래 재지사족으로 사회적인 영향력을 발휘하고 있었다. 면장 재직시 공평무사하게 일을 처리하여 주민들 신망을 받았다.[69] 이를 기반으로 근대교육 보급에 열성을 다하여 주민들의 적극적인 후원을 견인할 수 있었다. 교육계에 헌신한 활동에 대한 긍정적인 평가는 이러한 배경과 무관하지 않았다.

정용택은 송강 정철의 13대 손으로 본관은 연일이다. 1858년 7월 청주군 북강외일면 탑동리에서 태어났다. 한문을 수학한 후 청주군주사 등을 역임하였다. 관계에서 은퇴한 후 근대교육 보급에 남다른 관심을 보였다. 한학에 대한 출중한 능력은 이러한 활동을 추진하는 밑거름이나 마찬가지였다. 보성중학교 한문교사, 청오학교 교장, 청보학교 교장 등도 역임할 만큼 교

---

67) 『황성신문』 1910년 1월 14일 잡보 「校長快擧」.
68) 친일인명사전편찬위원회, 「민영은」, 『친일인명사전』 1, 민족문제연구소, 2009, 829~831쪽.
69) 조선총독부, 「오창식」, 『조선신사보감』, 643쪽.

육에 적극적이었다.[70]

민노아는 미국 북장로회 선교사로 1892년 한국과 인연을 맺었다. 민노아학당을 설립하는 등 교육사업에 남다른 관심을 기울였다. 1905년 청주로 연고지를 옮긴 다음 교세 확장을 위한 선교활동에 치중하였다. 이때부터 개신교 신자이자 광남학교 설립자들과 빈번하게 접촉했다. 일제의 침략이 강화되면서 학교는 재정난으로 폐교에 직면하였다. 광남학교를 인수하여 건물을 증축하는 동시에 교장에 취임했다. 교과과정은 고등과와 보통과로 구분하여 운영하는 등 교육내실화에 노력을 기울였다.[71] 일제강점기에도 청남학교로 계속 운영될 수 있었던 배경은 여기에서 찾아진다.

지방관리의 근대교육에 대한 관심은 매우 높았다. 실제로 이들은 교육운동을 주도하는 중심 세력이었다. 그런데 지방관들이 설립한 사립학교는 지방민에 대한 불법적인 수탈이나 '강제기부금'을 모금하는 등 사회적인 문제를 일으켰다. 또한 교육 내용, 교사 자질, 수용 규모 등을 포함한 교육의 '내실'이라는 측면에서 많은 문제점을 안고 있었다.[72] 일부 부정적인 현상으로 이들의 교육 참여에 대한 비판은 정당하지 않다.

더욱이 일어교육에 편중된 교육도 문제점을 드러내었다. 선진문물 수용을 위한 어학 중요성은 아무리 강조해도 지나치지 않다. 그러나 90% 이상에 달하는 문맹률 상황에서 일본어 보급은 분명 심각한 문제점을 지닌다. 일부 사립학교는 일본어만을 전문적으로 가르치는 일어학교였다.[73] 이는 '일어만능시대'에 부응하는 사회분위기나 사립학교 등 설립취지를 반영한다는 점에서 분명하게 지적해야 한다. 그런 만큼 '근대교육 시행=교육구국운

---

70) 조선총독부, 「정용택」, 『조선신사보감』, 494쪽.
71) 전순동·최동준, 「일제기 청주지방의 민족교육운동」, 『중원문화연구』 2·3, 99
    ~100쪽.
72) 『대한매일신보』 1909년 3월 12일 론설 「소위 교육가」 ; 『大韓每日申報』 1909년 3월
    12일 논설 「所謂敎育家」.
73) 『대한매일신보』 1909년 6월 30일 론설 「오늘날 교육의 정신」 ; 『大韓每日申報』
    1909년 6월 30일 논설 「今日敎育界의 精神界」.

동'이라는 인식에 대한 비판은 의미하는 바가 적지 않다.

연합운동회는 지역민을 결집시키는 동시에 근대교육의 필요성을 알리는 현장이었다.[74] 주민들은 운동회를 통하여 시세변화를 직접 목격할 수 있었다. 1907년 5월 11일 청주 문암뜰에서 개최된 충청남북도연합대운동회는 그야말로 인산인해를 이루는 초유의 광경이었다. 운동경기 종목과 심판진에 대한 상세한 소개는 이러한 사실을 그대로 보여준다.[75]

수백 명 학도들과 수천 명 학부형은 각종 경기를 통하여 친목 도모와 단결심을 도모할 수 있었다. 학도들의 질서정연한 행동과 군사훈련을 방불하게 하는 병식체조는 주민들에게 변화하는 실상을 일깨웠다. '학교'는 학생만을 위한 공간이 아니라 지역민이 공유하는 '생활공간'으로서 의미를 지닌다. 학교운영비 마련을 위한 자발적인 주민들 참여는 사회적인 존재로서 자기존재성을 일깨우는 계기였다.[76]

주민들 열의와 달리 중·장기적인 관점에서 교육운동은 거의 모색되지 않았다. 보성중학교 교우회는 예외적인 단체였으나 구체적인 활동상을 파악할 수 없다. 아마 실행되지 못한 채 계획으로만 그치고 말았다고 생각된다. 지방관 교체와 동시에 일부 사립학교는 폐교에 직면하는 등 부진을 면치 못하였다.[77] 사립학교설립운동을 주도한 일부 지방관은 불법적인 토색을 서슴없이 자행하였다. 근대교육에 대한 부정적인 인식은 이러한 가운데 확산되어 나갔다.[78] 관찰사 윤철규는 학교설립기금 36만 냥과 연합운동회

---

74) 『大韓每日申報』 1908년 4월 10일 잡보 「仁校運動費捐補」 ; 이학래, 『한국근대체육사연구』, 지식산업사, 1990, 61~63쪽.

75) 『황성신문』 1907년 5월 22일 잡보 「湖中學校大運動」.

76) 김형목, 「한말 야학운동의 기능과 성격」, 『중앙사론』 21, 한국중앙사학회, 2005, 411~413쪽.

77) 『大韓每日申報』 1906년 6월 28~29일 기서 「警告大韓教育家, 喜懼生」 ; 『만세보』 1906년 9월 1~2일 「碧梧秋月」.

78) 『大韓每日申報』 1906년 6월 6일 잡보 「自薦沒恥」·「忠察虐民」, 6월 8일 잡보 「爲寡婦哭」 ; 『만세보』 1906년 8월 8일 잡보 「澗倅舊習」, 9월 11일 잡보 「丹倅照律」, 9월 19~21일 논설 「地方弊害救濟」, 11월 8일 잡보 「槐山學校紛爭」·「丹倅再囚」.

비 20만 냥 모집을 관내 군수에게 하달하였다. 관내 면장들의 지연 요청에
도 이를 강행하는 등 전혀 현실을 고려하지 않았다.[79]

  식민지사회로 전락하는 가운데 매관매직 성행은 지배체제 문란을 수반
하였다. 국익·공익은 이들에게 명분일뿐 실상과 너무나 괴리되어 있었다.
거듭된 관리등용 개혁은 미사여구에 그치고 말았다.[80] 친일세력 발호는 근
대교육에 대한 전반적인 불신과 아울러 본래 취지를 무색하게 한계성을 안
고 있었다. '시세와 민도'에 적합한 보통교육을 표방한 공교육에 대한 불신
은 이를 보여준다. 이는 식민교육에 대한 저항이라는 측면에서 부분적인
의미를 지닌다.

  관료층의 계몽운동 참여는 양면성을 지닐 수밖에 없다. 대부분은 시류에
편승하여 사익을 도모하는 방편 중 하나였다.[81] 반면 근대교육 시행을 변
혁운동으로 인식한 경우에는 국권회복을 위한 가능성을 엿볼 수 있다. 상
무교육을 중심으로 전개된 의무교육은 이를 반증한다. 더욱이 근대교육 수
혜 확대는 민중으로 하여금 시대변화를 인식함으로써 미약하나마 자기정
체성 확립에 이바지하였다.[82] 학교라는 공간을 통한 '자기혁신'이나 '자기변
화'는 현실모순을 타파하기 위한 역량을 결집시키는 기반이었다. 민족해방
운동 진전은 이러한 역사적인 연원에서 비롯되었다.

---

79) 『만세보』1906년 7월 21일 잡보「忠民?寃」, 8월 7일 잡보「兩察任免」·「急於解任」,
8월 8일 잡보「忠察後任未定」, 8월 12일 잡보「尹氏消息詳聞」, 8월 15일 잡보「忠
民上京」·「忠民相賀」, 9월 11일 잡보「金暴甚於尹貪」.
80) 『만세보』1906년 8월 26일 논설「一進會」, 8월 28일 논설「公薦」, 9월 25일 논설
「天道敎와 一進會」, 26일 논설「郡守와 稅務官」, 10월 7일 논설「局外間答」, 11월
6일 논설「欺瞞風氣」, 11월 13일 논설「宮內大臣」, 11월 16일 논설「改善新政」, 12
월 2일 논설「銓考斁風」.
81) 『황성신문』1906년 5월 15일 기서「女子敎育이 不可無」, 5월 23일 논설「警告于
學校設立之人」, 5월 25일 논설「警告捐資興學」;『만세보』1906년 10~11일
논설「敎育大欺注」;『제국신문』1906년 8월 7일 잡보「忠察任免」.
82) 『만세보』1906년 8월 17일 논설「團體」, 8월 21일 논설「時間經濟」, 8월 24일 논설
「內外法」, 10월 2일 논설「義務敎育」, 11월 9일 논설「婦人會」.

한편 근대교육운동이 진행되는 가운데 국채보상운동도 전개되었다. 청주군은 취지서가 발표되기 이전부터 의연금 모금에 들어갔다. 청주진위대장 유기원 이하 장졸들은 3월 초순부터 모금이 시작되었다. 이들 318명은 3개월 단연을 결심한 후 1개월에 해당하는 단연금 63환 60전을 보냈다.

> …(상략)… 我國一千三百萬圓 借款을 報償이 無期ᄒ야 惟我二千萬 同胞에 晝宵憂慮者也러니 徐相敦氏의 斷烟同盟지說이 如披雲看月ᄒ야 滿心爽快라 一隊軍人이 奮然發起ᄒ야 三朔斷烟條 을 計數이온즉 領尉官士卒三百十八員人에 合爲一百九十圓九十錢이온지라 爲先以一朔條 六十三圓十錢으로 茲以先送이라.[83]

군인들 위국충정하는 모범적인 의연금 모금은 곧바로 주민들에게 파급되었다. 청주보부상 左支社 두령 김형집 등 129명도 47원 10전을 거두었다.[84] 청주 청천면 어룡리 출신 이동규는 빈한하여 서울에서 筆工으로 생업을 이어가고 있었다. 국채보상 소식에 붓값으로 받은 구화 5원을 황성신문사에 보냈다.[85] 주민들도 마을별로 모금운동을 전개하는 등 분위기 확산에 노력을 기울였다. 서면 목과동 밀양 박씨 박찬진과 종손 박남규의 열성적인 활동은 귀감으로서 널리 칭송되었다. 이들은 100원에 달하는 거금을 모급한 후 직접 상경하여 황성신문사에 전달하였다.[86] 근대교육 참여를 통한 현실인식 심화는 이를 가능하게 요인 중 하나였다.

이와 더불어 기호지방 흥학을 위한 기호흥학회 청주지회도 조직되었다.

---

83) 『대한매일신보』 1907년 3월 7일 잡보 「淸隊出義」, 3월 16일 광고 ; 김형목, 「충청북도 국채보상운동의 지역운동사상 의의」, 『한국민족운동사연구』 69, 한국민족운동사학회, 2011, 56~58쪽.
84) 『황성신문』 1907년 3월 18일 광고, 5월 25일 광고 ; 『大韓每日申報』 1907년 4월 19일 잡보 「淸州郡國債報償會趣旨書」, 4월 28일 잡보 「淸隊斷烟」, 4월 30일 광고, 5월 15일 광고.
85) 『大韓每日申報』 1907년 5월 1일 잡보 「賣筆捐助」.
86) 『황성신문』 1907년 4월 10일 잡보 「朴門出義」.

근대교육 수혜를 받은 새로운 학생층 형성은 이러한 변화를 초래하는 든든한 배경임에 틀림없다. 민영은 등 일부 지회원을 제외한 이들의 활동상을 파악할 수 있는 자료가 부족하다.[87] 향후 이들에 대한 구체적인 활동상을 파악해야 청주지역 계몽운동 실상을 보다 객관적으로 이해하는 관건이다.

많은 한계에도 청주지역 근대교육은 이곳 계몽운동을 추동하는 에너지원이었다. 다음 기사는 이러한 사실을 분명하게 보여준다. "근래에 충청북도 각처에서 교육의 풍조가 날마다 진보된다는 소식이 연속하여 와서 우리는 환영하는 마음을 감동하여 일으키는 도다. 대개 충청북도는 자래로 사환가의 세력이 심히 강하고 유교를 믿는 마음이 심히 굳은 지방이라. 그런고로 수구의 폐단이 심하여 혹 시전 서전 예기 주역의 경서 외에는 가히 배울만한 것이 없는 줄로 아는 고로 새교육의 진취됨이 심히 더디어…(중략)…새교육을 진흥하는 소식이 있는 중에 청주에 사는 이장규씨는 유명한 선비라. 전일의 속된 사상을 버리고 새로운 세계의 새로 힘쓸 일을 알아서 자산의 재산을 모두 털어 학교에 받치고 그 정성을 다하여 학교를 찬성한다 하니."[88] 청주 출신 개신유학자 이장규에 찬사는 곧 청주가 새로운 변화에 부응하는 중심지임을 반증하는 부분이다. 향후 이들 활동가에 대한 연구가 병행되어 청주지역 계몽운동 전반에 관한 사실이 밝혀지기를 바란다.

5. 맺음말

청주지역 근대교육은 20세기에 접어들면서 시작되었다. 첫걸음은 서울에서 근대교육을 수학한 신흥우·신백우·신채호 등에 의해 이루어졌다. '문

---

87) 편집부, 「회중기사」, 『기호흥학회월보(영인본)』 상, 57·65쪽 ; 「회중기사」, 『기호흥학회월보(영인본)』 하, 384쪽.
88) 『대한매일신보』 191910년 4월 18일 론셜 「츙청북도를 향ᄒ여 흔 번 치하ᄒᄂᆫ 말을 붓치노라」.

중학교'로 출발한 문동학교는 주민과 시세 변화를 알려주는 소통을 위한 현장이었다. 러일전쟁 발발과 을사늑약은 근대교육을 국권회복운동 일환으로 전환시키는 계기였다. 개신교 신자들에 의한 광남학교는 새로운 문물 유입을 위한 창구이자 근대교육에 대한 인식 변화를 초래하는 요인이었다.

청주군수 민영은과 계몽론자에 의해 설립된 청호학교는 중등교육기관인 보성중학교로 발전한다. 교원양성에 치중하는 등 고조되는 교육열에 부응하려는 중장기적인 의도에서 비롯되었다. 재경 세력과 교류를 모색하기 위한 교우회 조직은 변화에 부응하려는 일환이었다. 덕촌 하동 정씨 문중도 사숙을 근대교육기관인 덕신학교로 과감한 교과과정을 개편하였다. 기호흥학회 청주지회는 강연회나 연설회를 개최하는 등 민지계발에 앞장섰다. 이리하여 청주지역 사립학교설립운동은 1908~1910년에 최고조에 달하였다. 도내 다른 지역도 이와 유사한 양상이었다. 서울·경기와 이북지방에 비해 시기적으로 늦었다. 견고한 전통은 근대교육 시행에 소극적일 수밖에 없었다.

기호흥학회를 제외한 계몽단체 지회 조직은 전혀 없었다. 재경 세력과 연대도 폭넓게 이루어지지 않았다. 이는 사립학교설립운동이나 야학운동 등 근대교육에 부정적인 요인으로 작용하였다. 다만 시세변화를 인식하는 가운데 지방관이나 개신유학자를 중심으로 전개된 근대교육은 이와 관련하여 많은 시사점을 던져준다. 명륜학교 설립은 개신유학자의 존재와 사회적인 책무를 보여주는 대목이다. 이곳 근대교육 특징은 다음과 같이 정리할 수 있다.

첫째는 여성교육이 매우 부진한 점이다. 이는 청주지역에만 국한된 문제가 결코 아니다. 삼종지도나 남존여비의 강고한 인습은 이를 가로막는 장애물이었다. 여성들의 사회활동 부재는 이러한 상황을 초래하고 말았다. 극히 일부 여성들의 국채보상운동 참여는 이를 반증한다. 그런데 진천이나 충주 등지에는 여성교육이 진행된 사실과 대비된다.

　둘째는 민지계발을 위한 초등교육인 보통교육에 치중되었다. 근대교육 기관에 필요한 최소한의 교사마저도 제대로 수급할 수 없었다. 보성중학교나 일부 고등과 출신자들로 충원하거나 다른 지방에서 초빙하였다. 후자는 월급 등 운영비 과다로 이어지는 등 재정적인 압박을 초래했다. 일부를 제외하고 대부분 사립학교가 폐교되거나 통합되는 상황은 이와 무관하지 않았다.

　셋째는 일본인에 의한 일본어 보급이다. 증폭된 배일감정과 달리 일본어 보급은 '비교적' 원만하게 진행되는 분위기였다. 외국어 교육은 새로운 사조 수용을 위한 필수적인 요인임에 틀림없다. 다만 일본어에 편중된 교육과정은 친일세력 육성이라는 문제로 귀결된 점에서 문제점을 지닌다. 친일세력 발호는 이러한 분위기 속에서 잉태되고 있었다. 이른바 '일본어만능시대'가 도래하는 가운데 일본어 교육은 비판받아야 마땅하다.

　넷째는 소통과 교류를 위한 보성중학교 교우회 조직이다. 교직원·졸업생·재학생 등으로 구성된 지방 최초라는 점에서 주목된다. 중장기적인 관점에서 교원양성을 위한 방안까지 모색할 정도였다. 일본유학생 단지동맹에 대한 의연금 모집은 이와 같은 인식에서 가능할 수 있었다.

　마지막으로 의병전쟁과 근대교육은 대립적인 측면과 아울러 상호보완적인 측면이 있다. 다행히 청주지역에서 이와 같은 갈등적인 모습은 찾아지지 않는다. 이는 지역적인 특성과 지역민의 현실인식을 반영하는 점에서 중요한 의미를 지닌다.

참고문헌

『대한자강회월보』·『기호흥학회월보』·『대한협회회보』.

『황성신문』·『대한매일신보(한글판)』·『大韓每日申報(국한문혼용판)』·『제국신문』·『만세
　　보』·『경향신문』·『대한민보』.

국사편찬위원회, 『대한제국관원이력서』, 탐구당, 1972.

국사편찬위원회, 『통감부문서』, 1995.

대구광역시, 『국채보상운동100주년기념자료집』 1-5, 국채보상운동기념사업회 · 대구흥사단,
　　2007.

서산군교육회, 『서산군사』, 1937; 경인문화사, 『한국지리풍속지총서 143-서산군지』, 1989
　　영인.

석남김광제선생유고집발간위원회, 『독립지사 김광제선생 유고집, 민족해방을 꿈꾸던 선각
　　자』, 대구상공회의소, 1997.

석남김광제선생유고집발간위원회, 『독립지사 김광제선생 유고집(증보판)』, 2007.

이민영, 『서산군지』, 1926.

홍석창, 『천안, 공주지방 교회사 자료집』, 에이맨, 1993.

大熊春峰, 『청주연혁지』, 1923.

공주영명중고등학교, 『영명100년사』, 2007.

김봉희, 『한국 개화기 서적문화연구』, 이화여대출판부, 1999.

김상기, 『한말의병연구』, 일조각, 1997.

김항구, 『대한협회(1907~1910)연구』, 단국대박사학위논문, 1992.

김형목, 『1910년 전후 야학운동의 실태와 기능』, 중앙대박사학위논문, 2001.

김형목, 『대한제국기 야학운동』, 경인문화사, 2005.

김형목, 『김광제, 나랏빚 청산이 독립국가 건설이다』, 선인, 2012.

도면회 · 사문경 편, 『한말의 대전 충청남도-대한매일신보로 보는』, 다운샘, 2004.

민병달, 『천안독립운동사』, 천안문화원, 1995.

박용옥, 『한국근대여성운동사연구』, 한국정신문화연구원, 1984.

서산군지편찬위원회, 『서산군지』, 1982.

서산시사편찬위원회, 『서산의 역사』, 2002.

성환문화원, 『일본의 직산금광침탈사』, 1998.

성환문화원, 『직산현지』, 2000.

손인수, 『한국근대교육사, 연세대출판부, 1971.

신용하 편, 『일제경제침략과 국채보상운동』, 아세아문화사, 1994.

유영렬, 『애국계몽운동 1- 정치사회운동』, 한국독립운동사편찬위원회, 2007.

윤완, 『대한제국말기 민립학교의 교육활동연구』, 한결, 2001.

이배용, 『한국근대광업침탈사연구』, 일조각, 1989.

이송희, 『대한제국말기 애국계몽단체 연구』, 이화여대박사학위논문, 1984.

이승원, 『학교의 탄생』, 휴머니스트, 2005.

직산초등학교, 『직산초등백년사, 1897-1997』, 1999.

천안시지편찬위원회, 『천안시지』, 1997.

천안향토사연구소, 『근현대 천안관련 신문자료』, 천안문화원, 2002.

청주시지편찬위원회, 『청주시지』 상, 1997.

청주시지편찬위원회, 『청주시지』, 1976.

충남대 내포지역연구단, 『근대이행기 지역엘리트 연구』Ⅰ, 경인문화사, 2006.

충북북도교육위원회, 『충북교육사』, 1979.

충청남도, 『충청남도 개도100년사』, 1997.

충청남도교육연구원, 『충남교육사』, 충청남도교육위원회, 1982.

충청남도지편찬위원회, 『충청남도지(근대편)』 8, 2008.

한규원, 『개화기 한국기독교 민족교육의 연구』, 국학자료원, 1997.

김상기, 「서산지역 항일 독립운동의 전개」, 『서산문화춘추』 3, 서산문화발전연구원, 2008.

김상기, 「한말 사립학교의 설립이념과 신교육 구국운동」, 『청계사학』 1, 한국정신문화연구원, 1984.

김영우, 「한말 사립학교에 관한 연구〈Ⅰ〉·〈Ⅱ〉」, 『교육연구』 1·3, 공주사범대학 교육연구소, 1982·1984.

김정해, 「1895~1910년 사립학교의 설립과 운영」, 『역사교육논집』 11, 경북대, 1987.

김형목, 「기호흥학회 충남지방 지회 활동과 성격」, 『중앙사론』 15, 한국중앙사학회, 2001.

김형목, 「애국계몽운동」, 『충청남도지(근대편)』 8, 충청남도지편찬위원회, 2008.

김형목, 「충남지방 국채보상운동의 전개 양상과 성격」, 『한국독립운동사연구』 35, 한국독

립운동사연구소, 2010

김형목, 「충청북도 국채보상운동의 지역운동사상 의의」, 『한국민족운동사연구』 69, 한국
　　민족운동사학회, 2011.

김형목, 「한말 국문야학의 성행 배경과 성격」, 『한국독립운동사연구』 20, 한국독립운동사
　　연구소, 2003.

김형목, 「한말 서산지역의 국권회복운동」, 『충청문화연구』 2, 충남대 충청문화연구소,
　　2009.

김형목, 「한말 야학운동의 기능과 성격」, 『중앙사론』 21, 한국중앙사학회, 2005.

김형목, 「한말 천안지역 근대교육운동의 성격」, 『한국독립운동사연구』 30, 2008.

김형목, 「한말 충북지방의 사립학교설립운동」, 『한국근현대사연구』 23, 한국근현대사학회,
　　2002.

김형목, 「한말 충북지역의 국권회복운동」, 『역사와 담론』 68, 호서사학회, 2013.

김형목, 「한말 충청도 야학운동의 주체와 이념」, 『한국독립운동사연구』 18, 한국독립운동
　　사연구소, 2002.

배항섭, 「충청지역 동학농민군의 동향과 동학교단」, 「백제문화」 23, 공주대 백제문화연구소,
　　1994.

유한철, 「1906년 광무황제의 사립학교 조직과 문명학교 설립 사례」, 『한국독립운동사연구』
　　3, 한국독립운동사연구소, 1988,

이용철, 「대한제국기 민영은의 관직활동과 계몽운동」, 『한국독립운동사연구』 54, 2016.

이은우, 「서산지역의 향토사 연구현황과 자료」, 『충청문화연구』 창간호, 충남대 충청문화
　　연구소, 2008.

이지애, 「개화기 '배움터'의 변화와 '자아찾기'로의 일상성」, 『근대의 첫 경험-개화기 일상
　　문화를 중심으로-』, 이화여대출판부, 2006.

이훈상, 「구한말 노동야학의 성행과 유길준의 ≪노동야학독본≫」, 『두계이병도박사구순
　　기념 한국사학논총』, 지식산업사, 1987.

장승순, 「일제하 서산지방의 지역사회운동 연구」, 『사학논총』, 해창박병국교수정년논총간
　　행위원회, 1994.

전순동·최동준, 「일제기 청주지방의 민족교육운동 -청남학교를 중심으로-」, 『중원문화논
　　총』 2·3합집, 1999.

지수걸, 「일제하 충남 서산군의 '관료-유지 지배체제'-서산군지에 대한 분석을 중심으로-」,
　　『역사문제연구』 3, 역사문제연구소, 1999.

최영희, 「한말 관인의 경력일반」, 『사학연구』 21, 한국사학회, 1969.

찾아보기

김형목

· 독립기념관 한국독립운동사연구소 책임연구위원
· 중앙대학교 사학과 졸업, 동 대학원 문학석사 · 문학박사
  (한국근대사 전공)
· 한국민족운동사학회장, 한국민족운동사학회편집위원장, 동국사학회
  편집위원 역임
· 현재 나혜석학회 연구이사, 육군본부 군사연구소 편집위원, 한국사학
  회 지역이사, 한국교육사학회 연구이사, 한국여성사학회 편집이사,
  백산학회 연구이사 등으로 활동

· 주요 저서는 『노백린의 생애와 독립운동(공저)』, 『대한제국기 야학
  운동』, 『한국 근대 초등교육의 발전 2(공저)』, 『한국근현대인물강의
  (공저)』, 『최송설당의 생애와 육영사업(공저)』, 『교육운동-한국독립
  운동의 역사 35』, 『안중근과 동양평화론(공저)』, 『나혜석, 한국근대
  사를 거닐다(공저)』, 『근대의 기억, 학교에 가다(공저)』, 『100년 전
  사진으로 만나는 한국 · 한국인(공저)』, 『김광제, 나랏빚 청산이 독립
  국가 건설이다』, 『여주독립운동사 개설』, 『나혜석, 한국문화사를 거
  닐다(공저)』, 『최용신, 소통으로 이상촌을 꿈꾸다』, 『나혜석, 나의
  길을 가련다』, 『남당학과 홍주정신의 전개(공저)』, 『일제강점기 한국
  초등교육의 실태와 그 저항(공저)』, 『이것이 안산이다(공저)』, 『청양
  의 독립운동사(공저)』, 『대한제국기 경기도의 근대교육운동』, 『충청
  도 국채보상운동』 등 다수